민족의 영산,
태백산의 인문학

민족의 영산,
태백산의 인문학

2025년 6월 17일 초판 1쇄 발행

글　　권혁진 윤순석
펴낸이　원미경
펴낸곳　도서출판 산책
기획　　구윤민
편집　　김미나 박윤희

등록　1993년 5월 1일 춘천80호
주소　강원특별자치도 춘천시 우두강둑길 185
전화　(033)254_8912
이메일　book8912@naver.com

ⓒ 권혁진 2025
ISBN 978-89-7864-171-5　정가 18,000원

민족의 영산,
태백산의 인문학

권혁진 윤순석

머리말

　태백산에서 제사를 지낸 전통은 삼국시대까지 소급한다. 문헌상으로 확인 가능한 것이 그렇지 훨씬 이전부터 제사를 지내왔을 가능성이 크다. 밑도 끝도 없이 138년에 일성이사금이 제사를 지냈을 리 없기 때문이다. 『삼국사기』와 『세종실록지리지』는 신라에서 오악(신라 때에 이름난 다섯 산)에 중사(국가적인 규모의 제사로 대사 다음가는 제사)를 지냈다는 것을 알려준다. 태백산은 북악에 속했다.

　조선 시대에 들어오면서 제사의 성격이 변한다. 지방 관청이 관리하거나, 민간 차원에서 종교 의례가 베풀어졌다. 『신증동국여지승람』은 이렇게 기록한다. "태백산사는 산꼭대기에 있는데, 세간에서 천왕당이라 한다. 산 곁의 강원도 및 경상도 고을 사람이 봄가을에 제사하는데, 신위를 모신 곳 앞에 소를 매어 두고는 갑자기 뒤도 돌아보지 않고 달아난다." 삼척과 봉화 주민들이 꾸준히 제사를 지냈음을 보여준다.

　이후 태백산은 구국의 영산으로 떠오르기 시작한다. 조선 후기와 일제강점기를 전후하여 의병과 동학을 비롯한 신흥종교 신자들이 산을 찾았다. 신성함이 깃든 태백산은 하늘을 관장하는 최고의 신령이 있다고 믿었다. 지역에 한정되지 않고 민족 전체를 위해 도움을 줄 수 있다고 여겼다.

　이인상(1710~1760)의 눈에 비친 태백산의 모습이 궁금하다. 그는 한겨울에 산을 오르고 「유태백산기」를 남겼다. 봉화 각화사에서 출발하여 태백산 정상까지 등반한 기록은 매서운 겨울 한복판으로 끌고 간다. 태백산 세찬 바람 속을 걷는다고 착각할 정도다. 무릎까지 빠지는 눈구덩이에서 산행을 후회하지 않았을까. 후회할 틈이 없을 정도로 상황은 급박하다. 땅을 찢을 듯한 바람 소리는 우레 같다. 제법 굵은 나무는 분노하는 듯 울부짖는다. 손가락 같은 작은 나무는 슬피 우는 듯하다. 온 천지가 바람 소리로 가득하다. 다음날 주막을 나섰을 때도 마찬가지다. 바람은 맹렬하여 들판의 쌓인 눈이 모두 일어나 구름과 안개로 뒤엉켜 천지사방이 아득하다. 걸음이 한 자밖에 떨어지지 않았는데도 말이 통하지 않을 정도이다. 고생 끝에 오른 태백산은 그에게 공포와 경외감을 느끼게 했을지 모른다. 아니 장엄함을 생각했을까.

그는 태백산에 대하여 말한다. "태백산은 작은 흙이 쌓여 크게 되었으므로 깊이를 헤아릴 수 없고, 차차 높아져서 백 리에 달하므로 공덕을 드러내지 않는다. 마치 대인이 내면의 덕을 지닌 것 같다." 장군봉과 부쇠봉, 문수봉을 아우른 태백산에서 그가 본 것은 평탄하게 보이는 곡선의 미학이었다. 혹독한 겨울 산에서 이인상은 후덕한 대인의 풍모를 보았다. 송병선(1836~1905)도 "단정하고 두터우며 중후한 것이 덕이 있는 사람의 기상이어서 지리산과 우열을 논할 수 있다."라고 평하였다.

선인들은 태백산을 유람하고 황지를 거쳐 봉화로 가곤 했다. 태백산만 다루려고 했으나 넓은 의미의 태백산 권역까지 다루게 되었다. 이 책은 선행 연구자들의 도움을 받았다. 특별히 김도현 박사님의 여러 책은 많은 도움을 주었다. 참고한 논문과 책은 각주로 대체한다. 태백산은 백두대간의 허리이다. 북으로 오대산과 설악산을 다룬 적이 있다. 남쪽으로 소백산과 속리산 등이 부르는 것 같다. 지리산까지 갈 수 있을까.

차 례

머리말 _ 4

1장 태백산

태백의 산

광의의 태백산 ················· 13
문학 작품 속 태백산 ············· 15
함백산 ······················ 20
금대봉 ······················ 28
대덕산 ······················ 29

태백산 천제

국가 제사로 행해진 산제 ··········· 33
지방 관청과 민간인이 참여하는 제사 ···· 35
구국의 염원이 깃든 천제 ··········· 40

태백산 유산기

자료와 창작시기, 작자 ············ 43
어느 계절에 유람했을까 ··········· 45
어디를 경유했을까 ·············· 48
어디서 잤을까 ················ 57
어떻게 산을 올랐을까 ············ 57
태백산을 이해하는 키워드 ·········· 59
  : 바람[風], 덕德, 신령[靈], 웅장[雄]

2장 태백시

유산기와 여행기

윤선거, 「파동기행」 ················· 68
이시선, 「관동록」 ················· 68
이보, 「유황지기」 ················· 70
강재항, 「황지기」 ················· 70
이인상, 「유태백산기」 ················· 71
강주호, 「유태백산록」 ················· 72
김재락, 「유태백산기」 ················· 73
유정문, 「태백산지로기」 ················· 74
송병선, 「유교남기」 ················· 75

태백의 명소

황지 ················· 76
천천(구문소) ················· 84
방외굴 ················· 93
문금탄 ················· 98
저산 ················· 100
용담 ················· 102
용소 ················· 104
태백의 암자 ················· 106
태백의 고개 ················· 123

3장 봉화군

태백산사고
태백산사고의 역사 ································· 134
태백산사고 기문 ··································· 138
한시 속 태백산사고 ······························· 152

봉화의 절
각화사 ··· 156
홍제암 ··· 163

봉화의 고개
고적령 ··· 167
곰넘이재 ··· 170

봉화의 마을
백천동 ··· 174
이화동 ··· 178
넛재와 월암 ·· 187
석포 ··· 192

참고자료

태백산 유산기 ·· 199
태백 여행기 ·· 230
태백산사고 기문 ·· 267

찾아보기 _ 293

1 태백산

태백의 산*

광의의 태백산

태백산太伯山, 太白山은 어디를 가리키는 것일까?『삼국사기』에, "고구려의 유민이 북쪽 태백산 아래 의거하고 국호를 발해라 했다."라고 하였는데, 여기서 말한 태백산은 지금의 백두산이다.『삼국유사』의「기이, 고구려」에 나오는 태백산도 지금의 백두산을 의미한다. 같은 책에 이런 구절도 보인다. "태백산은 지금의 묘향산인데, 지금의 영변부에 있다." 묘향산도 태백산이라 불렀다는 것을 알려준다.『고려사』와『동국여지승람』등 많은 자료에서도 태백산이 묘향산이라는 설을 따르고 있다.『삼국사기』「제사지 중사祭祀志 中祀」에 등장하는 태백산은 강원도 삼척과 경북 북부지방에 걸쳐있는 태백산이다. 각종 지리지 · 고지도 · 유산기 등에도 많이 등장한다.

강원도 태백산의 경계가 궁금하다. 어디까지가 태백산일까? 태백산을 이해할 때 중요한 요소는 문화적 권역으로 이해하는 경우다. 사찰의 명칭에서 단서를 찾을 수 있다. 동쪽으로 삼척 근덕에 있는 영은사와 신흥사는 '태백산 영은사', '태백산 신흥사'라 부른다. 서쪽으로 영월군 영월읍에 '태백산 보덕사'가 장릉 옆에 있다. 북쪽으로 함백산 자락에 있는 정암사

---

* 김도현 박사의『사료로 읽는 태백산과 천제』(강원도민일보사, 2009)를 참고하였다.

의 일주문에 '태백산 정암사'라 적혀 있다. 남쪽으로는 경상도 봉화에 '태백산 각화사', 영주에 '태백산 부석사'가 있다. 삼척과 영월, 정선과 영주와 봉화를 아우르는 공간이 태백산의 문화적 권역이다.

지리적인 권역은 조금 다르게 나타난다. 조선 전기 이전의 문헌을 보면 태백산만 언급하고 있고, 주변의 산들을 언급하지 않고 있다.『세종실록지리지』나『신증동국여지승람』이 대표적이다. 이후에 사정은 달라진다. 허목은「태백산기太白山記」에서 문수文殊 · 대박大朴 · 삼태三台 · 우보虞甫 · 우검虞檢 · 마라읍摩羅邑 백산白山을 태백산으로 보고 있으며,『척주지陟州誌』에서 태백산은 현재 천제단이 있는 봉우리만을 지칭하는 것이 아니라, 주변의 문수봉 · 함백산 · 창옥산 등을 모두 포함한다는 견해를 피력했다.

좀 더 자세하게 살펴보자. 태백산의 동쪽 경계 지점에 대해『척주지』는 우보산牛甫山 혹은 유현楡峴이라고 보았다. 이곳은 삼척에서 90리 떨어진 곳이고 태백산 동쪽 기슭에서 갈라진 별도의 산이라고 말한다. 태백산의 동쪽은 우보산 즉, 유현과 경계를 이룬다는 것을 알 수 있다. 태백산 북쪽 경계는『삼척군지』심의승, 1916를 통하여 추정할 수 있다. "대체로 태백산 이북 지역을 모두 하장생下長生이라 한다. 동쪽으로 이어진 금대산 줄기를 기준으로 그 북쪽을 하장면, 그 남쪽을 상장면이라 한다." 상장성과 하장성의 경계 지점, 즉 동서로 이어진 금대봉 줄기가 태백산 북쪽 경계임을 알 수 있다. 성현成俔의『허백당집虛白堂集』을 보면 태백산은 서쪽으로 충청도 영춘, 경상도 순흥에 이르고 있고, 남쪽으로 안동도호부 소천부곡小川部曲까지 산줄기가 뻗어있다고 보았다.

태백산의 지리적 권역은 일정하지 않고 다양하다. 조선 시대 선비들의 유산기를 보면 태백산을 구성하는 주요 봉우리가 천의봉 · 상대봉 · 장산 · 금대봉 · 크고 작은 작약봉 · 연화봉이다.『한국민족문화대백과사전』을 보면 태백산은 북쪽에 함백산, 서쪽에 장산, 남서쪽에 구운산, 동남쪽에 청옥산, 동쪽에 연화봉 등 고봉들로 둘러싸여 있다고 설명하고 있다. 태백산국립공원은 홈페이지에서 천제단이 있는 영봉을 중심으로 북쪽에 장군봉, 동쪽에 문수봉, 영봉과 문수봉 사이의 부쇠봉 등으로 이뤄져 있으며, 최고봉은 함백산이라고 소개하고 있다.『한국민족문화대백과사전』과 다른 시각이다. 예전부터 지금에 이르기까지 태백산의 지리적 권역은 태백산을 중심으로 주변의 산을 아우르는 것으로 보았는데, 조금씩 다르다는 것을 보여준다.

문학 작품 속 태백산

이인상李麟祥, 1710~1760은 태백산을 유람하고 「유태백산기遊太白山記」를 지었다. 강주호姜周祜, 1754~1821는 「유태백산록遊太白山錄」을, 송병선宋秉璿, 1836~1905은 「유교남기遊嶠南記」를 각각 남겼다.

「유태백산기」는 1735년 겨울에 태백산을 사흘 동안 유람한 경험을 기록하였다. 산중에서 경유한 곳은 각화사覺華寺, 사각史閣, 상대산上帶山 중봉中峰, 태백산 천왕당天王堂, 소도리점素逃里店이다. 「유태백산록」은 1804년 4월에 태백산을 유람한 것을 기록하였다. 여정은 각화사覺華寺, 북암北庵, 두두령斗頭嶺, 진목정眞木亭, 당정堂亭, 죽현竹峴, 망경대望京臺, 신사神祠, 음사淫祠, 소도촌所道村이다. 이인상과 같은 경로다. 「유교남기」는 1891년 봄에 경상도 지방을 유람한 기록인데 봉화, 태백산, 청량산, 안동, 동래 등을 유람한 내용 중 '봉화부터 태백산에 들어가는 기록'이 들어 있다. 각화사覺華寺, 사고史庫, 두두령斗頭嶺, 당정棠亭, 망경대望京臺, 신사神祠, 음사淫祠, 소도촌所道村을 유람하였다. 봉화 각화사에서 출발하여 각화산을 거쳐 깃대배기봉을 오른 후 태백산을 향하였다. 이들이 유람한 태백산은 천제단이 있는 봉우리로 장군봉과 문수봉을 아우르는 협의의 태백산이다.

대부분 문인의 작품에 등장하는 태백산도 천제단을 중심으로 한 협의의 태백산인 것 같다. 안축安軸, 1287~1348의 「태백산에 오르다」를 보자.

> 곧장 하늘 지나 자색 안개로 들어가니　直過長空入紫煙
> 비로소 정상에 올랐음을 알겠노라　始知登了最高巓
> 둥근 해는 머리 위에 나직이 임하고　一丸白日低頭上
> 사방 뭇 산은 눈앞에 떨어졌네　四面群山落眼前
> 구름 따르는 몸은 학을 타고 가는 듯　身逐飛雲疑駕鶴
> 비탈에 매달린 길은 하늘 사다리인 듯　路懸危磴似梯天
> 비 온 뒤 온 골짝에 세찬 물결 넘치니　雨餘萬壑奔流漲
> 굽이도는 오십천 건널 일이 걱정일세　愁度縈廻五十川

고려 말기의 문인이었던 그는 강원도 존무사存撫使로 파견되었다. 이때 강원도를 순찰하면서 「관동와주關東瓦注」를 남겼다. 그 속에 태백산 시가 포함되어 있다. 삼척을 거쳐 태백산에 오른 후 시를 지은 것 같다. '사방 뭇 산은 눈앞에 떨어졌네'라는 구절은 영봉에서 남쪽을 바라보고 지었으리라.

김시습金時習, 1435~1493은 「태백산을 바라보다」를 짓는다.

> 멀고 아득한 태백산 서쪽으로 바라보니　西望遙遙太白山
> 푸른 산 높이 구름 사이에 솟았네　碧尖高插聳雲間
> 사람들 산마루에 영험함 말하는데　人言嶽頂有靈異
> 분명코 천지의 조화가 관여한 것이네　辦得乾坤造化關

바로 뒤 작품으로 「정선 가는 길에」가 있으니 삼척에서 정선으로 향하여 가다가 태백산을 보고 지은 것 같다. 몸소 오르지 않았지만 구름 사이로 높이 솟은 산에서 영험함을 느꼈다. 그는 20대 때 관동지방을 유람할 기회가 있었다. 원주를 거쳐 평창 오대산을 찾았다. 강릉 경포대와 한송정 등을 유람하며 마음속 한을 삭혔다. 태백산은 그때 찾은 것이 아니라 경주에 머물렀을 때다. 울진을 거쳐 정선으로 가다가 먼 발치에서 바라보고 지었다. 산마루의 영험함은 무슨 뜻일까. 신라 이래로 산신에게 제사를 지내던 곳을 지칭하는 것 같다.

조위한趙緯韓, 1567~1649의 「태백산을 유람하다」도 있다.

듣길 태백산 더욱 뛰어나다고　曾聞太白絶殊尤
작심하고 지금 최고봉에 올랐네　作意今登最上頭
가을빛은 가까이 부석사까지 물들고　秋色近連浮石寺
석양은 높이 각화사 누대에 걸렸네　夕陽高掛覺華樓
세상만사 함께 부는 것 누가 되니　世間萬事同吹累
속세 밖 봉우리서 노니는 것 좋네　物外千峯好遠遊
이로부터 늙을 약속 이루고자 하니　從此欲成終老約
산신령 허락한다면 속인은 머물리　山靈倘許俗人留

태백산을 유람한 유산기는 많지 않은 편이다. 강주호는 문헌으로 전해지는 것이 없음을 슬퍼하였고, 직접 여행하는 이가 적은 것도 아쉬워했다. 그러나 기문이 없다고 태백산을 오른 이가 적었다는 것은 아니다. 조위한의 시는 태백산을 유람하고 유산기를 남긴 이들과 동일한 코스로 등반한 것 같다. 제사를 지내는 정상에 직접 올라 지은 시다. 조위한 이외에도 여러 문인의 시가 보인다. 김신겸金信謙, 1693~1738은 「태백산」 다섯 수를 남겼을 뿐만 아니라 「정암사로 향하다[向淨菴]」, 「정암사[淨菴]」, 「고개에 오르다[上嶺]」 2수, 「상박봉上朴峯」, 「심적암深寂庵」 등의 시가 『증소집橧巢集』에 수록되어 있다. 곽종석郭鍾錫, 1846~1919은 「태백산」 전후에 「천천穿川」, 「황지

黃池」,「굴어천窟口川」,「고직령을 넘다[踰高直嶺]」,「각화사覺華寺」,「사고史庫」 등이 『면우집俛宇集』에 실려있다.

　천제단이 있는 정상 부근에 있는 사찰을 망경사, 혹은 망경대라 부른다. 망경대는 원래 정상을 가리켰다. '대'는 오대산의 오대五臺처럼 봉우리를 뜻한다. 이한응李漢膺, 1778~1864의 「태백산 망경대望京臺」란 시를 봐도 산 정상을 읊은 것이라는 것을 알 수 있다.

곧은 길 평탄하다 점차 정상으로 가니　直道平平漸極巔
올라 굽어보는 곳에 이르니 비로소 트이네　及登臨處始豁然
온갖 형상 안개 깔려 흐릿한 곳이고　萬相烟撲微茫地
구름 없는 기운이라 하늘은 텅 비었네　一氣雲空寥廓天
북두성을 지키기 위해 차지한 것이 장하고　爲捍北辰盤據壯
남국을 진압하려고 모양은 둥그네　將鎭南國體段圓
누가 말했나 대 위 기이한 경치 없다고　誰言臺上無奇景
반평생 유람하다 이곳 오니 완전하네　半世遊觀到此全

　강헌규姜獻奎, 1797~1860도 「망경대望京臺」를 남겼는데 같은 곳을 노래한 것이다.

날아갈 듯 곧바로 태백산 꼭대기 오르니　飛身直上太山頭
눈 가득 안개와 놀 흥분 가시지 않네　滿目烟霞興不收
푸른 바다와 섬 삼천리 펼쳐졌고　蒼蒼海嶼三千里
뚜렷한 산하 칠십 고을 펼쳐졌네　歷歷河山七十州
누가 세상 밖 숨은 공 큰 것 알리　誰知象外陰功大
단지 보이는 건 허공에 쌓인 기 뿐　只見虛中積氣浮
내 바람 타고 세상 밖 놀고자 하니　吾欲乘風遊汗漫
시원하게 옷소매에 가을바람 부네　冷然衣袖颯清秋

「망경대」 전후로 「등두두령登斗斗嶺」, 「작약산芍藥山」 등의 시가 실려있는 것으로 볼 때 강헌규는 태백산을 직접 오른 것으로 보인다. 강필효姜必孝, 1764~1848는 「이건지李健之와 조카 성등聖登과 태백산을 함께 유람하다 주자朱子의 산북기행山北記行의 운에 차운하다」란 12수 중에 "유람하며 보는 일 어떠한가, 청컨대 망경대에서 말하네. 광활한 우주 보니 끝없고, 여러 산 함께 줄지어 섰네."라고 노래했다.

　강헌규姜獻奎의 「작약산芍藥山」이란 시도 『농려집農廬集』에 수록되어 있다.

맑은 기운 달려와 한 덩어리 되니 淑氣驅來作一團
우뚝하고 둥글며 두텁고 단정하네 穹窿圓滿厚而端
바라볼 땐 쉬우나 오를 땐 험하니 瞻時似易登時峻
도에 이르는 것도 원래 이것과 같네 造道元來此與班

　산에 오르는 것을 도道에 이르는 것에 비유한 이 시는 바라볼 땐 쉬웠으나 오를 땐 험하다고 토로했으니 직접 등반한 후 지은 것이라 볼 수 있다. 산의 모습을 우뚝하고 둥글며 두텁고 단정하다고 했으니 태백산 영봉을 노래한 것이다. 태백산을 작약산芍藥山으로도 불렀다는 것을 보여준다. 성근묵成近默, 1784~1852의 『과재집果齋集』에 「작약산료기芍藥山寮記」가 수록되어 있다. 강필효姜必孝, 1764~1848가 태백산 아래 봉화에 지은 별장에 붙인 기문이다. 태백산 아래 선생이 집을 짓고 작약산료芍藥山寮라 이름을 지었다면서 태백산의 다른 이름이 작약산芍藥山이라고 하였다.

　강운姜橒, 1772~1834은 1827년 12월부터 1828년 4월까지 소수서원의 강회에 동주洞主로 참여하여 지은 시와 강회가 끝난 후 원생과 소백산에 오르며 지은 시를 묶어서 「운원잡영雲院雜詠」을 지었다. 이황의 소백산 유람에 영향을 받아 떠난 여행이기 때문에 이황의 시에 차운한 것이 많다. 그

중에「작약산 한 가지가 동쪽으로 꺾여 문수봉文殊峰의 산록이 된다. 또 동쪽으로 달려 두 가지가 되니 왼쪽은 오로봉五老峰과 연화봉蓮花峰이고, 오른쪽은 징암澄巖과 월암月巖이다. 백천동栢川洞은 오로봉과 징암 사이에 있다. 이화동梨花洞은 월암과 연화봉 사이에 있다. 연화봉의 북쪽에 천천穿川이 있는데 절경이다…」란 긴 제목의 시가 실려있다. 오로봉은 봉화 대현리에 있는 조록바위봉이고, 연화봉은 태백의 동쪽에 있는 봉우리가 아니라 조록바위봉과 이어진 연화봉이다. 징암은 대현리에 있는 잔대봉을, 월암은 달바위봉을 말한다. 강운이 말한 작약산은 천제단이 있는 태백산이다.

함백산

『삼국유사』에 신라의 자장에 얽힌 전설이 있다. 자장이 태백산 갈반지葛蟠地에서 문수를 만나기로 하고 기다리고 있었다. 노거사老居士 한 사람이 누더기 가사를 입고 삼태기에 죽은 개 한 마리를 담아 들고 와서는 자장을 보러 왔다고 하였다. 자장이 그 행색을 보고 미친 사람이라 하여 내쫓으니 노거사가 말하기를, "자장이 해탈의 경지에 든 사람인 줄 알고 찾아왔는데 아직도 그 경지에 들지 못하였구나. 사람을 잘못 보고 왔으니 돌아가겠다." 하고 삼태기를 땅에 내려놓으니 죽은 개가 사자가 되어 이를 타고 빛을 내면서 가버렸다. 자장이 이 말을 듣고 빛을 좇아 남령南靈까지 올라갔으나 끝내 만나지 못하였다고 한다. 태백산 정암사와 관련된 이야기다. 여기서 태백산은 함백산을 포함한 태백산이라고 보아야 한다. 『삼국유사』에는 또 이런 기록도 보인다. "자장법사는 처음 오대산에 이르러 진신을 보려고 산기슭에 초가집을 짓고 살았으나 7일이 되어도 나타나지 않았다. 이에 묘범산妙梵山으로 가서 정암사를 세웠다." 묘범산妙梵山은 함백산의 다른 이름일 가능성이 높다.

함백산이란 명칭은 『세종실록지리지』나 『신증동국여지승람』에서 찾아볼 수 없다. 태백산과 통칭되었기 때문일 것이다. 정필달鄭必達, 1611~1693은 『팔송집八松集』에서 황지黃池란 시를 지었는데, 황지 서북쪽에 작약산芍藥山이 있노라고 적는다. 작약산은 함백산을 가리킨다.

이세구李世龜, 1646~1700의 「유사군록遊四郡錄」은 1692년의 유람기다. 일부를 인용해 보자.

> 고개 밑 산골 백성 손몽청孫夢淸의 집에서 유숙하였다. 친척들이 조그만 마을을 이루었다. 아우 태일太一과 종제從弟 득청得淸이 모두 와서 인사하는데 정성스러웠다. 산촌의 풍속이 자못 두터웠다. 밤은 고요하고 산은 텅 비었는데 태산과 더불어 태백산을 논하였다. 말하길 "산맥은 대관령부터 남으로 달리다가 대박산大朴山에 이르러 높이 솟아 가장 높은 정상이 됩니다. 크게 끊어지며 풀어져서 하방현下方峴이 되고 또 솟아올라 태백산太白山이 됩니다. 태백산 높은 곳에 올라 대박산을 바라보았지만 올라가 바라보지 못했습니다. 대개 산세는 태백산과 비교하여 더욱 높고 크나 사람의 자취는 일찍이 도달한 적이 없습니다."라고 한다. 하방현下方峴의 동쪽은 소외所外다. 소외는 곧 외황지동外黃池洞이다. 외황지의 물은 동에서부터 와서 쏟아진다. 내황지內黃池는 두 개의 근원이 있다. 하나의 근원은 계곡 가운데의 평평한 못에서 솟는다. 속칭 누리수婁里藪라고 한다. 하나의 근원은 대박산大朴山의 화전禾田에서 솟는다. 합류하여 남으로 흐르다 외황지의 물과 합쳐져서 유점鍮店으로 흘러내리고 석문石門을 뚫고 나간다.

대관령부터 달려온 산이 대박산이 되고 대박산과 태백산 사이에 하방현下方峴이 있다. 하방현은 지금의 화방재다. 태백시 서쪽 끝 혈동穴洞에 있는 고개로, 국도 제31호선이 지나가고 고개 정상에서 414번 지방도가 분기한다. 태백산 북서쪽, 함백산 남서쪽에 있고 백두대간이 통과하는 지점이다. 산세는 태백산과 비교하여 더욱 높고 크다는 대목도 눈길을 끈다. 여기서 대박산大朴山은 함백산이다. 황지의 근원이 대박산大朴山의 화전禾田에서 솟는다는 정보는 중요하다. 화전리 남서쪽의 가장 높고 험한 함백산은 금대산의 지맥이다. 화전리에 속한 자연 마을인 용연동 서쪽에 용소가 있다. 이곳은 깎아지른 듯한 낭떠러지 암석 아래에 자연적으로 생긴 기묘한 작은 곳인데, 돌로 둘러싸인 우물 형태로 주위가 약 1칸[間]이고 수심은 40심尋이 되는데, 그 수원水源은 끊어지지 않고 황시천으로 흘러 들어간다.

1757년부터 1765년에 사이에 각 읍에서 편찬한 읍지를 모아 만든 전국지방지인 『여지도서輿地圖書』가 있다. 여기서 태백산을 설명하면서 함박산이 나온다. "강릉 오대산으로부터 대관령이 되고, 삼척부의 백복령, 두타산, 건의령, 함박산이 되고 태백산이 된다." 함박산이 태백산에서 독립된 산으로 인식되었다.

조선 영조 때의 실학자 신경준申景濬, 1712~1781이 저술한 『산경표』에는 대박산大朴山으로 표시되어 있다. 김정호가 1861년에 만든 『대동여지도』에는 대박산大朴山과 창옥봉蒼玉峰이 표기되어 있다. 오횡묵吳宖默이 세계와 우리나라에 관하여 1893년에 편찬한 지리서인 『여재촬요輿載撮要』에는 함박산函朴山을 이렇게 설명한다.

> 곧 태백산이다. 높은 봉우리로 상함박, 중함박, 하함박이 있다. 각기 조그만 암자가 있으며, 수도하는 선승이 항상 머무른다. 산꼭대기에 황지가 있는데 불결한 자가 가면 큰바람이 불어 돌을 뒤집는다. 봉화현으로 흘러가는데 낙동강의 원류가 된다. 은대봉銀臺峯 아래 석굴에 자장법사의 타다 남은 뼈가 있다.

함백산을 태백산으로 인식하는 것 이외에 함백산이 상함박, 중함박, 하함박으로 구성되었다는 것도 이전에 보이지 않던 기록이다. 더불어 은대봉銀臺峯도 추가하고 있다. 그의 『총쇄叢瑣』는 구한말 강원도, 경상도, 전라도 등지의 지방관을 역임하면서 관원으로서의 행적과 소감을 기록한 일기다. 「정선갈래사고목기旌善葛來寺枯木記」 중에 "절의 주봉은 천정봉天停峰이다. 남쪽에 은대봉銀臺峰, 북쪽에 금대봉金臺峰이 있다. 또 고토일古土日[1]에 세 개의 함박산이 있는데 첩첩이 하늘 가운데 꽂혔다."라는 대목이 있다. 지금 사용되는 명칭과 비슷하다는 것을 알 수 있다.

일제강점기에 제작된 『조선지형도』에는 '함백산咸白山'이라고 적혀 있다. 본격적으로 함백산이란 명칭이 사용되는데, 왜 그렇게 되었는지는 알 수 없다. 일제강점기인 1940년에 만들어진 『강원도지』를 보면 함백산咸白山과 금대산에 대하여 다음과 같이 설명하고 있다. "함백산咸白山: 태백太白이라고도 하고, 대박大朴이라고도 한다. 군 서쪽 상장면上長面에 있다. 금대산金臺山: 군 서쪽 정선군과 경계 지역에 있다."

인조 26년인 1648년 11월 30일에 강원도 관찰사 유석에게 황지로 들어가서 선조의 능묘를 찾도록 명한 대목이 『조선왕조실록』에 기록되어 있다. 산과 관련된 부분만 살펴본다.

"제가 어렸을 적에 과연 나무를 베어 분묘를 덮은 곳을 보았습니다. 그 곳은 사면이 평탄한 곳이어서 곡식 종자를 1두斗 정도 뿌릴 수 있었습니다. 북쪽에는 함박산咸朴山이 있고 동남쪽에는 연화봉蓮花峯을 대하고 있으며, 북쪽을 따라 조금 멀리 가면 절이 있는데 본적사本寂寺라고 하며 능묘와의 거리는 3, 4장도 못 됩니다. (생략) "능묘가 본적동本寂洞 절 위에 있다는 것은 사람들이 모두 전하고 있는 말입니다만 눈으로 본 적은 없습니다. 본적本寂은 북쪽으로 함박산과 조금 멀리 떨어져 있는데, 함박산은 대박산大朴山이라고도 합니다. 본적의 서북

---

1 고한읍은 고토일(古土日)과 물한리(勿汗里)라는 마을에서 한 글자씩 따서 만든 지명이다.

쪽 산허리에 조금 평평한 곳이 있는데, 그 곳이 바로 사람들이 말하는 곳입니다만, 수목이 울창하게 하늘을 가리어 지척을 구분할 수가 없습니다."

인조 26년인 1648년 12월 17일의 기록도 살펴보자.

친복 등이 공사供辭하기를 '계미년 10월 초에 황장목黃腸木을 벌채하는 역사 때문에 황대黃垈 노동蘆洞의 대박산大朴山으로 들어갔을 때 장생리長牲里에 사는 백성 김한金漢과 소달리所達里에 사는 백성 김금옥金今玉 등이 함께 이르러 한 고총古塚을 가리키면서 이것은 국릉國陵이라고 했다.' 했습니다. (생략) 신이 드디어 삼척 부사 박길응朴吉應 등과 함께 태백산太白山 밑으로 가서 깊은 골짜기로 들어가 1백여 리를 가서야 황지黃池라는 데에 도착했습니다. (생략) 신이 황지에서 북쪽으로 7, 8리를 올라가서 이른바 대박산大朴山으로 들어갔고 또 10여 리를 가 두 개의 묏부리를 넘어 태운이 지적한 곳에 다다랐습니다.

영조 23년인 1747년 10월 24일 기사를 본다.

예조 판서 이주진李周鎭이 말하기를, "평창平昌·삼척三陟의 지석誌石을 살펴본 본조本曹 낭청郎廳의 장계狀啓를 보니, 평창에 이른바 지석誌石을 파서 보았다는 사건인데, 이세좌李世佐 등이 상언上言한 사연이 지극히 허황하고, 이어서 삼척 겸관兼官과 함께 대박산大朴山 아래 세합동世合洞에 가서 먼저 구기舊基를 보고 다음 이세좌가 지적한 곳을 보니 모형을 잡아 시험해 볼 만한 자취가 없었습니다. 이세좌 등이 능陵을 찾는다고 가탁假托하여 터무니없는 말로 상언한 것을 알 수 있습니다." 하였다.

『조선왕조실록』속에 표시된 함백산의 이름은 대박산大朴山과 함박산咸朴山이었고, 혼용되어 쓰인다는 것을 알았다. 주변에 있는 연화봉蓮花峯, 태백산太白山도 거론되고 있는데 실록에서는 함백산과 태백산을 구별하여 인식하고 있었다.

함백산을 작약산芍藥山·峰이라고도 불렀다. 지리지나 역사서가 아닌 문집에 수록된 유산기나 여행기에서 쉽게 볼 수 있다. 이보李簠, 1629~1710의 「유황지기遊黃池記」를 보자.

    작약봉芍藥峯은 서북쪽에 웅장하게 솟아 진산鎭山이 되니, 이것이 태백산 제일봉이다. 좌우 날개로 나뉘어 동서를 둘러싸서 하나의 큰 구획을 이룬다. (중략) 식사를 재촉하고 일찍 출발하여 고적동苦積洞에 들어가 심원사深源寺 승 해안海眼을 만났다. 심원사는 작약봉芍藥峯 아래에 있는데 해안은 오래 머물렀다고 한다.

김신겸金信謙, 1693~1738의 「심적암深寂庵」이란 작품이 『증소집檜巢集』에 수록되어 있다. "중함백[中柏]에 그윽이 암자 지으니, 아스라이 속세와 떨어졌네." 그의 시 중에 「상박봉上朴峯」도 있는 것으로 보아 함백산을 상함박, 중함박, 하함박으로 보던 오횡묵의 견해와 같다. 1804년 강주호姜周祜, 1754~1821의 유산기에 "북쪽으로 물을 따라 육칠 리 가자 혈동穴洞이 있다. 대개 작약芍藥-우리 말은 함박咸白이다-한 가지가 남쪽으로 절벽을 만들었는데 바위가 갈라져 동굴을 만들고 강물이 나온다."는 대목이 연상된다. 작약芍藥을 우리 말로 함박咸白이라고 한다는 친절한 설명은 두 명칭 간의 친연성을 확보한다. 1735년에 태백산을 유람한 이인상李麟祥, 1710~1760의 「유태백산기遊太白山記」에 흥미로운 대목이 나온다.

    태백산의 봉우리로 높은 곳은 천의天衣 · 상대上帶 · 장산壯山 · 함박솜朴입니다. 물로는 황지黃池 · 공연孔淵 · 오십천五十川이 있으며, 신은 천왕신天王神 · 황지연못 신[黃池之神]입니다. 속어로 모란牧丹을 함박솜朴이라 합니다. 이 산이 가장 아름답습니다. 소뢰현素耒峴에서 바라봐야 좋습니다.

태백산을 천의天衣 · 상대上帶 · 장산壯山 · 함박솜朴을 포괄하는 넓은 개념으로 이해하는 것도 중요하지만, 모란牧丹을 함박솜朴이라 한다는 표현이 재미있다. 예전 사람들도 모란과 작약을 혼동했던 것 같다. 이인상이 말한 모란은 작약이다. 아니 모란봉은 작약봉이다. 가장 아름답다고 보았으니 태백시에서 보았을 때 가장 잘 보이기 때문에 내린 판단일 것이다.

강재항姜再恒, 1689~1756은 1719년에 황지를 유람하고 「황지기黃池記」를 남겼다.

> 서북쪽으로 큰 언덕이 있는데 역시 평평하고 트였다. 또한 습지이기 때문에 물이 많이 난다. 언덕에서 서쪽으로 금대봉金臺峰, 천의봉天倚峰, 크고 작은 작약봉芍藥峰이 있다. 동쪽으로는 연화봉蓮花峯이 우뚝 솟았다. 둘레는 마치 성곽 위에 있는 들쑥날쑥한 성가퀴 같다. 동남쪽으로 징암澄巖과 월암月巖이 구름 밖으로 우뚝 솟아난 것이 하늘을 받친 기둥 같다.(중략) 서남쪽으로 서하동瑞霞洞으로 들어가니 작약봉芍藥峰 아래다. 세상에서 전하기를 태조의 5세 조상께서 완산完山에서 와서 이곳에서 집터를 보셨다고 한다. 하지만 아직 터를 정확히 알 수 없다. 또 전하길 능침이 그 위에 있다고 하는데 역시 알 수가 없다.

금대봉金臺峰과 천의봉天倚峰이 등장하고, 크고 작은 작약봉芍藥峰이 나온다. 연화봉蓮花峯도 등장한다. 크고 작은 작약봉은 상함박, 중함박, 하함박일 것이다. 작약봉 아래에 태조의 조상 능이 있다는 주장은 인조 26년인 1648년 11월 30일 기사와 인조 26년인 1648년 12월 17일 기사에도 나온다. 1891년에 유람한 송병선宋秉璿, 1836~1905의 「유교남기遊嶠南記」에도 작약봉芍藥峯 한 갈래가 남쪽으로 절벽을 만들고, 바위가 갈라지며 굴을 이뤘다는 구절을 볼 수 있다. 모두 작약봉이 등장하는데 여기서 작약봉은 함백산을 지칭한다.

함백산을 함박산, 대박산, 작약산이라 불렀지만, 상박봉上朴峯이란 명칭도 함께 존재했던 것 같다. 김신겸金信謙, 1693~1738의 「상박봉上朴峯」이 『증

함백산

『소집檜巢集』에 수록되어 있다.

여러 뛰어난 산 제쳐두고 　且置諸般勝
먼저 높은 상박봉 오르네 　先登上朴崇
하늘 둥글어 눈이 확 트이고 　天圓歸決眥
바다는 넓어 뚫린 가슴에 들어오네 　海濶入開脣
가까이 별들 커다란 걸 깨닫고 　近覺星辰大
멀리 우주의 궁극을 생각하니 　遙思宇宙窮
홀로 노래하다 이지러진 달 굽어보며 　孤歌俯缺月
한가히 만 년 소나무 어루만지네 　閑撫萬年松

그의 문집에 「정암사로 향하다[向淨菴]」, 「정암사[淨菴]」, 「고개에 오르다[上嶺]」 2수, 「상박봉上朴峯」, 「심적암深寂庵」, 「구일에 태백산 높은 곳에 올라 두목지杜牧之의 구화산운九華山韻에 차운하다」, 「태백산太白山」이 순서대로 실려 있다. "하늘 둥글어 눈이 확 트이고, 바다는 넓어 뚫린 가슴에 들어오네."란 구절은 함백산 정상에 섰을 때 느낄 수 있는 감정이다.

이제 정리 해 보자. 현재 함백산은 태백산으로 통칭하기도 했고, 묘범산妙梵山으로도 기록되었다. 조선 시대에 들어오면서 작약산, 함박산, 대박산, 상박봉 등으로 혼용되다가, 일제강점기를 전후해서 함백산으로 불렀다. 태백산 권역에 속하기도 하다가 독립된 산으로 인식하였다.

금대봉

1910년 한일합방이 되었다. 의병 활동에도 불구하고, 이를 막아내지 못했다는 자책감에 나라를 되찾기 위한 독립운동에 돌입하게 된다. 김창숙이 주도한 파리장서 운동이 그중 하나이다. 1919년 '파리평화회의'에 보낸 장문의 독립 호소문 사건이 파리장서 운동이다. 이 운동의 사실상 지휘자가 영남 유림의 영수로 불리던 곽종석郭鍾錫, 1846~1919이다. 74세의 고령으로 병석이면서도 파리평화회의에 보낼 독립청원서 기초를 완성하였다. 이렇게 탄생한 파리장서에 곽종석은 대표자로 서명했다. 이후 구금, 투옥 중 지병의 악화로 3개월 만에 석방됐지만, 후유증이 겹치면서 1919년 8월 24일 향년 74세로 별세했다.

십 년 동안 왕래해온 이 산속에서　十年來往此山中
새와 구름까지 나를 알아보네　幽鳥閑雲慣識儂

골짜기마다 참나무 땔감 쌓여 있고　萬壑如今堆櫟爐
몇 집 고구마 나누어 먹으며 살고 있네　數家猶自喫諸供
푸른 숲에 비 내리니 가을 접어들고　靑林小雨秋初動
검은 벽 쓸쓸한 등불 나그네는 게을러지네　黝壁寒燈客轉慵
멀리 고향 생각하니 책은 잡히지 않고　遙想故園書卷冷
어지러운 봉우리 돌아갈 꿈은 겹겹 산 넘네　亂峰歸夢越重重

　　그는 1887년에 태백산 금대봉金臺峯 아래로 이사 온다. 참나무 땔감이 쌓여 있고 고구마 나누며 살고 있다는 표현은 행복한 산속 생활이 아니다. 검은 벽이라 했듯이 연기에 그을린 형편없는 오두막에서 근근이 생을 살고 있다는 표현이다. 언제나 고향 생각이다. 늘 돌아갈 꿈을 꾸는 사람에겐 이곳은 잠시 거치는 곳이다. 이때 「금대봉金臺峯에서 자다」를 짓는다.

대덕산

　　태백시 화전동和田同은 본래 삼척시 상장면(장성읍)의 지역으로서, 큰 두메였다. 용이 올라간 소가 있다는 용숫골을 지나 안충이란 사람이 터를 잡았다는 안충기 마을을 지난다. 옛 시절 봄가을에 제사를 지냈다는 성황당이 보이고, 옛날 어떤 사람이 초막을 짓고 살았다는 초막골에 이르러 조금 더 내려가자 엄나무 정자가 보인다. 금대봉 아래에 거처를 마련했을 당시, 곽종석은 검룡소에서 멀지 않은 대덕산을 오른 후 「대덕산」을 짓는다.

땅에서 받아 넓고 두터운 덕 이루고　稟地成博厚
하늘을 갖춰 둥근 하늘 몸으로 여기네　冒天體穹窿
이미 땅을 누를 힘 있으니　旣有鎭地力
어찌 하늘을 받칠 공이 없겠는가?　那無擎天功

경천擎天은 경천욕일擎天浴日이란 뜻이다. 경천은 하늘을 떠받치는 것을 말하며, 욕일은 희화羲和가 해를 나오게 해서 감천甘泉에 목욕시킨 것을 말한다. 위태로운 시국을 만회하여 나라를 지탱시키는 크나큰 공로를 의미한다. 이미 땅에 떨어진 인간 윤리를 바로 세우고 거의 망해 가는 국가를 다시 붙잡아 세운 것을 뜻하지 않을까?

「남려南黎 성량聖養과 함께 대덕산을 지나다」도 짓는다.

아름다운 절기 단옷날에　佳節端陽日
명산인 대덕산을 찾았네　名山大德峰
하늘과 땅은 나를 기다린 듯　天地若相待
나와 덕 있는 사람 쫓는구나　吾與碩人從

석인碩人은 덕이 크고 높은 사람도 뜻하지만 중의적이다. 『시경詩經』「석인碩人」은 위나라 군주의 부인 장강의 아름다움을 찬미한 노래다. 자하가 공자에게 이렇게 물었다. "아름답게 웃는 얼굴에 보조개가 예쁘네, 아름다운 눈의 맑은 눈동자가 선명하구나, 흰 비단 바탕에 채색을 하도다!'라는 글은 무엇을 뜻하는 것입니까?" 공자가 답하기를 "그림을 그리는 일은 먼저 흰 바탕을 마련해놓고 난 뒤에 한다繪事後素."라고 하였다. 자하가 다시 물었다. "예禮가 나중이라는 말씀입니까?" 공자가 말했다. "나를 일깨워 주는 사람은 상商이로구나! 비로소 함께 시를 이야기할 수 있게 되었구나."

소박한 마음의 바탕이 없이 눈과 코와 입의 아름다움만으로는 여인의 아름다움을 표현할 수 없다는 것인데, 달리 말하면 밖으로 드러난 형식적인 예禮보다는 그 예의 본질인 인仁의 마음이 중요하므로, 형식으로서의 예는 본질이 마련된 뒤에 의미가 있다는 것이다. 사람이란 모름지기 어진 성품, 곧 인을 갖춘 뒤에라야 진정한 예를 행할 수 있다는 뜻이다. 사람이 어질지 않다면 아무 소용이 없다는 말이다.

태백산 천제*

    태백산 초입의 골짜기를 당골이라 부른다. 계곡을 따라 많은 신당(당집)이 들어서서 무속의 근거지가 되었기 때문이다. 당골이라는 명칭에서 알 수 있듯이 이곳은 신앙처로 오랜 역사를 지닌다. 일제강점기 때 작성된『조선지형도』에 당곡堂谷으로 표시한 것으로 보아 예전부터 당골이란 명칭을 사용했다는 것을 알 수 있다.
    1735년 겨울에 태백산을 유람한 이인상李麟祥, 1710~1760은「유태백산기遊太白山記」를 남기는데 정상에서 내려와 하룻밤 머문 곳은 소도리점素逃里店이었다. 1804년에 강주호姜周祜, 1754~1821는「유태백산록遊太白山錄」을 남겼는데 그가 숙박한 곳은 소도촌所道村이었다. 송병선宋秉璿, 1836~1905은 1891년에「유교남기遊嶠南記」를 작성했는데 그가 숙박한 곳도 소도촌所道村이었다. 이들이 머문 곳은 지금도 소도동이란 명칭을 사용하고 있는데『삼국지』위서魏書 한전韓傳에서 언급한 소도와 연관이 있어 보인다.

    귀신을 믿으므로 국읍國邑에서는 각기 한 사람을 뽑아 천신에 대한 제사를 주관하게 하였는데, 이 사람을 천군天君이라 부른다. 또 이들 여러 나라에는 각각 별읍別邑이 있는데 이것을 소도蘇塗라 한다. 큰 나무를 세우고 거기에 방울과 북을 매달아 놓고 귀신을 섬긴다.

* 김도현 박사의『사료로 읽는 태백산과 천제』(강원도민일보사, 2009)를 참고하였다.

천제단

    한자 표기가 다르지만 조선 시대에 마을 형성할 정도로 사람이 살았다는 것은 이곳을 찾는 사람들이 많았다는 것을 보여준다. 소도동에는 단군성전檀君聖殿이 있으며 제사단도 보인다. 군데군데 바위 밑에 치성을 드리는 공간도 예전부터의 흔적이다.

    당골을 지나 올라가면 망경사 입구의 서낭당, 태백산 천제의 제물을 준비하는 망경사와 용정, 단종비각이 차례로 나타난다. 산의 주봉에 이르면 태백산 천제가 베풀어지는 성역에 이르게 된다. 중앙에 천제단을 두고, 장방형으로 쌓은 장군단과 방형으로 쌓은 후 세 방향에 계단을 만든 하단이 제단 형태로 건립되어 있다.

기도를 드리는 곳의 명칭은 다양하다. 태백천왕당太伯天王堂, 신사神祠, 태백산사太白山祠, 천왕당天王堂, 천왕사天王祠, 태백신사太白神祠, 태백사太白祠, 태백당太白堂, 구령탑, 마고탑 등으로 불렸다. 천왕당은 이곳이 천신에게 제사 지내는 곳임을 보여준다. 태백천왕당, 태백사 등의 명칭은 천신이 태백산의 주인임을 의미한다. 천지 만물을 창조한 창조주인 천신을 마고라고 한다. 마고탑이라는 명칭은 태초에 천지를 이룩한 거인 할머니 마고가 쌓은 탑이라는 뜻이다.

국가 제사로 행해진 산제

태백산에서 제사를 지낸 전통은 삼국시대까지 소급한다. 문헌상으로 확인 가능한 것이 그렇지 훨씬 이전부터 이곳에서 제사를 지내왔을 가능성도 있다. 밑도 끝도 없이 138년에 일성이사금逸聖尼師今이 태백산에서 제사를 지냈을 리는 없기 때문이다. 단지 자료가 부족할 뿐이다.『삼국사기』와 『세종실록지리지』는 신라에서 오악에 중사中祀를 설치하였다는 것을 알려준다. 태백산은 북악北岳에 속했다.

제사의 전통은 고려로 이어진다.『동사강목』에 흥미로운 대목이 나온다. 김방경金方慶, 1212~1300은 고려 충렬왕 대에 활동한 무장이다. 어느 날 휴가를 얻어서 선대의 산소에 참배하러 가게 되었는데, 왕은 그의 아들 김순金洵을 태백산제고사太白山祭告使에 임명하여 그를 따라서 고향에 가게 했다. 이 정보는 고려 시대에도 제사가 이어졌음을 알려준다. 홍여하洪汝河, 1620~1674는 「영백嶺伯 이국빈李國賓을 전송하는 서序」에서 다음과 같은 견해를 피력한다. "제후가 경내의 산천에 제사 지내는 까닭은 홍수 · 가뭄 · 풍우가 때에 알맞기를 빌기 위해서이다. 임금이 곳곳마다 친히 제사 지내지 못해 감사監司가 대신하여 시행하기에, 엄하면서도 공경함이 이와 같다. 충렬왕 대에 상락공上洛公 김방경金方慶은 상상上相의 지위로 태백산제고사太白山祭告使에 임명되었으니, 그 아래 관직의 관찰觀察은 짐작할 수 있다." 산천에 제사를 지내는 이유와 김방경이 태백산제고사에 임명되었다는 사실을 알 수 있는데, 임금을 대신하여 제사를 지내는 것이기 때문에 개인적으로는 대단한 영광이었을 것이다. 김방경 부자가 내리 태백산제고사에 임명되었다는 것은 이 전통이 오래되었다는 것을 보여준다.『고려사절요』에서 태백산 제사를 알려주는 기사를 읽을 수 있다. "봄·가을로 외산제고사外山祭告使가 10여 길로 나가게 되니 사명使命이 번다하여 역로에 폐가 많다. 동북 양계 감창사監倉使와 패서도안찰사浿西道按察使는 모두 제고사를 겸하게 하고 산남山南 여러 도에는 예전대로 제고사를 보내도록 정식으로 삼으라." 하였다. 태백산 제사가 신라와 마찬가지로 국가에서 지내는 제사였음을 보여준다.『신증동국여지승람』은 봉화 도심역道深驛을 이렇게 설명한다. "현 남쪽 5리에 있다. 전에는 현 북쪽 30리에 있었는데, 태백산제太白山祭를 폐지한 뒤로 이곳에 옮겼다." 태백산 제사를 위한 역이 있었다는 것과 언제인지 정확하지 않으나 제사가 폐지되었다는 것이다. 여하튼 도심역은 태백산이 고려 시대에 중요한 국가 제사였음을 반증한다.

『삼척진주지』의 척주부에는 "푸르고 푸른데 어찌 태백이라 하였던가. 그 위에 당집을 짓고 천왕이라 이름하였네. 신라·고려 때부터 숭상하여 믿었고, 모두 무당과 박수의 도회로세. 동쪽을 바라보니 팽나무도 많고, 남쪽을 돌아보니 크고 높은 언덕도 많네."라고 하여 태백산이 신라·고려 때부터 신앙의 중심지였음을 말하고 있다.

지방 관청과 민간인이 참여하는 제사

조선 시대에 들어오면서 태백산 제사의 성격이 변한다. 국가 차원의 제사가 베풀어지지 않았다. 세조대에 집현전 직제학 양성지가 태백산을 동진東鎭으로 지정해 줄 것을 건의하였지만 받아들여지지 않았다. 그렇다고 하더라도 제사가 폐지된 것은 아니었다. 지방 관청이 신사를 관리하거나, 민간 차원에서 다양한 종교 의례가 베풀어졌다.

성현成俔, 1439~1504의 『허백당집』에는 '신당神堂의 퇴우退牛에 대한 글이 실렸다. "강원·충청·경상 3도의 백성들이 산꼭대기에 신당神堂을 만들고 신상神像을 모셔 두고 제사를 지내는데, 해마다 왕래하는 사람들이 서로 어깨를 부딪치고 앞사람의 발꿈치를 밟을 정도이다. 제사를 마치면 신상을 모신 신좌神座 앞에 각자 소를 매어 두고 허둥지둥 뒤도 돌아보지 않고 간다. 그들의 말에 만약 돌아보면 신이 공경하지 않는 것으로 알고 죄를 준다는 것이다. 3일이 지난 뒤에 주군州郡에서 소를 가져다 쓰는데, 이를 퇴우退牛라고 한다." 태백산 인근에 있는 고을에서 태백산 산정에 신당을 만들어 놓고 소를 바치는 풍속을 음사淫祠로 규정하고, 악습을 그치게 해야 한다는 것이 이 글의 요지이다. 퇴우의 풍속은 『신증동국여지승람』에서도 볼 수 있다. 태백산사太白山祠에 대해 이렇게 설명한다. "산꼭대기에 있는데, 세간에서 천왕당天王堂이라 한다. 이 산 곁의 본도 및 경상도 고을 사람이 봄가을에 제사하는데, 신좌神座 앞에 소를 매어 두고는 갑자기 뒤도 돌아보지 않고 달아난다. 만약에 돌아볼 것 같으면 불공한 것을 신이 알고 죄를 준다 한다. 사흘이 지난 다음 부府에서 그 소를 거두어 이용하는데, 퇴우退牛라 한다." 사흘이 지난 다음 부府에서 소를 거두는 것은 고을 관아가 관여함을 보여준다. 허목의 기록에서 확인되는 점은 지방 관청이 태백산 신사를 관리한 사실이다. 제사를 지낸 후 두고 간 베나 소 등을 관리가 거두어 사용했다. 관용으로 사용했다는 것인지 사사로이 취한 것인지는 알 수 없지만, 태백신사의 관리는 삼척도호부 소관이었다. 허목許穆의 『기언記言』과 『척주지陟州誌』, 이유원李裕元의 『임하필기林下筆記』, 이능화李能和의 『조선무속고朝鮮巫俗考』 등에 보인다.

유학자들이 미신이라고 비판을 하였지만, 백성들의 믿음을 어찌지 못하였다. 성종 21년(1490)의 기사다.

> 권주가 말하기를, "신이 보건대 강원도는 그 풍속이 귀신과 음사淫祀를 숭상하여 태백산太白山에 모든 백성이 가족을 데리고 가서 재계하고 유숙하며 혹은 과부寡婦가 여러 날 유숙하는 것도 있으니, 풍속을 손상하고 허물어뜨림이 이보다 더 심한 것이 없습니다. 청컨대 엄금하게 하소서." 하니, 임금이 말하기를, "이 같은 일은 본도 관찰사觀察使가 마땅히 검찰할 것이니, 글을 내려 유시諭示하라." 하였다.

태백산신에 대한 신앙이 민간에 광범위하게 퍼져있다는 것을 보여주는 자료다. 가족이 함께 유숙하며 제사를 지내고, 과부가 유숙하기도 했다.

지방 관리는 가뭄이 들 때마다 산신에게 기도했다. 정구鄭逑, 1543~1620의 「태백산 신령께 비를 기원한 글[太白山祈雨文]」을 보자.

> 삼가 고합니다. 천하의 명산이 우리나라보다 많은 곳이 없고, 그중에서 더 이름난 곳을 논하면 오직 동남 지역이 으뜸이며, 동남 지역에서 가장 으뜸으로 꼽히는 곳은 또 우리 고을의 태백산만 한 산이 없습니다. 그렇다면 천하에 큰 산이자 국 중에 으뜸가는 산으로서 한 고장의 진산鎭山이 되어 이곳의 백성에게 혜택을 끼치면서 조화를 부리는 권한을 맡아 날씨를 흐리고 개게 하는 능력을 부리는 것은 우리 태백산의 신령이 아니겠습니까.
> 요즘 가뭄으로 인한 재앙은 근래에 그 유래가 없던 일로, 보리는 이미 말라 여물지 않았고 벼는 씨앗도 뿌리지 못하였습니다. 간혹 씨앗을 뿌려 모판을 조성

한 경우가 있다 하더라도 이것을 옮겨 심으려고 한번 둘러보면 논바닥이 쩍쩍 갈라져 어찌해 볼 도리가 없으니, 굶주림에 지쳐 먹을 것을 애타게 구하는 억조창생의 처지를 차마 외면할 수 없습니다. 이처럼 날씨가 가문 그 까닭을 따져 보면 반드시 우리 태백산의 신령께서 맡고 계신 권한을 아끼고 다 행사하지 않는 데에 있다고 할 수도 있습니다. 이는 고을 수령이 신령을 감동시키는 지극한 이치를 잘 지키지 않았기 때문에 백성들이 굶어 죽는 재난이 생긴 것으로 그 죄를 짊어질 자가 사실 있으니, 어찌 두려워 가슴이 떨리지 않겠습니까.

저는 무능한 사람으로 이곳의 수령으로 부임해 있으면서 부덕하여 허물이 쌓인 나머지 천지의 신령께 호감을 사지 못했으니, 죄를 지은 것은 사실입니다. 그러나 죄 없는 창생을 돌아보면 정말 염려스럽습니다. 천하에 으뜸가는 명산의 신령으로서 어찌 마음을 돌려 억수 같은 비를 내리쏟아주는 큰 은혜를 베풀지 않을 수 있겠습니까.

산천에 두루 기도하면서 우리 태백산에만 기도하지 않는다면, 비록 이 태백산이 높기도 하고 거리도 멀어 감히 섣불리 시도할 수 없는 점이 있기는 하나 인간사로 보면 유감스럽다고 할 수 있습니다. 이에 두려운 마음으로 고루하고 못난 처지를 헤아리지 않고 약간의 제물을 갖추어 사람을 보내 산문山門 아래에서 정성을 드립니다. 바라건대 신령께서는 창생의 처지를 가련히 여겨 한차례 비를 내려 주신다면 우리 한 지역이 은혜를 입고 감동을 받는 정도가 어찌 한량이 있겠습니까. 서쪽을 향해 머리를 조아리며 간곡히 기원해 마지않습니다. 삼가 고합니다.

민간의 신앙 행위는 삼척도호부를 중심으로 경상도 사람들까지 이어졌다. 관련 내용은 『신증동국여지승람』 사묘조에 자세하게 기록되어 있다. "태백산사太白山祠는 산꼭대기에 있는데, 세간에서 천왕당天王堂이라 한다. 이 산 곁의 본도 및 경상도 고을 사람이 봄가을에 제사하는데, 신좌神座 앞에 소를 매어 두고는 갑자기 뒤도 돌아보지 않고 달아난다." 이때의 제사가 천신에 대한 제사인지는 분명하지 않다. 고을 사람들의 소원하는 바를 해결해 주는 민간의 신앙처로 역할이 강조된 것으로 보인다.

선비의 여행기에도 태백산의 제사 장소나 그 당시의 열풍을 엿볼 수 있다. 이전의 기록들이 건조한 평면적 기술이라면 문인의 기록은 살아 있는 입체적인 묘사다. 강재항姜再恒의 「황지기黃池記」는 1719년의 여행을 기록한 글이다. 동북쪽으로 박외촌博隈村에 도착하니, 산에는 태백신사太白神祠가 있는데 복을 비는 사람들이 날마다 와서 둥둥거리며 치는 북, 장구 소리가 밤낮으로 끊이질 않는다고 하였다. 독특하게 보일 정도의 신앙 행위로 보인 것이다. 이인상李麟祥, 1710~1760은 1735년 겨울에 태백산을 사흘 동안 유람한 경험을 「유태백산기遊太白山記」에 기록하였다. "천왕당天王堂에 이르렀을 때는 대략 밤 10시 경이었다. 겨우 60리를 왔다. 서쪽 건물[西堂]에는 석불石佛이 있고, 동쪽 건물[東堂]에는 나무 인형[木偶]가 있으니, 이른바 천왕天王이다." 정상에 건물이 두 채 있었으며, 석불石佛과 나무 인형[木偶]이 있었다는 것도 알려준다.

강주호姜周祜, 1754~1821는 1804년 4월에 태백산을 유람한 것을 「유태백산록」에 기록하였다. 산등성이를 따라서 북쪽으로 팔구 리 가니 망경대望京臺였다. 대 위에는 돌로 쌓아서 신사神祠를 만들었다. 사당의 아래 지세는 평평하고 둥글어서 수백 명이 앉을 수 있었다.

> 동쪽 낭떠러지를 따라 일 리쯤 내려가니 석불石佛과 음사淫祠가 있다. 서북쪽은 높이 솟고 동남쪽은 낮고 넓다. 손길을 마주 잡고 둘러앉은 것이 기세가 힘이 넘치는 용龍 같다. 땅을 보는 자가 명당으로 생각하는 곳인가? 사방의 무녀巫女가 많이 모여 신에게 빌면서 밥을 떠서 주니 산새들이 모두 먹지 못한다. 명산에 미혹되게 기도하는 것은 하늘이 낸 물건을 사납게 멸하는 것이니 어찌 금하지 않는가?

돌로 쌓아 신사를 만들었다고 하니 지금의 천제단의 형태와 비슷한 구조물이 생겼다는 것을 보여준다. 사당의 아래는 평평하고 둥글어서 수백 명이 앉을 수 있는 것도 현재와 비슷하다. 사방의 무녀巫女가 많이 모여 신에게 빈

천제단

다는 기록도 중요하다. 무속과 밀접한 관련이 있으며, 1800년대에도 여전히 신앙이 성행하고 있다는 것을 보여주기 때문이다. 1891년 봄에 경상도 지방을 유람한 송병선宋秉璿, 1836~1905은 「유교남기遊嶠南記」를 남긴다. 봉화, 태백산, 청량산, 안동, 동래 등을 유람한 내용 중 '봉화부터 태백산에 들어가는 기록[自奉化入太白山記]'이 들어 있다. 망경대에 이르니 돌을 쌓아 신사神祠를 만든 것이 보였다. 신사 앞은 평평하며 둥글어서 수백 사람이 앉을 수 있다. 높이는 곧바로 구름까지 닿고 사방 천 리 눈에 보이는 것이 막힘 없다. 동쪽으로 몇 리 내려오니 석불石佛과 음사淫祠가 있다고 기록한다.

민간에서는 열기가 고조됐으나 유학자들의 눈에는 음사淫祀로 비칠 뿐이었다. 정약용은 『목민심서』에서 다음과 같이 규정한다.

> 혹시 고을에 음사하는 잘못된 관례가 전해 오는 것이 있으면 사민士民들을 깨우쳐 철훼撤毁하기를 도모할 것이다. 명하니 듣는 자들이 모두 통쾌하게 여기며, "옛날에 김치金緻가 영남 관찰사嶺南觀察使가 되었을 때 태백산 신사太白山神祠를 헐어버린 일에 견줄 만하다."라고 하였다.

훼철과 존치가 팽팽하게 대립하던 시기가 조선 시대였다. 국가 차원은 아니더라도 산신山神이나 천왕天王을 모신 제의가 조선 시대에 행해졌으며, 일정 부분을 관리나 향리들이 관여하면서, 태백산과 인근 지역에 거주하는 백성들이 참여한 형태를 띠고 있었음을 알 수 있다. 태백산에서 천신 또는 산신의 감응을 받은 '천왕天王'이라 불리우는 신령을 모신 제의가 행해졌음을 알 수 있다.

구국의 염원이 깃든 천제

조선 후기에 태백산은 구국의 성지로 떠오르기 시작했다. 조선 후기와 일제강점기를 전후하여 의병 운동이나 동학을 비롯한 신종교의 신자들과 이들을 지도하는 사람들은 태백산을 찾았다. 임진왜란 때 의병 활동을 한 경상좌도 의병장 유종개는 이곳에서 제사를 지냈다. 이후 종교적 의례 차원, 또는 독립을 기원하기 위해 태백산에 제단을 쌓았고 하늘에 제사를 지냈다.

최제우 사후 동학교도는 태백산에 모여들면서 민족의 종산으로 부각하기 시작한다. 동학은 제천祭天을 중심으로 발흥했기에 설단제천設壇祭天을 지속하였다. 초기 동학을 이끌던 지도자인 이필제李弼濟는 1871년에 설단

제천을 했다. 관에 쫓겨 다니면서도 설단제천 후에 인근 관아를 습격했다. 정선에 머물던 최시형이 갈래산 적조암에 들어가 49일 동안 기도를 했는데, 이때 이곳에서 한울님을 만났다. 태백산은 천신을 만나는 곳으로 강하게 인지되었다.

  태백산에서의 제의를 '천신天神을 모신 천제天祭'로 인식하고 규정한 것은 큰 베풂을 바탕으로 신성함이 깃든 태백산에서 하늘을 관장하는 최고의 신령이기에 특정 지역을 한정하지 않고 우리 민족 전체를 위해 도움을 줄 수 있다고 여겼기 때문이다. 신종교의 신자들이나 지도자들이 태백산으로 모여들었다. 1937년 태극교도[천지중앙 명류도]들의 활동이 주목된다. 이들은 조선의 독립을 기원하기 위해 태백산 정상에 구령탑을 쌓고, 1938년 6월 15일(음력 5월 7일) 교도들이 제수를 준비하여 6월 16일(음력 5월 8일)에 독립 기원제를 지냈다. 이때 구령탑 주위에 태극기·28수기·팔만기·오행기·일월성신기·구령기 등을 세웠다. 이러한 의례는 현재 태백산 천제의 모습을 갖추는데 중요한 기준으로 작용하였고, 그 전통은 오늘날까지 이어지고 있다.

  천제단은 1991년 국가민속문화재로 지정되었다. '천왕단天王壇'이라고도 하는데, 이곳에서 매년 10월 3일 개천절에 세계평화世界平和·민족통일民族統一·국태민안國泰民安·우순풍조雨順風調'를 기원하며 하늘에 제사를 지낸다. 이를 천제 또는 천왕제라고 한다. 태백산에서 제사 지내는 전통은 시대에 따라 변화해오면서도 지속되었다.

  이와는 별도로 천신을 모시는 전통은 각종 산당이나 신종교에서 천신을 모신 제단을 설치하여 천신을 모시는 형태로 전승되고 있다. 이와 함께 조선 시대 이전부터 큰 마을 단위로 천신을 모셔 천제를 지낸 전통 또한 한 말~일제강점기를 지나 현재까지 전승되고 있다.

태백산 유산기

산을 유람하면서 만나는 경치와, 자연에서 받은 느낌 등을 기록한 글이 유산기遊山記다. 유산기에 대한 글은 다양한 시각으로 연구되었다. 먼저 산을 바라보는 시선에 대한 연구가 이루어졌다. 산은 신이 사는 신비한 장소가 아닌 인간이 사는 장소, 아름다운 경관으로 시흥詩興의 원천이 되는 곳, 단순한 탐승探勝의 대상이 아니라 도체道體가 깃들인 곳으로 파악하였다. 이를 통해 심신을 수양하는 장소, 한 지방의 상징적 존재이자 민족의 상징적 존재라는 설명은 산에 대한 이해를 심화시켰다.[2] 이후 특정 시기와 특정 계열을 중심[3]으로 산수유기를 분석하기도 했으며, 유산기에 나타난 사의식士意識[4]에 주목하기도 하였고, 한 지역의 특정한 산을 집중적으로 분석[5]하기도 하면서 연구의 지평을 넓혀왔다.

---

2 이혜순 외 3인,『조선중기의 유산기 문학』, (집문당, 1997). 이 책은 유산기의 성립과 배경뿐만 아니라 금강산유기·지리산유기·청량산소백산유기·묘향산유기 등에 대하여 자세하게 고찰하고 있다.

3 안득용,「17세기 후반 ~ 18세기 초반 山水遊記 硏究 : 農巖 金昌協과 三淵 金昌翕을 중심으로」, 고려대학교 대학원 석사학위논문, 2005.8 ;안득용,「農淵山水遊記硏究」,(『동양한문학연구』,22, 동양한문학회, 2006); 안득용,「16세기 후반 영남 문인의 산수유기-芝山 曺好益 산수유기에 나타난 지연인식과 형상화를 중심으로-」,(『어문논집』, 55, 민족어문학회, 2007).

4 최석기 외,「조선시대 사대부들의 지리산 유람과 사의식」,『선인들의 지리산 유람록』, (돌베개, 2007).

5 김기영,「관악산유산록의 작품 실상과 교육적 가치」,(『어문연구』, 38, 어문연구학회, 2002); 박영민,「18세기 청량산 유산기 연구」,(『한자한문연구』, 1, 고려대학교 한자한문연구소, 2005); 정치영,『옛 선비들의 청량산 유람록 I 』, (민속원, 2007). 강정화,「동아시아의 명산(名山)과 명산문화(名山文化) ; 지리산(智異山) 유산기(遊山記)에 나타난 조선조 지식인의 산수인식(山水認識)」,(『남명학연구』, 26, 경상대학교 남명학연구소, 2008); 노규호,「한국 遊山記의 계보와 두타산 遊記의 미학」,

이 글은 태백산 유산기에 대한 설명이다. 누가, 언제, 누구와 함께 유산을 하였으며, 어떤 목적을 갖고 유람하였는지, 등반 코스는 어떠한지 등과 같은 기초적인 물음에 설명함으로써, 태백산의 진면목을 이해하는 데 도움을 주고자 한다.

자료와 창작시기, 작자

지금까지 알려진 태백산 유산기는 이인상李麟祥, 1710~1760의 「유태백산기遊太白山記」[6]와 강주호姜周祜, 1754~1821·강주우姜周祐의 「유태백산록遊太白山錄」[7], 송병선宋秉璿, 1836~1905의 「유교남기遊嶠南記」[8]이다. 「유태백산기」는 1735년 겨울에 태백산을 사흘 동안 유람한 경험을 기록하였다. 「유태백산록」은 1804년 4월에 태백산을 유람한 것에 대한 보고이다. 「유교남기」는 1891년 봄에 경상도 지방을 유람한 기록인데 봉화, 태백산, 청량산, 안동, 동래 등을 유람한 내용 중 '봉화부터 태백산에 들어가는 기록[自奉化入太白山記]'이 들어 있다. 허목許穆, 1595~1682의 「태백산기太白山記」[9]는 직접 산에 오르지는 않았지만, 태백산에 대한 전반적인 내용을 다룬 글이다.

(『우리문학연구』, 28, 우리문학회, 2009) ; 김선희, 「유산기를 통해 본 조선시대 삼각산 여행의 시공간적 특성」, (『문화역사지리』, 21, 한국문화역사지리학회, 2009).

6 이인상(李麟祥), 「유태백산기(遊太白山記)」, 『능호집(凌壺集)』.

7 강주호(姜周祜)·강주우(姜周祐), 「유태백산록(遊太白山錄)」, 『옥천연방고(玉泉聯芳稿)』.

8 송병선(宋秉璿), 「유교남기(遊嶠南記)-봉화부터 태백산에 들어가는 기록[自奉化入太白山記]-」, 『연재집(淵齋集)』.

9 허목(許穆), 「태백산기(太白山記)」, 『기언(記言)』.

이인상李麟祥의 본관은 전주全州. 호는 능호관凌壺觀 또는 보산자寶山子다. 3대에 걸쳐 대제학을 낳은 명문 출신으로 1735년(영조 11) 진사에 급제하였으나 증조부 이민계李敏啓가 서자였기 때문에 본과에 이르지 못하였다. 음보로 북부 참봉北部參奉이 되고, 음죽 현감, 지리산 사근역沙斤驛 찰방을 지냈다. 몸이 쇠약하여 관직에 있는 동안에도 가슴앓이로 고생하며 지냈다. 불의와 타협할 줄 모르는 강직한 성격으로 탐관오리의 부정을 참지 못하였다. 끝내는 관찰사와 다툰 뒤 관직을 버리고 평소 좋아하던 단양에 은거하여 벗들과 시·서·화를 즐기며 여생을 보냈다. 서출이었지만 명문 출신답게 시문과 학식이 뛰어나 당시 문사들의 존경을 받았다. 그리고 후대의 문인과 서화가들에게 지대한 영향을 끼쳤다. 김정희金正喜는 그 문자향을 높이 평가하면서 "전각은 200년 이래로 따를 자가 없다."라고 칭찬하였다.

강주호姜周祜의 본관은 진주晉州. 호는 옥천玉泉이다. 1783년(정조 7) 생원시에 합격하였다. 어려서부터 효성이 지극하였으며, 젊었을 때 전국의 명산을 두루 구경하고 「유금강산록遊金剛山錄」·「유태백산록遊太白山錄」·「유속리산록遊俗離山錄」 등 많은 기행문을 썼다. 중년에는 서숙書塾을 열어 후진 양성에 전념하면서 『심경心經』·『근사록近思錄』에 대하여 깊이 연구하였으며, 심성설心性說과 이기설理氣說 등의 논설과 「귀신변鬼神辨」에 대한 변론까지도 잡저로 남겨 놓았다. 저서로는 그의 아우 강주우姜周祐와 함께 저술한 『옥천연방고玉泉聯芳稿』 3권이 있다.

송병선宋秉璿의 본관은 은진恩津. 호는 연재淵齋로 송시열宋時烈의 9세손이다. 1877년(고종 14) 태릉참봉에 제수되었으나 나아가지 않았다. 그 뒤 경연관經筵官·서연관書筵官·시강원자의侍講院諮議 등에 차례로 선임되었으나 모두 거절하였다. 1905년 11월 일제가 무력으로 위협하여 을사조약을 강제 체결하고 국권을 박탈하자 두 차례의 「청토흉적소請討凶賊疏」를 올렸다. 그러나 이에 대한 비답이 없자 상경하여 고종을 알현하고 을사오적을 처형할 것, 현량賢良을 뽑아 쓸 것, 기강을 세울 것 등의 십조봉사十條封事를 올렸다. 그해 음력 12월 30일 국권을 강탈당한 데 대한 통분으로, 황제와 국민과 유생들에게 유서를 남겨 놓고 세 차례에 걸쳐 다량의 독약을 마시고 자결하였다.

어느 계절에 유람했을까

이인상李麟祥의 「유태백산기」는 작성 연대만 기록되어 있고 계절은 특정되지 않았다. 그러나 등반하는 사람들 모두 겹옷 한 벌을 입었는데도, 모두 얼어 죽을까 봐 걱정하였으니 계절을 짐작할 수 있다. 이인상의 유산기를 읽노라면 태백산 세찬 바람 속을 걷는다고 착각할 정도다. 각화사에서 출발하여 태백산 정상을 향해 가던 중에 이러한 글을 짓는다.

> 산은 갈수록 위태로워지고 길은 갈수록 가늘다. 축 늘어진 전나무와 우람하게 솟은 떡갈나무가 마치 귀신처럼 서 있다. 바람과 불에 꺼꾸러져 있는 나무가 언덕에 옆으로 누우며 길을 끊고 눈이 쌓여서 형체가 흐릿하다. 서 있는 나무들은 바야흐로 억센 바람과 싸우느라 그 소리가 허공에 가득하다. 동쪽에서 진동하면 휘이휘이 서쪽에서 메아리를 친다. 어두컴컴하게 그늘이 졌다가 갑자기 번쩍하기를 그치지 않는다. 따라오는 사람들이 모두 추위에 얼어 서 있기에 마른 나무를 꺾어다가 불을 피워 몸을 덥히게 하였다.

길은 갈수록 흐릿해진다. 나무는 귀신처럼 서 있으니 평온한 등반이 아닌 신경이 곤두선 산행이다. 하늘 가득한 억센 바람 소리는 모든 것을 날

려버릴 것만 같다. 몇 줄 글로 태백산 산행에 초대한다. 이덕무는 이인상의 시에 대하여 평한 적이 있다. 금강산 시에 "모든 계곡물 다투어 달빛 담아 쏟아지고, 여러 봉우리 구름 따라 날아가려 하네[萬瀨爭涵明月瀉, 千峯欲和霱雲飛]."라 하였는데, 마음이 상쾌하다고 언급하였다. 이윤영李胤永은 이인상의 글씨에 대해 품평하기를, "봄 숲의 외로운 꽃이요 가을밭의 선명한 백로다."하였는데 서법書法만 그럴 뿐 아니라 이 말을 옮겨 시평詩評으로 삼아도 될 것이라고 하였다.

태백산 정상에 가서 작성한 글도 매서운 겨울 한복판으로 끌고 간다.

해가 지고 달이 나와 다만 산꼭대기의 나무만 보일 따름이다. 높이는 고작 서너 자에 불과하고 일만 줄기가 우그러져, 하늘하늘하게 기생하고 있다. 울퉁불퉁해서 기기하고 고고하며 너울너울하면서 아래옷을 잡아끌고 소매를 찢는다. 억셈이 쇠와 같아서 몸을 구부려 가게 만든다. 뿌리를 꼭꼭 싸맨 듯 뒤덮은 눈은 사람의 무릎까지 빠지게 만들고 바람이 불면 휘날린다. 북방에서부터 불어오는 바람은 하늘을 어둡게 만들고 땅을 찢어서 우르릉 우레 소리를 내고 뒤흔들기를 바다처럼 한다. 거대한 나무는 울부짖어 분노하고 작은 나무는 슬피 운다. 중이 넘어졌다 다시 일어나면 눈이 등을 짓누른다.

무릎까지 빠지는 눈구덩이에서 산행을 후회하지 않았을까. 후회할 틈이 없다. 땅을 찢는듯한 바람 소리는 우렛소리 같다. 바람 때문에 자라지 못한 정상의 나무 중 제법 굵은 나무는 분노하는 듯 울부짖는다. 손가락 같은 작은 나무는 슬피 우는 듯하다. 온 천지가 바람 소리로 가득하다. 장상 아래 산봉우리를 볼 겨를이 없다. 다음날 황지에서 주막을 나섰을 때도 한겨울이었다. 바람은 맹렬하였다. 들판의 쌓인 눈이 모두 일어나 구름과 안개로 뒤엉켜 천지사방이 아득하다. 걸음을 한 자밖에 걷지 않았는데도 말이 통하지 않을 정도였다. 도대체 이인상은 한겨울에 왜 태백산을 올랐을까.

8월의 천제단 부근

    강주호姜周祜가 유람한 시기는 울긋불긋한 꽃이 산문山門에 낭자하고 말이 비단 장막을 밟는 4월이었다. 산 아래는 화창했으나 정상의 기온은 차가웠다. 나무의 싹이 비로소 터지기 시작하였다.
    송병선宋秉璿의 산행은 봄옷이 만들어진 늦은 봄이었다. 물을 따라 각화사 깊은 골짜기에 들어서니 양쪽 언덕에 진달래꽃이 한창 폈을 때였다. 산 아래는 봄이었지만 산에 오르자 아직 겨울의 흔적이 보인다. 골짜기에 눈이 왕왕 보였다.

어디를 경유했을까

태백산을 오를 때 많은 사람이 유일사 코스를 이용한다. 유일사에서 장군봉을 지나는 백두대간 능선을 따라 오르는 탐방코스는 천제단을 경유한 후 당골광장으로 내려온다. 문수봉 코스는 당골광장에서 왼쪽으로 뻗어 있는 '산제당골'로 오른다. 소문수봉에 도착한 후 능선을 따라 문수봉, 부쇠봉, 천제단, 장군봉을 탐방할 수 있다. 태백산의 대표적인 산봉우리들을 모두 탐방할 수 있는 코스이다. 백천계곡으로 오르기도 한다. 봉화군 대현리에서 출발하여 문수봉으로 향하는 코스다.

조선 시대에 태백산을 오른 이들의 경로는 사뭇 다르다.

- 이인상: 각화사覺華寺–사각史閣–상대산上帶山 중봉中峰–태백산 천왕당天王堂–소도리점素逃里店–황지黃地
- 강주호: 각화사覺華寺–북암北庵–두두령斗斗嶺–진목정眞木亭–당정堂亭–죽현竹峴–망경대望京臺, 신사神祠–음사淫祠–소도촌所道村–못[池]–혈동穴洞, 동굴–황지黃池
- 송병선: 각화사覺華寺–사고史庫–두두령斗斗嶺–당정棠亭–망경대望京臺, 신사神祠–음사淫祠–소도촌所道村–못–혈동穴洞, 동굴–황지黃池

각화사가 출발점이라는 것이 현저히 다른 점이다. 이어서 발길은 사고史庫에 들린다. 태백산사고는 1605년 10월 경상감사 유영순柳永詢이 태백산이 사고의 터로서 적당하다고 보고하자, 조정에서 이를 받아들여 공사에 착수하였다. 다음 해 4월 사고 건축을 완성하면서 외사고의 기능을 수행하게 되었다. 그 뒤 서운암 부근 현재 사고지로 이건되었다. 각화산으로 향하다가 각화사에 딸린 북암北庵이 있었던 것 같다. 강주호는 사고에 들리지 않고 북암으로 향했다. 각화산에서 태백산으로 가는 중간에 두두령斗斗嶺이라는 고개를 지난다. 깃대배기봉 전에 있던 고개로 추정된다.

강헌규姜獻奎, 1797~1860의 「두두령斗斗嶺을 오르다」이란 시에서 두두령의 옛 모습을 찾아볼 수 있다.

조금씩 부여잡고 올라 산에 오르니 分寸躋攀上翠微
돌길에 지팡이라 이끼 밟은 것 드무네 烏藤石逕印苔稀
나그네 바라보니 하늘 위로 가고 觀海客從天上去
각화사 중 안개 속으로 돌아가네 覽華僧自霧中歸
풍진을 내려보니 마음 홀로 강개해지고 頻視風埃心獨慨
바로 달과 별 곁에 두니 흥취는 나는 듯 直傍星月興遄飛
산허리에 길은 열려 평탄하며 넓으니 山腰路闢猶平廣
나라 도로는 언제 황제 도성에 이르렀나 官道何年達帝畿

* 오등(烏藤) : 등(藤)으로 만든 지팡이를 가리킨다.

강헌규가 유산기를 남기지는 않았지만, 태백산을 올랐다는 것을 「두두령斗斗嶺을 오르다」란 시가 증명해준다. 강헌규는 1822년(순조 22) 진사시에 급제한 뒤 성균관 유생으로 들어가 학문을 닦아 문명이 높았다. 1842년에 태백산을 유람하였다.

송병선은 두두령부터 연이어 큰길의 옛 흔적이 있다 하였고, 중이 말하길 신라 때 관리가 통행하던 길이라고 설명을 한다. 태백산에 제사를 지내기 위해 관리들이 오고 가던 길의 흔적인 것이다. 『신증동국여지승람』은 봉화현의 도심역道深驛이 현 남쪽 5리에 있는데, 전에는 현 북쪽 30리에 있었으며, 태백산제太白山祭를 폐지한 뒤로 이곳으로 옮겼다고 기록하였다. 도심역이 예전에 제사를 지낼 때는 관리들이 이용하던 역이었는데, 제사가 폐지되자 남쪽으로 역이 이동하였다는 설명이다.

두두령과 태백산 정상 사이에 쉼터가 있었다. 진목정眞木亭과 당정堂亭-일명 반당半堂-이 대표적이다. 당정에는 옹달샘이 주변에 있다. 두두령부터 연이어 큰길의 흔적이 보였다. 신라 때 관리가 통행하던 길이라 하는 것으로 보아 제사를 지내기 위해 산을 오르던 관리들이 다니던 길이었던 것 같다. 죽현竹峴도 있다. 흥주興州: 영주가 오고 가는 길을 관리하던 곳으로 사이사이에 깃대를 세워 쉬도록 하였다.

강주호의 「유태백산록」이다. 두두령과 태백산 사이에 제사를 지내러 산행하는 사람들을 위한 쉼터가 있었다. 지금처럼 백두대간에 길이 있었다. 예전에 그 길을 천령天嶺이라고 했다. 1804년에도 길의 흔적을 찾을 수 있을 정도였으니, 나라에서 주관하는 제사는 폐지되었어도 많은 백성이 순례했음을 보여준다. 예전에는 깃대를 세워 표시하였다. 깃대를 세웠던 곳이 깃대배기봉일 것 같다.

상대산上帶山에 오르자 나무라고는 한 치 한 자 길이의 것조차 없고 다만 바람만 있을 뿐이다. 사방 백 리에 산이 모두 흰 눈빛이어서 마치 뭇 용들이 피를 흘리며 싸우는 듯도 하고, 마치 만 필의 말이 내달려 돌진하는 듯도 하다. 안개 속에 보일락 말락 하다가 사라져 없어지고, 어두컴컴하다가 활짝 열리기도 하면서 번쩍번쩍 반짝반짝 희디희고 맑디맑게 빛의 기운이 허공에 가득하다. 따라오는 사람들이 미친 듯이 외치면서 발을 구른다.

이인상李麟祥의 「유태백산기」 중 일부다. 아마도 상대산은 깃대배기봉을 가리키는 것 같다. 1,370m의 깃대배기봉 정상은 평평한 능선이 넓고 길게 펼쳐져 있다. 주변의 봉우리 중 제일 높아서 환하게 시야에 거칠 것이 없다.
강헌규姜獻奎는 「두두령부터 산등성이를 따라 수십 리를 갔다. 산은 더욱 높고 경계는 더욱 깊다. 깊고 궁벽하며 시원하고 탁 트인 것이 속세의 세상이 아니다. 시를 읊조린다」란 시를 짓는다.

기이한 봉우리 만 길 구름 속 들어가고 奇峰萬仞入雲中
걸음걸음 다 오르자 형세는 더욱 높네 步步窮升勢益隆
조도 만나니 다람쥐 지나는 것보다 가볍고 每逢鳥道輕鼯過
등 지팡이 믿고 건장한 말과 함께하네 秖信烏藤健馬同
사월에야 꽃 피었으니 봄 색을 멈춘 듯 花開四月停春色
나무 늙어 천 년 됐으니 깅풍을 두려워하네 樹老千年戰勁風
멋진 흥취 미친 듯 일어 수습하지 못하고 逸興顚狂收不得
날아오르는 학 타고 공동산*으로 향하네 會騎翔鶴向崆峒

* 공동산(崆峒山) : 중국 황제(黃帝) 때의 은자 광성자(廣成子)가 있던 곳으로, 은자의 대명사로 쓰인다.

1872년 지도

두두령을 지나 깃대배기봉을 올랐다. 다시 태백산 정상을 향해 간다. 시에「망경대」가 있는 것으로 보아 부소봉에 오른 것 같다. 늦봄인데도 꽃을 피웠다고 했으니 철쭉일 것이다. 천년 된 나무는 주목이다. 태백산은 시간을 초월한 곳이다.

지도를 보면 각화산 뒤에 두두령이 표기되어 있다. 각화산을 커다랗게 회화식으로 그린 것이 특징이다.

드디어 태백산 정상이다. 이인상이 찾았을 때는 정상에 천왕당天王堂이 있었다. 서쪽 건물[西堂]에는 석불石佛이 있고, 동쪽 건물[東堂]에는 나무 인형[木偶]인 천왕天王이 있었다. 강주호는 정상인 망경대望京臺에 올랐다. 대 위에는 돌로 쌓아서 신사神祠를 만들었다. 사당의 아래는 평평하고 둥글어서 수백 인이 앉을 수 있다. 송병선도 비슷하게 묘사하였다. 망경대에 이르니 돌을 쌓아 만든 신사神祠가 보였다. 평평하며 둥근 신사 앞의 형세는 강주호의 묘사와 같다.

흔히 태백산 정상 부근에 있는 사찰을 망경사, 혹은 망경대라 부른다. 그러나 원래는 태백산 정상을 가리켰다. 이한응李漢膺, 1778~1864의「태백산 망경대望京臺」란 시를 봐도 산 정상을 읊은 것이다.

곧은 길 평탄하다 점차 정상으로 가니　直道平平漸極嶺
올라 굽어보는 곳에 이르니 비로소 트이네　及登臨處始豁然
온갖 형상 안개 깔려 흐릿한 곳이고　萬相烟撲微茫地
구름 없는 기운이라 하늘은 텅 비었네　一氣雲空寥廓天
북두성을 지키기 위해 차지한 것이 장하고　爲捍北辰盤據壯
남국을 진압하려고 모양은 둥그네　將鎭南國體段圓
누가 말했나 대 위 기이한 경치 없다고　誰言臺上無奇景
반평생 유람하다 이곳 오니 완전하네　半世遊觀到此全

강헌규도 「망경대」를 남겼고, 강필효姜必孝, 1764~1848는 「이건지李健之와 조카 성등聖登과 태백산을 함께 유람하다 주자朱子의 산북기행山北記行의 운에 차운하다」 12수 중에 "유람하며 보는 일 어떠한가, 청컨대 망경대에서 말하네. 광활한 우주 보니 끝없고, 여러 산 함께 줄지어 섰네."라고 노래했다.

유산기를 남기지 않았지만, 시를 보았을 때 산 정상까지 걸음을 한 이들이 다수다. 조위한趙緯韓, 1567~1649은 「태백산을 유람하다」란 시에서 "들길 태백산 더욱 뛰어나다고, 작심하고 지금 최고봉에 올랐네."라 읊었다. 김신겸金信謙, 1693~1738은 「태백산」 5수를 남겼을 뿐만 아니라 「정암사로 향하다[向淨菴]」, 「정암사[淨菴]」, 「고개에 오르다[上嶺]」 2수, 「상박봉上朴峯」, 「심적암深寂庵」, 「구일에 태백산 높은 곳에 올라 두목지杜牧之의 구화산운九華山韻에 차운하다」, 「태백산太白山」 등의 시가 『증소집橧巢集』에 수록되어 있다. 곽종석郭鍾錫, 1846~1919은 「태백산」 전후에 「천천穿川」, 「황지黃池」, 「굴구천窟口川」 등이 『면우집俛宇集』에 실려 있다.

정상의 기록은 단연 이인상의 글이 압권이다.

> 해가 지고 달이 나와 다만 산꼭대기의 나무만 보일 따름이다. 높이는 고작 서너 자에 불과하고 일만 줄기가 우그러져, 하늘하늘하게 기생하고 있다. 울퉁불퉁해서 기기하고 고고하며 너울너울하면서 아래옷을 잡아끌고 소매를 찢는다. 억셈이 쇠와 같아서 몸을 구부려 가게 만든다. 뿌리를 꼭꼭 싸맨 듯 뒤덮은 눈은 사람의 무릎까지 빠지게 만들고 바람이 불면 휘날린다. 북방에서부터 불어오는 바람은 하늘을 어둡게 만들고 땅을 찢어서 우르릉 우레 소리를 내고 뒤흔들기를 바다처럼 한다. 거대한 나무는 울부짖어 분노하고 작은 나무는 슬피 운다.

지금도 그러하지만 바람에 의해 채 자라지 못한 나무들은 그 당시에도 여전하였다. 바람은 또 어떤가. "바람은 하늘을 어둡게 만들고 땅을 찢어서 우르릉 우레 소리를 내고 뒤흔들기를 바다처럼 한다. 거대한 나무는 울

천제단

부짖어 분노하고 작은 나무는 슬피 운다." 겨울에 등반을 하였으니 더욱 그러했을 것이다.

정상에 머물다가 하산을 시작했다. 지금의 망경사 부근에 대해 언급한다. "동쪽 낭떠러지를 따라 일 리쯤 내려가니 석불石佛과 음사淫祠가 있다." 강주호의 기록이다. 송병선도 같은 내용이다. 불교와 무속이 한 공간에 있거나, 독립되어 있던 것 같다. "사방의 무녀巫女가 많이 모여 신에게 빌면서 밥을 떠서 주니 산새들이 모두 먹지를 못한다."라고 강주호는 언급했는데 무속인들의 명소였던 것 같다.

달빛 속을 걸어 이인상이 도착한 곳은 소도리점素逃里店이다. 밤 12시가 되어 겨우 도착하였다. 강주호는 동쪽으로 이십 리를 내려가 소도촌所道村에 이르렀다. 송병선도 소도촌所道村에 머물렀다. 태백시 소도동 일대를 가리킨다. 주위의 풍경을 이렇게 묘사했다.

> 사방의 산들이 높이 솟아 누르고 나무의 가지는 늘어져 얽혔으며 가운데에 물이 솟아나는 못이 있다. 넓이가 수 묘쯤 되고 깊이는 헤아릴 수 없다. 물빛은 매우 맑으나 밑바닥을 볼 수 없고, 또한 노는 고기도 없다. 음침하고 깊숙하며 기운은 차가워 가까이할 수 없다. 말하기를 "이 못에 돌을 던지면 비바람이 일고 신용神龍의 변화가 있다."라고 한다. 시험 삼아 돌을 던지니 크게 소리가 나지만 용의 변화가 없다.

강주호의 기록이다. 용담으로 알려진 청원사 내의 못을 언급하였다. 1955년에 인근 광부들의 인명사고 예방을 기원하고 막장에서 숨을 거둔 광부들의 영령을 안치하기 위해 청원사를 창건하였다. 마당에는 태백산 산정에서 지하수로 연결된다는 용담이 있다. 황지연못과 더불어 제2의 낙동강 발원지로 여겨지는 곳이다. 이후의 여정은 혈암 동굴이다.

어디서 잤을까

설악산이 아름다운 이름을 얻지 못한 이유는 산 안에 절이 없기 때문이라고 박성원은 『와유록臥遊錄』에 실린 「한설록寒雪錄」에서 말한다. 옛날이나 지금이나 유람하는 사람들이 의지하여 머물 곳이 없어서라고 평하였다. 절은 산을 유람하는 사대부들의 숙식을 제공하기도 했지만, 가마를 어깨에 메기는 가마꾼 역할을 중들이 했다. 절은 산을 유람할 때 중요한 기지가 되는 셈이다.

태백산의 경우 산속에 절이 없어서 산 입구의 절을 이용했다. 이인상이 봉화 각화사覺華寺에서 묵고, 산행을 마친 후 소도리점素逃里店에 이르렀을 때는 삼경三更이었다. 당골 입구인 소도동에서 1박을 하였다. 주막을 운영하는 남후영南後榮이 와서 인사했다. 외모는 순후하고 말이 진솔했다. 태백산의 형상과 경치 좋은 곳에 대해 자세히 말해주었다. 강주호도 각화사에서 숙박한 후, 소도촌所道村의 박응복朴應福의 집에서 쉬었다. 송병선은 각화사 위에 있는 사고史庫에서 하룻밤을 묵었다. 위아래 두 개의 건물인데 위는 선첩璿牒을 보관하고 아래는 금궤金櫃를 보관했다. 돌담으로 둘러싸고 뭇산이 팔짱을 끼듯 했다. 온갖 신령한 것이 호위하니 하늘이 베푼 험한 곳이다. 산에서 내려와 봉화현 도심역道深驛에서 여장을 풀었다.

어떻게 산을 올랐을까

조선 시대에 산을 찾은 탐방객은 두 발로 걸었을 것이라고 막연하게 생각한다. 험한 구간에서는 어쩔 수 없이 걸어야만 했지만 조금만 길이 평탄하다 싶으면 가마인 견여肩輿에 오르곤 했다.

아침에 일어나 두 개의 견여肩輿를 정돈시키고 승려 9~10명을 선발하였다. 사람들은 모두 겹옷 한 벌을 입었는데도, 모두 얼어 죽을까 봐 걱정하였다. 이날 산 아래에는 여전히 따스하였다, 5리를 올라가서 사각史閣을 구경하였는데 하늘이 비로소 밝아왔다. 처음으로 상대산上帶山 중봉中峰으로 향하였다.

이인상의 글이다. 견여肩輿를 메는 승려 9~10명이 준비를 하고 있음을 보여준다. 이들은 '끈을 견여의 앞과 뒤에 묶고, 골짝에 줄을 매어서 매달린 상태'로 등반하기도 했다. 눈 때문에 임시방편으로 가마의 앞뒤를 묶은 것이다. 중이 넘어졌다 다시 일어나면 눈이 등을 짓누르기도 했다. 견여를 운반하는 어려움은 마치 급한 여울을 배로 거슬러 올라가는 것과 같다고 했으니 그들의 고생은 말로 표현할 수 없을 정도였다.

강주호의 글에 지로승指路僧이 등장한다. 산속에서 길을 인도하여 주는 중이다. 지로승이 가마를 맸는지는 알 수 없다. 송병선의 글에도 중이 등장한다. 형세는 매우 험준하여 거의 가마를 타지 못하였다. 두두령부터 연이어 큰길의 옛 흔적이 있자, 신라 때 관리가 다녔던 길이라고 중은 설명해 준다.

정약용의 시 중에 「견여탄肩輿歎」이 있다. 가마를 메던 사람을 위한 헌시다.

사람들 가마 타는 즐거움은 알아도　人知坐輿樂
가마 메는 괴로움은 모르고 있네　不識肩輿苦
(중략)
검푸른 저수지 절벽에서 내려다볼 때는　絶壁頫黝潭
놀라서 혼이 나가 아찔하기만 하네　駭魄散不聚
평지를 밟듯이 날쌔게 달려　快走同履坦
귀에서 바람 소리 쌩쌩 난다네　耳竅生風雨
이 산에 유람하는 까닭인즉슨　所以游此山

이 즐거움 맨 먼저 손꼽기 때문   此樂必先數
(중략)
가마꾼 숨소리 폭포 소리에 뒤섞이고   喘息雜湍瀑
해진 옷에 땀이 베어 속속들이 젖어 가네   汗漿徹襤褸
외진 모퉁이 지날 때 옆엣놈 뒤처지고   度虧旁者落
험한 곳 오를 때엔 앞엣놈 허리 숙여야 하네   陟險前者傴
밧줄에 눌리어 어깨에 자국 나고   壓繩肩有瘢
돌에 채여 부르튼 발 미처 낫지 못하네   觸石趼未瘳
자기는 병들면서 남을 편케 해 주니   自瘏以寧人
하는 일 당나귀와 다를 바 하나 없네   職與驢馬伍
너나 나나 본래는 똑같은 동포이고   爾我本同胞
한 하늘 부모삼아 다 같이 생겼는데   洪勻受乾父
너희들 어리석어 이런 천대 감수하니   汝愚甘此卑
내 어찌 부끄럽고 안타깝지 않을쏘냐   吾寧不愧憮
(하략)

태백산을 이해하는 키워드: 바람[風], 덕德, 신령[靈], 웅장[雄]

태백산은 찾는 사람에게 각기 다른 이미지로 다가선다. 그러므로 태백산에 대한 평어는 다분히 주관적일 수 있다. 몇 개의 평어로 수렴할 수 있을 것 같다. 키워드를 중심으로 태백산의 특성을 살펴본다.

바람[風]

마침내 동북쪽으로부터 길을 잡아나가 천왕당으로 향하였다. 해가 지고 달이 나와 다만 산꼭대기의 나무만 보일 따름이다. 높이는 고작 서너 자에 불과하고 일만 줄기가 우그러져, 하늘하늘하게 기생하고 있다. 울퉁불퉁해서 기기하고 고고하며 너울너울하면서 아래옷을 잡아끌고 소매를 찢는다. 억셈이 쇠와 같아서 몸을 구부려 가게 만든다. 뿌리를 꼭꼭 싸맨 듯 뒤덮은 눈은 사람의 무릎까지 빠지게 만들고 바람이 불면 휘날린다. 북방에서부터 불어오는 바람은 하늘을 어둡게 만들고 땅을 찢어서 우르릉 우레 소리를 내고 뒤흔들기를 바다처럼 한다. 거대한 나무는 울부짖어 분노하고 작은 나무는 슬피 운다.

태백산 정상에 서 본 사람은 이인상의 글을 공감할 것이다. 특히 태백산의 겨울바람은 모든 것을 날려버릴 기세다. 짧게 깎은 머리처럼 제대로 자라지 못한 철쭉은 바람의 강도를 말해준다. 옆에 있던 중은 말한다. "나무는 천 년을 살 수 있는데, 오랜 세월 동안 눈이 쌓여 있습니다. 대개 산의 등성이는 더욱 북쪽에 가까워서 상대산과는 기후가 다릅니다. 바람이 극도로 장대하며 나무는 극도로 괴이하고, 눈이 더욱 녹지 않습니다."

덕(德)

이인상은 말한다. "태백산은 작은 흙이 쌓여 크게 되었으므로 깊이를 헤아릴 수 없고, 차차 높아져서 백 리에 달하므로 공덕을 드러내지 않는다. 마치 대인大人이 내면의 덕[中德]을 지닌 것과 같다." 우뚝 솟은 산은 하늘로 솟은 직선의 모습이다. 장군봉과 부쇠봉, 문수봉을 아우른 태백산 정상은 평탄하게 보이는 곡선의 미학을 보여준다.

강주호는 이렇게 평한다. "비록 그러하나 사람은 알아주지 않아도 산은 성내지 않으니, 알아주지 않아도 성내지 않는 것이 진실로 군자이다. 알 수 있는데도 알아주지 않는 것은 누구의 부끄러움인가?" 태백산이 널리 알려지지 않은 것에 대한 소회다. 논어에 '인부지이불온人不知而不慍 불역군자호不亦君子乎'라 하였다. '비록 다른 사람이 알아주지 않아도 원망하지 않는 것이 군자다.' 태백산을 군자에 비유한다.

송병선도 이렇게 총평한다. "대개 이 산은 웅장하게 서린 것이 이삼 백 리이고 천만 겹친 것이 수 놓은 듯이 겹치고 별처럼 줄지었으며, 단정하고 두터우며 중후한 것이 덕이 있는 사람의 기상이 있어서 지리산과 우열을 논할 수 있다." 단정하고 두터우며 중후하다. 덕이 있는 사람과 같다. 지리산과 우열을 가릴 수 없다. 태백산은 다른 산처럼 빼어난 경관을 자랑하지 않는다. 문화유산이 풍부한 것도 아니다. 차별점은 덕이라고 봤다.

신령[靈]

강주호는 "아! 우리나라의 산천의 승경은 실로 천하의 으뜸이다. 북에는 백두가 있고 동에는 금강이 있으며 남에는 한라가 있는데, 오직 태백은 금강과 한라의 가운데 산이다. 바다와 육지가 성하게 열리고, 천지의 영기靈氣가 풍족하게 성하다."라고 보았다. 영기靈氣는 신령스러운 기운이다. 여러 특성 가운데 신령스러움을 들었다. 이것은 삼국시대부터 태백산 정상에서 제사를 지내 온 것과 무관하지 않은 것 같다. 이후 고려 시대를 거쳐 조선 시대에도 제사의 전통을 이었다. 형태는 달라졌지만 제사를 지속해 온 이유는 신령함을 빼면 설명이 불가하다. 지금까지도 유효하다.

곽종석郭鍾錫, 1846~1919의 「태백산」을 보자.

푸른 산 잎마다 소 위장 뒤집은 듯　青山萬葉翻牛腔
보기 좋은 높은 산 가운데 당당하네　好看喬嶽當中立
괴이한 모양 짓지 않아도 들쑥날쑥 심하고　不作怪貌參差甚
원기를 깨달은 것 같아 흥건하게 물 습한데　似覺元氣淋漓濕
불함산不咸山 높으며 모두 바위 험하니　不咸之高皆骨險
여기 신령함 전해주고 모양 바꿨네　到此傳神斂顔色
형산衡山 대산岱山 중국서 구할 필요 없고　無將衡岱求中華

노魯와 추鄒 구별하여 조선에 돌려놓았네　已辦鄒魯迴東國
나그네 와서 웃으며 가을 하늘 만지며　客來一笑摩秋空
칠십 개 남쪽 고을의 풍광 굽어보네　俯觀七十南州風

불함산不咸山은 백두산을 가리킨다. 백두산이 태백산에게 전해준 것은 신령함이다. 형산衡山은 중국 오악 중 하나로 남악을 가리킨다. 대산岱山은 오악 중 동악이다. 예로부터 천자가 여기에서 하늘과 산천에 제사를 지내던 봉선 의식을 행했다. 태백산을 중국의 형산과 같이 봤다.

웅장[雄]

강주호가 망경대望京臺에 오르고 느낀 것은 태백산의 웅장함이었다. 동남을 눌러서 바다가 기강으로 삼으니 실로 동국의 곤륜산崑崙山이라고 보았다. 송병선도 같은 느낌을 받았다. "대개 이 산은 웅장하게 서린 것이 이삼 백 리이고, 천만 겹친 것이 수 놓은 듯이 겹치고 별처럼 줄지었다." 정상에 서면 공감할 것이다. 사방 발밑에 보이는 산은 끝없다.

윤봉오尹鳳五, 1688~1769도 「태백산을 바라보다」에서 웅장함을 노래했다.

말 머리 돌려 창연히 태백에서 오르는데　馬首蒼然太白來
웅장하게 서려 높이 솟은 걸 보지 못했네　磅礴不見聳崔嵬
진실로 성인과 같아 온통 둥근 모양이고　眞同大聖渾圓象
현인께 배웠으나 재주 자랑 부끄럽게 여기네　羞學時賢自露才

송병선宋秉璿은 산문으로는 자신의 감흥을 표현하지 못하였는지 「태백산에서 동행한 여러 사람의 운에 차운하다」란 시를 짓는다.

동남쪽에 웅장히 하늘에 꽂힌 듯	雄鎭東南勢插天
존엄한 기상 홀로 뛰어나네	尊嚴氣像獨超然
차가운 장풍 눈 덮인 절벽에 부네	長風高冷餘崖雪
아득한 바다 안개 속에 점점 섬	碧海迷茫點島烟
먼 곳 바라보니 우주 광활함 알겠고	極目方知宇宙濶
몸 기울이니 별 가까이 할 수 있네	傾身可傍日星懸
망경대에서 배회하며 서 있으니	望京臺畔徘徊立
숙원을 백발이 되어서 이루었네	宿願初酬白髮年

김신겸金信謙이 「태백산太白山」에서 "광대하고 끝없어 논하기 쉽지 않고, 하나의 기 뒤섞여 지금까지 존재하네."라고 노래한 것도 태백산의 웅장함을 노래한 것이리라.

2 태백시

유산기와 여행기

　태백산을 유람한 후 태백의 황지나 천천을 구경하곤 했다. 태백산 유산기에 태백의 유람이 포함된 이유다. 산에 오르지 않고 천천이나 황지, 방외굴을 구경하는 경우도 많았다. 태백산을 오르지 않았기 때문에 여행기에 포함시켰다. 태백을 주로 둘러보기는 했지만, 경상도에서 온 선비들은 봉화의 여러 명소를 들려서 여행기의 내용을 풍성하게 해주었다. 작성된 연도가 명확한 것도 있지만, 그렇지 않은 것도 있다. 작가와 작품을 살펴보자.

윤선거尹宣擧, 1610~1669, 「파동기행巴東紀行」, 『노서유고魯西遺稿』
이시선李時善, 1625~1715, 「관동록關東錄」, 『송월재집松月齋集』
이 보李 簠, 1629~1710, 「유황지기遊黃池記」, 『경옥선생유집景玉先生遺集』
강재항姜再恒, 1689~1756, 「황지기黃池記」, 『입재유고立齋遺稿』
이인상李麟祥, 1710~1760, 「유태백산기遊太白山記」, 『능호집凌壺集』
강주호姜周祜, 1754~1821, 「유태백산록遊太白山錄」, 『옥천연방고玉泉聯芳稿』
김재락金在洛, 1798~1860, 「유태백산기遊太白山記」, 『양몽재집養蒙齋集』
유정문柳鼎文, 1782~1839, 「태백산지로기太白山指路記」, 『수정재집壽靜齋集』
송병선宋秉璿, 1836~1905, 「유교남기遊嶠南記」, 『연재집淵齋集』

윤선거 尹宣擧, 1610~1669, 「파동기행 巴東紀行」

윤선거는 1633년 생원·진사시에 합격하고 성균관에 들어갔다. 1636년 병자호란이 일어나자 강화로 가서 권순장·김익겸 등과 함께 성문을 지켰다. 이듬해 강화가 함락되자 권순장·김익겸은 자살했으나, 그는 성을 탈출하여 목숨을 건졌다. 1651년 이래 여러 벼슬에 임명되었으나, 강화도에서 홀로 살아나온데 대한 자책으로 관직을 맡지 않았다.

그는 삼척에서 황지를 거쳐 영월로 가는 중이었다. 태백권에서의 자세한 일정을 살펴본다. 덕전촌德前村에서 말에게 꼴을 먹였는데 지금의 도계인 것 같다. 여기서 돈각사頓覺寺가 등장한다. 흥전리사지로 알려진 절터가 문헌자료에 등장하는 순간이다. 미인폭포도 쌍 우물[雙井]로 기록되어 있다. 우물은 절벽에 매달려 있고, 흐르는 것은 폭포와 같다고 묘사했다. 백석이나 수확된다는 땅[百石地]에 대한 현장 답사도 특이하다. 느릅령[楡峙]의 남쪽 가지를 넘은 후, 바로 태백으로 향하지 않고 철암鐵岩으로 향한다. 동점銅店을 거쳐 천천穿川을 구경한다. 장성을 거쳐 황지로 올라가려다가 길이 너무 험해 철암으로 돌아간다. 황지黃池 연못에 대한 설명이 자세하다. 연화산을 연하산煙霞山이라 표기했다. 방외촌方外村으로 이동하여 방외굴方外窟을 본다. 이후의 여정은 하방치何方峙, 업평장業平莊, 장산치壯山峙이다.

이시선 李時善, 1625~1715, 「관동록 關東錄」

진흙 수렁에서 명리 다툼을 숙명으로 하는 벼슬길은 장부가 취할 바가 못 된다는 부친의 가르침이 있었다. 일찍이 과거를 단념한 이시선李時善은 전국을 두루 탐방하고 돌아와 향리에 송월재라는 서재를 짓고 두문불출한 채 독서와 학문 탐구에 전념하였다. 만년에 무익한 글이라 여겨 모두 버리고 약간의 편만 남겨 '하화편荷花編'이라고 스스로 명명하고 자서自序를 지었다. 이익李瀷, 1681~1763은 그의 학문과 자신의 학문을 두고 '함우지정函牛之鼎에 손가락 끝이나 한번 적시는 정도'로 비유했다. 송월재의 학문을 한 마리의 소를 넣을 수 있는 큰 솥이라고 하면, 자기 학문의 깊이는 그저 그 큰 솥에 손가락 끝을 약간 적시는 정도로 여긴 것이다. 이익과 같은 대학자가 송월재의 학문을 이렇게 여길 정도였다.

1686년 8월에 이근李瑾과 함께 관동의 금강산과 백두산, 묘향산, 구월산을 유람하고 「관동록關東錄」을 지었다. 삼척에서 출발하여 유령楡嶺을 넘어 오십천五十川의 근원을 끝까지 살펴본 후 남쪽으로 태백의 줄기를 봤다. 원기가 장엄함을 목도한다. 유령을 넘자마자 바로 천천穿川이다. 중간의 과정을 많이 생략했다. 「관동록關東錄」의 특징이다. 결론 부분에서 유람에 대한 자신의 견해를 말한다. 산의 기이함을 보는 것은 바다의 성대함을 보는 것만 못하고, 바다의 성대함을 보는 것은 하늘의 둥글고 맑고 무궁무진함을 보는 것만 못하다. 그러나 이 세 가지는 외물이다. 이를 구하면 얻는 것도 있고 잃는 것도 있으니, 비록 그것을 얻더라도 실상을 보지 못하고 먼저 외물에 구애되어 쉬이 얽매이게 된다. 오직 마음에 있는 천유天遊만이 이와 다르다. 쉼 없는 정성을 체득하고 자연의 도를 따르며 무궁無窮의 세계에서 노닌다면, 외물에 응하더라도 자취가 남지 않음이 지극할 것이다. 훌륭한 유람의 실상을 어찌 외물에서 구하겠는가. 마음에 있는 천유天遊를 최고의 유람이라고 여겼다.

이보 李簠, 1629~1710, 「유황지기 遊黃池記」

『경옥선생유집景玉先生遺集』은 이보李簠의 시문집으로, 4권 2책의 목판본이다. 이보의 자는 신고信古, 호는 경옥景玉이며, 본관은 진성眞城이다. 이보는 1676년(숙종 2) 문과에 합격했으나 취소되었다. 그 후에도 한두 번 응시했으나 실패한 후로는 과거를 단념했다. 1691년 사옹원참봉司饔院參奉이 되어 잠시 부임했다가 사임하였다. 만년에 대곡산중大谷山中에 집을 짓고 경옥산인景玉山人이라 부르고, 독서와 시 짓기를 일삼았다.

「유황지기遊黃池記」는 태백 여행기 중 가장 자세하다. 봉화 지역에 대한 기록도 소중하다.

소천촌小川村과 고선촌高鮮村, 홍제암洪濟庵이 등장한다. 홍제암은 사명당과 관련 있는 암자로 사료로서 가치가 있다. 달바위[月巖]와 징암徵巖은 대현리에 있는 바위 봉우리다. 천천穿川을 구경한 후 소야곡蘇野谷에 도착했는데 지금의 동점 마을이다. 철암촌鐵巖村을 지나 손이령孫伊嶺을 넘는다. 손이령은 송이재다. 황지黃池를 지나 박외동朴外洞 바위굴[窟巖]에 이르렀다. 바위굴은 지금의 혈암사 내에 있는 동굴이다. 예전부터 명소였다. 업평촌業平村을 지나 신절령新節嶺을 넘었다. 신절령은 사길령이다. 천평촌川平村을 지나 고적동苦積洞에 들어가서 고직령을 넘는다. 도심촌道心村을 통과한 후 각화사覺華寺에 들렀다가 춘양春陽으로 돌아왔다.

강재항 姜再恒, 1689~1756, 「황지기 黃池記」

큰아버지 강찬姜酇 밑에서 배웠고, 다음에는 윤증尹拯의 문인이 되었으며, 윤동원尹東源·권구權榘·신익황申益愰 등과 교유하면서 학문을 연마하기도

하였다. 1735년(영조 11) 학행으로 천거되어 장작감감역將作監監役에 임명되었고, 이어 의영고주부義盈庫主簿 · 경조부주부京兆府主簿 · 회인현감懷仁縣監 등을 역임하였다. 회인현감으로 있을 때 청淸 · 신愼 · 근勤 세 글자를 지침으로 삼고 선정을 베풀어 많은 치적을 남겼다. 관직에서 물러난 뒤 후진양성에 전념하였다. 경전 · 제자백가 · 천문 · 지리 · 술수 등에 모두 통하였으며, 이기理氣 · 성명性命 · 음양 · 사생 · 합산合散 · 치란治亂 등에 관하여 많은 잡저를 남겼다. 저서로는 『입재유고立齋遺稿』 20권이 있다.

춘양현春陽縣에서 출발한 강재항은 각화사覺華寺와 도심촌道深村을 거친 후 암소바위골[雌牛巖洞]로 들어가 곰넘이재[熊踰嶺]를 넘는다. 천평마을[川坪村]을 거쳐 조도령鳥道嶺을 넘는데 조도령은 사길령을 말한다. 박외촌博隈村에서 구멍바위[孔巖]를 구경하는데 바로 혈암사의 동굴이다. 황지黃池를 구경하고 서하동瑞霞洞에 갔다가 후현後峴을 넘어 본적동本寂洞에서 숙박한다. 본적동에는 본적사가 있었다. 『인조실록』 26년(1648)의 기사와 허목의 『척주지』(1662)에 보인다. 본적사터라고 알려진 절터 내에는 통일신라시대의 석탑재와 각종 기와류가 발견 되고 있어 그 역사가 매우 오래되었음을 말해준다. 노령鷺嶺; 송이재을 넘은 후 철암銕巖과 편의령便宜嶺, 자지산紫芝山을 거쳐 동점銅店에 이른다. 천천穿川을 구경하고 다시 황지, 천평川坪, 고적령高積嶺을 넘어 집으로 돌아온다.

이인상李麟祥, 1710~1760, 「유태백산기遊太白山記」

이인상李麟祥의 본관은 전주全州. 호는 능호관淩壺觀 또는 보산자寶山子다. 3대에 걸쳐 대제학을 낳은 명문 출신으로 1735년(영조 11) 진사에 급제하였으나 증조부 이민계李敏啓가 서자였기 때문에 본과에 이르지 못하였다.

음보로 북부참봉北部參奉이 되고, 음죽 현감, 지리산 사근역沙斤驛 찰방을 지냈다. 몸이 쇠약하여 관직에 있는 동안에도 가슴앓이로 고생하며 지냈다. 불의와 타협할 줄 모르는 강직한 성격으로 탐관오리의 부정을 참지 못하였다. 끝내는 관찰사와 다툰 뒤 관직을 버리고 단양에 은거하여 벗들과 시·서·화를 즐기며 여생을 보냈다. 서출이었지만 명문 출신답게 시문과 학식이 뛰어나 당시 문사들의 존경을 받았다. 그리고 후대의 문인과 서화가들에게 지대한 영향을 끼쳤다. 김정희金正喜는 그의 문자향을 높이 평가하면서 "전각은 200년 이래로 따를 자가 없다."라고 칭찬하였다.

태백산을 유람한 후 소도리점素逃里店에서 유숙하게 된다. 소도리점은 지금의 소도동이다. 황지黃地를 구경하고 소뢰현素耒峴을 넘는다. 지금의 송이재다. 철암을 지나 방허촌을 지나는데 지금의 동점이다. 공연孔淵은 천천을 말한다. 귀로에 홍제암을 들렀다.

강주호姜周祜, 1754~1821, 「유태백산록遊太白山錄」

강주호姜周祜의 본관은 진주晉州. 호는 옥천玉泉이다. 1783년(정조 7) 생원시에 합격하였다. 젊었을 때 전국의 명산을 두루 구경하고 「유금강산록遊金剛山錄」·「유태백산록遊太白山錄」·「유속리산록遊俗離山錄」 등의 많은 기행문을 썼다. 중년에는 서숙書塾을 열어 후진양성에 전념하면서 『심경心經』·『근사록近思錄』에 대하여 깊이 연구하였으며, 심성설心性說과 이기설理氣說 등의 논설과 「귀신변鬼神辨」에 대한 변론까지도 남겼다. 저서로는 그의 아우 강주우姜周祐와 함께 저술한 『옥천연방고玉泉聯芳稿』 3권이 있다.

각화사에 출발한 태백산 유람은 소도촌所道村까지 이어진다. 이후 혈동穴洞으로 말을 달려 동굴을 확인하였다. 이후 황지黃池을 구경하고 여행객들이 잘 가지 않는 장성으로 가는 길을 택했다. 문금탄文金灘이 등장한다. 장성여고 앞 여울로 지역 사람들은 무랭이소로 불렀다. 저산猪山은 이중교 옆 절벽이다. 장생촌長生村을 거쳐 천천穿川을 구경하였다. 직령直嶺을 넘으니 이잠리梨岑里, 신성新城, 달바위[月巖], 별바위[辰巖]가 연이어 등장한다. 석포면 대현리에 있는 지명이다. 특히 달바위는 달바위봉으로 유명하다. 만령晩嶺은 넛재다. 마방점馬房店은 고선리에 있는 마을이다. 법전法田을 거쳐 집으로 돌아왔다.

김재락金在洛, 1798~1860, 「유태백산기遊太白山記」

김재락의 자는 대숙大淑, 호는 양몽재養蒙齋, 본관은 월성月城이다. 종백宗伯의 아들이며, 어머니는 곡강최씨曲江崔氏로 종종琮의 딸이다. 그는 1883년 제생들과 오십천五十川에 놀며 공자의 "가는 물은 이와 같구나逝者如斯."란 말에 느낀 바 있어 더욱 분발하여 경서를 깊이 탐구하여 『호학관규小學管規』와 『경사동점통록經史東漸通錄』을 지었다. 또 『가례차의家禮箚疑』, 『경사도식經史圖式』 등을 저술하고 눌곡訥谷의 시내 위에 정사精舍를 지어 제생들과 강학하고 『논맹연의論孟演疑』, 『용학변의庸學辨義』, 『성리참고性理參攷』를 지어 용호龍湖 송공에게 질의하고 또 류치명柳致明에게 경의經義를 질의하였다. 1908년 도유道儒가 직지사에게 천문薦聞하였고 관찰사 신석우申錫愚가 산림학자로 우대하였다.

「유태백산기遊太白山記」는 기묘년(1809)에 태백산을 유람하고 기록한 기문이다. 삼척 노곡魯谷을 경유한 후 도화동桃花洞에 들렀다. 산은 험준한 바위투성이에 잡초만 무성한 곳이었다. 칡덩굴을 잡고 올라 숲속을 헤치며 나아가니 산까치와 새들만 무리 지어 있을 뿐이다. 지나는 곳마다 집은 허물어졌고 시내 구비의 움집에는 아무도 살지 않았다. 피폐해진 산골의 생생한 묘사다. 해가 지려고 할 때 깊숙한 곳에 유숙하였다. 산나물과 기장밥으로 허기를 면하였다. 노곡 사람 박복朴福을 재촉하여 먼저 황지黃池에 도착하게 했으니 황지까지 여행한 것으로 보이지만 자세한 기록은 없다.

유정문柳鼎文, 1782~1839, 「태백산지로기太白山指路記」

할아버지 유도원柳道源과 아버지 유범휴로부터 가학을 계승하였다. 유도원·유범휴 부자는 이상정李象靖의 문인으로 당시 안동 유림을 대표하는 학자였다. 아버지가 서울로 벼슬살이를 위해 떠나자 종조할아버지 유장원柳長源에게 나아가 학업을 익혔다. 1796년 여름에는 아버지를 고성高城 임지에서 시종하며 유회문柳晦文·남한조南漢朝와 함께 금강산 유람에 동행하였다. 1798년에는 안변부사로 부임하는 아버지를 수행하였다. 1805년(순조 5) 과거에 응시하였으나 낙방하자 이후 과거를 단념하고 학문에 주력하여 1834년(헌종 4)에는 문학과 덕망으로 혜릉참봉惠陵參奉에 천거되었으나 병으로 부임하지는 못하였다.

유정문은 일생 자신의 학문 연원인 이황·이상정의 학문적 자세를 본받고 가르침을 실천하는 데 주력하였으며, 유건휴柳健休·유휘문柳徽文과 더불어 강회를 설립하여 문중 자제들의 교육에도 노력하였다. 이병원李秉遠·강경하姜擎廈 등과 교유하며 안동 일대의 사풍을 진작시키는 데에도 크게 기여하였다. 예학에도 해박하여 유장원이 지은 『상변통고常變通攷』를 교정하였으며, 『근사록집해近思錄集解』의 미비점을 검토하여 『근사록집해증삭近思錄集解增削』을 저술하였다. 문집으로 『수정재집壽靜齋集』 6책이 있다.

「태백산지로기太白山指路記」는 1828년에 강운姜橒의 초대로 간 태백산 유람의 시말을 기록한 것이다. 유교由橋를 출발하여 대소현大小峴과 불골치佛

骨峙를 넘으니 월암月巖과 징암澄巖이 보인다. 석포면 대현리인 것이다. 백천동栢川洞을 들어갔다가 이화동梨花洞으로 다시 나왔다. 이화동은 대현리의 별칭이다. 화령花嶺을 거쳐 천천穿川을 구경하였다. 돌아오는 길에 석포石浦를 들리고 차령車嶺을 넘어 홍제암洪濟菴을 방문했다.

송병선宋秉璿, 1836~1905, 「유교남기遊嶠南記」

송병선宋秉璿의 본관은 은진恩津. 호는 연재淵齋이다. 송시열宋時烈의 9세손이다. 1877년(고종 14) 태릉참봉에 제수되었으나 나아가지 않았다. 그 뒤 경연관經筵官 · 서연관書筵官 · 시강원자의侍講院諮議 등에 차례로 선임되었으나 모두 거절하였다. 1905년 11월 일제가 무력으로 위협하여 을사조약을 강제 체결하고 국권을 박탈하자 두 차례의 「청토흉적소請討凶賊疏」를 올렸다. 그러나 이에 대한 비답이 없자 상경하여 고종을 알현하고 을사오적을 처형할 것, 현량賢良을 뽑아 쓸 것, 기강을 세울 것 등의 십조봉사十條封事를 올렸다. 그해 음력 12월 30일 국권을 강탈당한 데 대한 통분으로, 황제와 국민과 유생들에게 유서를 남겨 놓고 세 차례에 걸쳐 다량의 독약을 마시고 자결하였다.

태백산 유람은 각화사에서 시작한다. 정상을 거쳐 소도촌所道村까지 이어진다. 이후 혈동穴洞으로 가 동굴을 확인한다. 황지黃池와 천천穿川을 구경하고 사길령士吉嶺을 넘는다. 여행기에는 자세히 기록되어 있지 않지만 황지로 되돌아가 혈동을 경유하였던 것 같다. 이후 고직령을 넘어 도심道深에 이르렀다.

태백의 명소

황지

황지를 찾아 나섰다. 비탈 아래에 보인다. 동쪽은 좁고 북쪽은 넓으며 겨우 3~4장丈 정도 된다. 세로도 역시 이와 같다. 물은 맑고 깊으며 깨끗하고 그윽하다. 맑아서 머리카락을 비출 수 있을 정도고, 깊이는 헤아릴 수 없다. 남쪽에 조그만 못은 소황지小黃池라 한다. 맑기와 깊이는 대황지大黃池에 비할 만하지만 크기는 겨우 1/4 정도 된다. 강재황姜再恒, 1689~1756이 1719년 7월에 기록한 「황지기黃池記」의 기록이다.

1664년 윤선거尹宣擧, 1610~1669의 「파동기행巴東紀行」은 다른 정보를 제공해 준다. 연못 속에 돌과 바위가 쌓여 있는 것이 참으로 기이하다며, 가끔 연못 물색이 누렇게 되기 때문에 황지라고 이름 붙였다고 한다. 아래위의 연못[上下淵]은 방외굴方外窟의 물과 합쳐지는데 이것이 바로 낙동강의 발원지라고 보았다. 아래위 연못은 이 층으로 되어 있으며, 물이 연못 가운데서 솟아 나와 시냇물을 이루고 있어 진짜 볼만하다고 했다.

이중연李重延, 1711~1794의 「황지가黃池歌」는 또 다른 이야기를 들려준다.

그대 보지 못하였는가? 君不見
황지의 물이 기름처럼 맑은 것을 黃池之水淸如油
태백산과 부용봉 사이에 있네 乃在太白山芙蓉陬
황지 들판 손바닥처럼 평평하고 黃池之野平如掌

들 가운데 물 솟아 도니 배 띄울 수 있네 野中水湧成溉可舫舟
크기는 연못 같고 깊이도 또한 같아 其大如池深亦如
나오는 걸 못 보나 흐르는 걸 볼 수 있고 不見其出只見流
흘러가 절로 시내를 이루네 其流自成川
세상에 이르길 못된 사람 집이 世云惡人家
없어지면서 이 연못 만들었다고 沒成此池
노인들 전하나 햇수를 알 수 없네 故老相傳不知年
분명히 혼돈씨가 만든 것이니 是乃分明混沌氏之所爲
괴이해라 이 말은 진실로 황당하네 怪底此語誠荒唐
내 예전에 한 번 보고 我昔一見之
황홀하여 옆에 있을 수 없었네 怳惚不可傍
치달으며 여러 번 꺾이더니 천천이 되었네 犇流百轉爲穿川
이곳에 이르니 신괴神怪하고 기장奇壯하여 到此神怪尤奇壯
푸른 산은 혈석穴石이 되어 문이 되고 靑山爲穴石作門
신용神龍은 여기서 숨는 굴을 삼았네 神龍於此爲窟藏
아침 해는 물에 비치니 벽에 빛나고 朝日照溉暎上壁
벌집과 포도처럼 온갖 형상이네 蜂房馬乳百千狀
용문龍門과 우혈禹穴 누가 겨룰까 龍門禹穴誰與京
파도는 용솟음쳐 기는 잃으려 하네 濤波洶湧氣欲喪
예전 어부 엄씨 성의 사람이 昔日漁子嚴姓人
그물 잃어버리고 구멍에 들었다가 수궁에 드니 失網探穴入水宮
수궁 노인이 고기잡이 꾸짖어 금하니 水宮老人呵禁漁
두려워 낯빛 변해 돌아가는 길 막혀 憮然失色歸路窮
그에게 한 조각 돌을 주자 與之一片石
가슴에 품고 모르는 사이에 물 위로 떴네 懷此不覺浮水上
그 사람 이미 죽고 돌도 사라졌으나 其人旣殁石又亡
이 이야기 정녕 잘못되지 않았네 此說丁寧我不爽
아! 이 물은 남으로 흘러 낙동강이 되고 嗚呼此水南下是洛江
낙동강 물 어찌나 질펀한지 洛江之水何瀁瀁
이와 같은 큰 볼거리 천하에 없는데 如此大觀天下無

가련하게 몇 사람 와서 구경하였나 可憐幾人來玩賞
내 들으니 백두산 위에 큰 못 있어 吾聞白頭山上有大澤
동북서로 흘러 세 개의 큰 강 되었다네 東北西流三大江
산 위의 물이 어느 곳에서 나왔나 山上之水從何出
이 이치 아득하여 누가 깨뜨릴 수 있나 此理茫茫孰破撞

오래전부터 마을 사람들 사이에 황 부자 전설이 전해지는 것을 확인할 수 있는 자료다. 황 부자 전설은 이렇다. 황 부자에게 스님이 시주를 청해왔다. 황 부자는 곡식 대신 쇠똥을 던져주었다. 이것을 본 며느리가 민망하게 여겨 시아버지 모르게 쌀 한 되를 시주하고 사과를 하였다. 그러자 스님이 며느리더러 "이 집은 곧 망할 것이니 그대는 나를 따라오라. 그리고 어떤 일이 있어도 뒤를 돌아보지 마라." 하고 당부하였다. 며느리가 얼마를 걸어서 산꼭대기에 이르자 벼락 치는 소리가 나며 천지가 진동하였다. 놀란 며느리가 뒤를 돌아보니 황 부자가 살던 집이 못으로 변해 있었다. 하지만 뒤를 돌아본 며느리는 아기를 업은 채 그 자리에서 돌이 되고 말았다. 전설이 우리에게 주려는 의미는 무엇일까? 황 부자의 악행에 대한 응징이 주제이지만, 단순한 악행 응징 이상의 의미를 지니고 있다. 못된 시아버지이지만 그에 대한 효심이 배어 있다. 며느리는 초월적 질서와 본능 사이에서 갈등하는 인간의 모습을 대변하고 있다. 석상에는 며느리의 애틋한 마음이 서려 있다. 부자가 살던 곳에 생긴 연못은 주위의 논과 밭에 물을 제공해 준다. 고마운 물이다. 못된 부자가 살던 곳이라 하더라도 하늘의 징벌이라는 신성한 의례를 통해 성스러운 곳으로 변화하였다.

이이순李頤淳, 1754~1832의 「황지가黃池歌」도 황지를 노래한 대표작이다.

황지

아침에 낙동강 물가에서 출발하여 朝發洛江湄
3일 만에 황지에 이르렀네 三日到黃池
연못은 태백산 가운데 벌판에 있는데 池在太白山中野
배 띄울 정도로 넓고 깊이는 알 수 없으며 廣可容舠深不知
밑바닥 볼 수 있을 정도로 맑으니 淸澈若見底
티끌 따위가 감히 물들이지 못했네 塵翳不敢緇
돌을 던져 깊이를 알고 싶어 하니 我欲投石試深淺
마을 사람 힘써 말하길, 적당치 않습니다 土人力言其不宜
갑작스럽게 비바람이 치며 노여워한다면 卒然風雨怒
이웃집까지 버티기 어려울 것이라 하네 傍舍不能支
생각건대, 한공韓公의 숭산제명기嵩山題名記에 却憶韓公嵩山題名記
용담龍潭에서 우레 만난 일 특별히 기록했는데 特記龍潭遇雷事
구공歐公도 그 뒤를 따라 밟으니 歐公跋其尾
사람을 경계하는 뜻 있다고 말하네 謂有誡人意

예로부터 깊은 연못에는 신비로운 변화 있는데	從古深潭有神變
이 말은 허황한 거짓이라고 막을 수 없네	此言不可拒誕僞
오랫동안 탄식하다가 다시 고개 숙여 내려다보니	嗟歎久之更頻臨
침향 몇 개 깊이 쌓여 있는 걸 보았네	惟見沉香幾體深委積
가뭄에도 마르지 않고 큰비에도 넘치지 않는다네	又聞此水旱不渴潦不漲
의심컨대, 바다와 서로 통하는 건 아닐까	疑是與海相通
나머지 물은 넘쳐서 물결을 치며 작은 하천으로 흘러	自餘波溢爲小川流
마침내 동서 양쪽 시내가 만나 쉬지 않고 흘러가네	遂合東西兩溪去不休
관동의 경계에서 출발하여	發於關東界
저 영남의 고을로 향하니	向彼嶺南州
힘차게 내달려 몇백 리를 흘러가	奔流幾百里
낙동강 물이 되었네	是爲洛江水
졸졸 처음엔 겹겹의 굽이 통과하더니	涓涓始通萬疊曲
혼탁하게 큰 바다 가운데에 도달하네	混混將到大溟裏
흘러가는 것이 이와 같아서	逝者夫如斯
공자도 탄식했다네	尼父發歎咨
평생 뜻이 있어 먼 땅까지 와서 노닐다가	平生有志在遠遊
오늘 근원을 연구하고 맘대로 탐색하네	今日窮源恣探窺
여기서 수레를 돌려 흐름 따라 가보니	於是回駕沿流下
한 치 한 치 고생 쏟아지기 전에	寸寸辛苦意未寫
누차 기이한 절경을 지나가는데	屢經奇絶處
천천穿川은 조화를 다하였네	穿川竆造化
끝내는 옛날 나루터 찾아가니	終然尋古渡
낙동강 물은 넓고도 아득하네	洛水方浩浩
옛날 사람들 구지仇池*를 꿈꾸며	古人仇池夢
밤마다 마음 괴로워했으리라	夜夜心頻惱

*구지(仇池) : 중국 감숙성(甘肅省)에 있는 산으로, 사방이 절벽인 정상에는 100경(頃) 쯤 되는 못이 있어서 경치가 아주 좋은데, 서른여섯 굽이의 반도(盤道)를 거쳐야 오를 수 있다고 한다.

『세종실록지리지』를 펼치면 황지黃池에 제전祭田을 두고, 소재관所在官이 제사를 지낸다는 기사가 보인다. 『동국여지승람』에는 낙동강의 근원지로서 관아에서 제전을 두어 가뭄이 들면 기우제를 올렸다고 한다. 중종 22년인 1527년에는 관찰사가 이곳에서 기우제를 지내기도 하였다. 구사맹具思孟, 1531~1604은 1587년에 「황지가黃池歌」를 짓고 서문을 작성한다. 제목 옆에 해설을 추가한다. "못은 삼척부 서쪽 백십 리에 있는데, 남쪽으로 삼십여 리 흘러가 조그만 산을 뚫고 나간다. 이를 천천穿川이라 한다. 곧 낙동강의 근원이다. 관청에서 제전祭田을 두어 가물면 비를 빈다." 관찰사의 임무를 수행하다가 황지에 이른 것이다. 『팔곡집八谷集』에 실려있다.

연화산 앞 태백산 북쪽에 蓮花山前太白北
둘러싼 멧부리 높이 앞에 솟아있네 匝以重巒殊屴崱
가운데 물 있어 오목한 곳 연못 되고 中有一水凹作池
솟아나는 샘물 멈출 때가 없으며 檻泉觱沸無停機
거울처럼 밝고 푸르러 티끌이 없네 鏡明藍碧絶塵泥
영험을 함유하고 있어 단서를 살피고 含靈未易窺端倪
남으로 산을 뚫고 천 리를 달리네 南穿小山走千里
제전을 두고 비를 빌며 제사를 지내니 置田禱雨修禋祀
낙동강 여기서 근원하고 洛東之江此其源
많은 공리功利 백성에게 돌아가네 幾多功利歸元元
훵한 선경 평평하고 넓으며 呀然洞府平且寬
그윽하니 응당 이름은 대야가 되어야 하네 窈窕端合名爲盤
예전의 좋은 땅 지금 풀 무성해지니 昔時良田今茂草
눈에 가득 쓸쓸하고 풍경은 늙어 滿目蕭蕭風色老
이곳은 세상을 피하는 곳임을 알아 此間亦知堪避世
어찌 벼슬을 위해 얽매이겠는가 奈何尙爲簪纓繫
깊이 특이한 곳 숨겼으니 하늘이 비밀로 삼는 곳 深藏異境天所祕

조정의 명령 아니면 무슨 이유로 오겠나　非因朝命何由至
나라의 선조 무덤 있는 곳이니　國之先墓自有所
이백 년 와서 도리어 다른 말 있네　二百年來還異語
황량한 무덤 잘못 가리켜 참이라 하고　謬指荒墳謂是眞
요행히 후한 상 받아 궁궐을 속이네　僥倖厚賞欺楓宸
신하는 의견을 내니 오히려 경솔한 말이라　從臣建議猶輕疏
어리석은 사람 망언을 어찌 벌주랴　癡夫誕妄焉足誅
조정은 너그럽고 인자해 벌하지 않으니　聖朝寬仁不罪言
아! 이 무리 단지 분분하네　嗚呼此輩徒紛紛

나라에서 제전祭田을 두어 제사를 지내는 곳이라는 것을 재확인해 준다. 솟아나는 물은 백성들을 이롭게 하기 때문이다. 또 하나 황지가 중요한 이유가 있다. 부근에 국왕의 선조 무덤이 있다고 알려졌기 때문이다. 당시에도 논의가 분분했던 것 같다.

고려 시대에 이규보李奎報는 「황지원黃池院에서 용왕에게 올리는 제문」을 올린다. 조선 이전부터 기우제뿐만 아니라 중대한 일이 있을 때 신에게 알리고, 도움을 청하는 전통이 있었음을 보여주는 귀중한 자료다. 『동국이상국집東國李相國集』에 실려있다.

　　신神은 깊은 연못에 계시어 현묘한 덕이 있습니다. 날고 헤엄치는 것이 무상하여 변화를 헤아릴 수 없사오니, 사람들이 기도를 드리면 무엇을 요구한들 안 될 일이 있겠습니까. 지금 제가 왕명을 받들고 역적을 토벌하기 위하여 깃발을 동으로 돌려 장차 그 영역을 밟으려고 하오니, 부디 지령至靈께서는 날랜 힘을 빌려주시어 저희 군사가 헌괵獻馘*하게 하여 주시면 어찌 우리만 전공을 세울 뿐이겠습니까. 용왕 역시 공이 있어 길이 국가의 제사를 받으실 것입니다. 지극한 정성으로 흠향하시라고 이 맑은 잔을 권합니다.

*헌괵(獻馘) : 적군의 귀를 베어 묘당에 바치고 승전과 전적을 고하는 것.

황지

이규보가 반란을 토벌하기 위해 왕명을 받고 출정을 하면서 태백산의 황지원에서 용왕에게 제사를 지낸 제문이다. 영남지역의 농민 반란군을 토벌하기 위해 가면서 낙동강의 발원지인 황지원에서 용왕신에게 전공을 세울 수 있도록 도와달라고 기원하였다. 비를 내려달라는 기우제가 아니었다. 영남지방의 젖줄인 낙동강의 발원지에서 지령至靈한 신에게 제사를 지내는 것은 당연하였다.

많은 문인이 황지를 답사하였다. 감격을 여행기로도 남기고 시로도 노래하였다. 윤순거尹舜擧는 여행기도 남기고 시로도 남겼다. 황지에 오기가 어려웠지 오기만 하면 기록을 남긴 것이 오랜 전통이었다. 이시선李時善, 1625~1715은 황지를 보고서 학문의 자세를 가다듬었다.

황지의 물 밤낮 없이 흐르니 源泉日夜流
끝없는 그윽한 곳에 의탁해서네 無底託根幽
학문은 마땅히 이와 같아야 하니 學問當如此
웅덩이 채우고 쉬지 않고 가야 하네 盈科進未休

천천(구문소)

물이 산을 뚫고 지나가며 큰 돌문을 만들었다. 아래에는 깊은 물웅덩이를 만들어 놓았다. 구문소求門沼라 돌에 새겨놓았다. '구무소'를 한자로 적은 것이다. '구무'는 구멍이나 굴을 뜻하고, '소'는 한자로 물웅덩이를 뜻한다. 물이 산을 뚫고 흐른다고 해서 '뚜루내'라고도 한다. 『세종실록지리지』와 대부분 문헌자료는 구멍 뚫린 하천이라는 뜻의 '천천穿川'으로 기록한다.

천천

　태백 고생대 자연사 박물관은 여러 가지 고환경을 유추하게 하는 지질구조와 퇴적구조가 잘 보존되어 있고, 흐르는 물에 의한 침식지형(자연 동굴, 사행천 등)이 주변 자연경관과 잘 어우러져 노출된 곳으로 이곳을 설명한다.

　전설은 다른 이야기 형식으로 구문소가 생성된 이유를 들려준다. 석벽을 사이에 두고 동쪽에는 청룡이 살고, 서쪽에는 백룡이 살았다고 한다. 두 용은 서로 낙동강의 지배권을 놓고 항상 다투었다. 매일 석벽 꼭대기에서 싸웠는데 좀처럼 승부가 나지 않았다. 어느 날 백룡이 꾀를 내어 석벽 위에서 싸우다 내려와 석벽 밑을 뚫으며 공격을 하여 청룡을 물리치고 그 여세로 승천하였다. 이로 인해 구문소가 생겨났다고 한다.

다른 전설도 있다. 구문소 옆에 엄종한이라는 효자가 노부모를 모시고 가난하게 살고 있었다. 구문소에 고기를 잡으러 갔다가 실족하여 물에 빠졌는데 그곳이 바로 용궁이었다. 용궁의 닭인 물고기를 잡은 잘못을 비니 용왕이 노여움을 풀며 주연을 베풀어 주고 융숭한 대접까지 받았다. 엄씨는 집의 부모님과 자식들 생각이 나서 떡 한 조각을 주머니에 넣었다. 주연이 끝나자 용왕이 흰 강아지 뒤를 따라가면 인간 세상으로 갈 수 있다고 하였다. 강아지를 따라 물 밖으로 나오니 강아지는 죽었고, 그동안 죽은 줄만 알았던 사람이 살아서 돌아오니 집안에서는 웃음꽃이 피었다. 그는 용궁에서 가져온 떡이 생각나 꺼내어 보니 떡은 단단한 차돌이 되어 있었다. 무심코 돌로 변한 떡을 쌀독에 넣으니 쌀은 항상 가득 찼다. 이리하여 엄씨는 큰 부자가 되었다.

이러한 용궁의 전설을 강명규姜命奎, 1801~1867는 「천천기이穿川記異」로 기록하였다. 엄씨가 태백 동점리에 산다고 구체적으로 적었다. 용궁에 가서 노파를 만났으며, 두 아들이 해칠 것을 염려하여 돌아가게 했다는 것이 다르다. 흰 강아지와 떡, 그리고 떡이 변해서 돌로 변한 화소는 같다.

태백 남쪽에 천천穿川이 있는데 삼척 땅이다. 양쪽 벽이 모두 함께 연결되어 묶여 있고 황지 웅덩이로부터 한 가닥 맑은 물이 흘러와 아주 큰 소沼가 되었는데 벼락 치는 소리를 낸다. 세상에서 전하길 신령한 용의 소굴이라고 한다. 동점리銅店里 사람으로 성이 엄嚴씨인 사람이 있었다. 가난하여 재산이 없었고 천천 입구에서 물고기를 잡아서 열 식구를 먹여 살렸다. 어느 날 예전 자리에 그물을 쳐 놓고 아침에 가서 보니 없어졌다. 오랫동안 살펴봐도 찾을 수가 없었고, 용이 삼켰나 의심을 하였다. 몸을 웅크리고 눈을 감고서 죽을 고비를 넘기며, 물 밑바닥을 기어서 곧바로 깊은 못으로 내려갔다.

몇 리나 지나갔는지, 또한 깊이가 몇천 길인지 알 수 없었다. 가운데 한 마을이 있었다. 밝은 태양이 빛나고 모래벌판이 십 리에 걸쳐 있었으며 태반이 바위가 섞여 있었다. 높고 장쾌한 누각의 집과 지붕이 연이은 것이 거의 인간 세상과 비슷하였다. 이른바 구중궁궐이니 용왕의 궁전이라 생각했다. 모랫길을 따라서 찾자 곧바로 문에 도착하였는데, 그 위에 한 필의 비단이 있었다. 하나는 전에 잃어버린 그물이었다. 이상하게 여기며 손에 넣으려고 하였다. 한 노파가 문에서 맞이하며 말하길, "그대는 어디서 왔느냐? 여기는 인간 세상이 아닌데 어찌하여 들어왔느냐?" 사는 곳과 그물을 잃어버린 까닭을 자세히 말하였다. 노파가 화를 내며 말하길, "내 닭이 보잘것없지만, 무슨 까닭으로 물줄기를 가로질러 그물을 쳐서 물고기를 완전히 없애 버렸느냐. 나의 두 아들이 화를 내며 그물을 가지고 왔다.

마침 사냥을 나갔다가 돌아오지 않았는데 만일 돌아온다면 그대는 위태로울 것이다. 서둘러 가서 마주치지 마라." 엄씨가 말했다. "노파께서 이와 같이 말하시니 감히 명령에 따르지 않을 수 있겠습니까. 그러나 땅은 멀고 사람들과는 단절된 곳에서 길을 잃었으니 어찌합니까." 노파가 말했다. "무엇을 근심하겠는가? 내가 흰 개에게 명령할 테니, 오직 개만 따라가면 된다. 만약 굶주린 기색이 있으면 가면서 먹으면 된다." 한 덩어리 흰떡을 소매 속에서 꺼내어 주었다. 이미 흰 개가 꼬리를 흔들며 먼저 갔고, 산천을 뚜렷이 기억할 수 있었다. 큰 바다에 미치자 파도가 열리며 쉽게 가운데가 열렸다. 손에 흰떡을 쥐고 먹으니 엿같이 달콤하고 배는 불렀다. 산을 넘고 물을 건너는 괴로움을 알지 못했다.

얼마 뒤에 그물을 펼쳐놓은 곳에 도착했다. 무당이 북을 두드리며 굿을 하려고 했다. 놀라면서 물으니 이미 삼 년이나 지난 후였다. 집에 두 아들이 있었는데 자기를 위해 불제祓祭를 지낸다고 한다. 모두 함께 뛰어 육지로 돌아오니 흰 개는 갑자기 죽었고, 먹다 남은 흰떡은 돌로 변해 딱딱해져 먹을 수 없었다. 집을 팔아 관을 사서 언덕배기 산에다 개를 매장했다. 흰 돌을 남몰래 감추어 두었는데 이후로 집의 재산이 천금이나 되었고 부자라고 불리게 되었다.

그 후 삼 년이 지난 후에 엄씨는 죽었다. 개 무덤에서 두어 걸음 되는 곳에 매장했다. 돌을 다듬고 그 일들을 새겼다. 그 당시 조趙씨 성을 가진 사위가 태현太峴 사람인데 재산이 없어 빈곤하여 부부가 품팔이로 살고 있었다. 엄씨가 가져온 돌로 인하여 많은 재물을 얻게 되자 마음속으로 부러워했다. 이사 갈 때 남몰래 품고서 돌아가 안동 저전苧田으로 이사가 거주했다. 자손은 번창하고 엄씨 집은 쇠하기 시작했다. 신성新城 사람이 나에게 말해준 것이다.

엄종한이 용궁에 갔다 온 전설은 예전부터 널리 전해진 것 같다. 권만權萬, 1688~1749은 황지에서 돌아가는 길에 구문소를 다시 들려서 시를 짓는다. 일부분이다.

세상에 이상한 일은 황지 물 솟는 것 人間異事黃池湧
기이한 볼거리는 절벽 뚫은 구멍이네 天下奇觀孔壁穿
장자는 집 사라지고 고목만 있으며 長者無家惟古木
엄씨는 짙은 안개 속 무덤만 있네 嚴丁有墓亦荒煙

황지의 황부자 전설과 함께 용궁 전설도 연원이 오래됐음을 알려 준다. 이중연李重延, 1711~1794의 「황지가黃池歌」에도 용궁 전설은 나온다. "예전에 어부 엄씨가, 그물 잃고 동굴에서 찾다 수궁에 들어가니, 수궁 노인 꾸짖으며 고기 잡는 걸 금하였네. 두려워 실색하여 돌아오는 길 막혔는데, 그에게 돌 한 조각 주며, 이걸 품으면 물 위로 뜨는 걸 느끼지 못한다고 하네."

1719년에 강재항姜再恒, 1689~1756이 태백 일대를 여행하고 「황지기黃池記」를 남겼다. 춘양현에서 출발하여 곰넘이재를 넘어 박외촌博隈村의 구멍바위[孔巖]를 구경하고 황지에 도착했다. 황지 본적동本寂洞에서 숙박한 후 동점을 지나 천천에 도착했다. 천천을 보고서 느낀 놀라움과 감격이 고스란히 실려 있다.

멀리 바라보니 구멍이 텅 빈 듯이 하늘 문을 연 것처럼 보인다. 은은히 우레가 울리는데 수백 보 밖에 있으니, 곧 천천穿川이다. 급히 가서 보니 험하고 기이하며 진귀하여 형상을 묘사할 수 없다. 황지의 물이 연화봉 아래로 흘러 산 동쪽의 여러 물과 합쳐지니 이른바 구십구천九十九川이다. 동쪽으로 흘러 여기까지 왔지만 북에서 남으로 뻗은 산이 아래로 흐르는 물을 가로막아 나갈 수 없자 산허리를 뚫어서 흘렀다. 그래서 천천穿川이라고 한다. 옛날 물길은 산을 돌아서 남쪽으로 흘러가다 동쪽으로 꺾이면서 북쪽으로 흘렀지만, 지금은 진흙으로 메워져 변경할 수 없다. 양쪽 언덕의 돌벽은 마주 보고 솟았는데 높이가 각각 10여 장이며 이것을 석문石門이라 부른다.

물 밑의 돌은 다 우뚝 솟아 물과 부딪친다. 폭포가 된 것이 두 개 층이고 높이는 각각 한 키가 조금씩 넘는다. 화난 듯 소리치고 엷은 물안개를 뿜어내니 소리는 천지를 울린다. 물은 아래로 떨어진 후 비로소 모여서 머무르다가 구멍 안으로 들어가면 물은 양 벽에 갇혀서 좁아지고 깊어서 바닥이 없다고 한다. 구멍 높이는 십여 장이고 넓이는 4분의 1 정도이다. 물이 들어가는 곳에서 물이 나오는 곳까지 동서로 몇십 보 된다. 이곳에서 골짜기를 나오면 낙동강의 상류가 된다고 한다. 유람객들은 종종 얼어 견고해진 것을 밟고 구멍 안으로 들어가는데, 더욱 기이한 구경거리가 많다. 곧바로 동쪽으로 가면 구멍이 산 정상과 통한다고 한다. 비둘기와 참새 수십 무리가 그 속에서 집 짓고 살아서, 오가면서 날며 춤추는 것이 인상적이다.

다시 구멍 위로 올라 절벽에 붙어서 앉아서 아래로 폭포를 바라보니 현기증이 나서 볼 수 없다. 구멍 위에 겨우 발 하나를 놓을 수 있는 잔도가 있어서 남북으로 왕래할 수 있는데 한번 넘어지면 바로 천 길 구덩이로 떨어지게 되니 겁이 난다.

일찍이 우임금이 용문龍門을 뚫어 여량呂梁으로 물길을 터서 황하 물을 남쪽으로 흐르도록 했다고 들었으니, 용문은 도성의 땅 서쪽인 기주冀州에 있는 강이다. 이야기는 서경「우공禹貢」편에 보이는데, 이곳은 우임금의 발자취가 닿은 곳은 아니다. 뚫어 소통한 것이 어느 시대에 한 것인가? 어떤 사람은 말하길 응룡應龍*이 부딪친 것이고 하는데, 그 일은 증험할 수 없다.

*응룡(應龍): 중국의 신화에 나오는 날개 달린 용인데, 용이 오백 년 또는 천 년이 지나면 날개를 얻어 응룡이 된다고 한다.

천천에 대한 자세한 묘사가 뛰어나다. 옛날 물길에 대한 그의 견해는 과학자를 능가한다. 탁월한 해석이다. 구문소로 쏟아지는 물에 대한 관찰도 꼼꼼하다. 폭포를 이루며 쏟아지는 지형을 사실적으로 표현했다. 구문소 안에 들어가 관찰한 것도, 위로 올라가 입체적으로 조사한 것도 놀랍다. 태백을 여행하는 사람들은 반드시 천천을 구경하였다. 태백의 명소 중 대표적인 볼거리였다. 강재항 만큼 자세하게 감동을 적은 여행기는 없을 것이다. 여행기로 감흥을 온전히 적을 수 없었던 사람은 시로 감동을 노래했다.

이이순李頤淳, 1754~1832의 「천천穿川 16운韻」이 『후계집後溪集』에 실렸다.

황지 연못 바닥서 물이 솟아　湧出黃池底
온갖 경관 맴돌다 동으로 흘러가네　縈回萬景東
갑자기 양쪽 산기슭 접한 곳 만나니　忽遭雙麓接
한 줄기 통하던 길이 막혀버렸네　無路一條通
한밤중에 신령한 귀신이 울고　中夜泣靈鬼
이때부터 조물주가 애쓴다 하네　是時勞化翁
오정五丁에게 돌 소를 몰게 하고　勅丁驅石犉
우임금에게 하천의 용문을 뚫게 했네　命禹鑿河龍
솟아나도 대들보와 문이 없고　崛起無梁闕
가로 비킨 무지개 개질 않네　橫斜不霽虹
둥글게 문을 열어 놓은 듯하고　窿然開戶闥
창문을 세운 듯 빛나는구나　燦若竪欞櫳
다섯 장 깃발을 세울 수 있고　五丈旗能建
두 바퀴 수레 지나갈 수 있네　兩輪車可容
어찌 물의 본성이 이마를 넘어가리오*　豈性使過顙
기세로 인하여 중앙을 통과하였네　因勢遂由中
아랫부분 묶은 건 하나의 갈대인데　束下一葦角

웅덩이 이룬 것은 큰 절구통이네 瀦成萬斛舂
급할 때는 둘러보기도 어렵지만 急時難可矚
깊숙하여 궁벽함을 알지 못했네 深處不知窮
그러한 뒤 큰 고개를 넘어가니 然後踰關嶺
이로부터 바닷가에 도달했네 從玆達海宗
만약 혼돈混沌* 때 뚫리지 않았다면 如非鑿混沌
어찌 홍몽鴻濛*을 구별하겠는가 何以判鴻濛
이른바 뒷날 일이 없도록 所謂行無事
잠시 그 공을 말하노라 須臾告厥功
인연 없는 사람 자취는 가까이 가나 無緣人迹近
다만 허공 날아가는 새를 볼 뿐 但見鳥飛空
신령한 물건이 감춘 비밀을 말하는데 神物應藏祕
속된 말은 자못 미혹되고 어리석네 俗言頗幻矇
천하의 절경이라 말한다 해도 若論天下勝
누구와 더불어 뛰어남을 다투랴 誰與此爭雄

*어찌~넘어가리오 : 맹자(孟子) 고자 상(告子上)의 "만약 물을 쳐서 튀어 오르게 한다면 사람의 이마보다 더 높이 올라가게 할 수도 있고, 격동시켜 흐르게 하면 산 위에 있게 할 수도 있지만, 이것이 어찌 물의 본성이겠는가?[今夫水 搏而躍之 可使過顙 激而行之 可使在山 豈水之性哉]"라는 말이 있다.
*혼돈(混沌) : 천지개벽(天地開闢) 초에 하늘과 땅이 아직 나누어지지 않은 상태. 혼륜(渾淪). 온갖 사물이나 정신적 가치가 뒤섞이어 갈피를 잡을 수 없음
*홍몽(鴻濛) : 하늘과 땅이 아직 갈리지 아니한 모양. 천지자연의 원기(元氣).

천천을 보는 이는 늘 우임금을 떠올렸다. 우임금이 용문을 뚫은 것에 비유했다. 또한 촉蜀 땅에 있었다는 전설상의 다섯 역사力士인 오정五丁을 떠올리기도 했다. 진혜왕秦惠王이 촉을 정벌하고 싶었으나 길이 없기에, 꾀를 내어 돌로 다섯 마리 소를 깎아 만들고 소의 항문 밑에 금을 놓았다. 촉 사람들이 과연 속아서 돌 소가 황금 똥을 눈다고 여겨 다섯 사람의 역사, 즉

구문소

오정역사五丁力士를 시켜서 돌 소를 끌고 오게 하니, 이에 촉 땅으로 통하는 길이 생겼고 진왕秦王이 장의張儀 등을 파견하여 촉을 정벌했다고 한다.
　강운姜橒은 「천천을 읊다」에서 어김없이 우임금의 용문을 생각했다.

　　용문은 온갖 구멍 우렛소리 유명하였는데　藉甚龍門萬口雷
　　도끼로 뚫은 우임금 공으로 용문을 열었네　斧痕猶待禹功開
　　여기 이르러 형상 보니 말 필요 없이 묘하여　形容到此無言妙
　　마음에 전해주고 물은 저절로 돌아 흐르네　傳與心神水自廻

구문소의 석문 안쪽에 '오복동천자개문五福洞天子開門'이 새겨져 있다. 하루 중 자시(오후 11시~오전 1시)에만 문을 열어주며, 이때 문을 통과하는 이는 오복동천五福洞天에 들어갈 수 있다는 뜻이다. 오복동천은 이상향이다. 산과 내로 둘러싸인 경치가 빼어나게 아름답고 좋은 곳이다. 신선이 사는 세계다. 선인들은 구문소 안쪽 태백을 낙원으로 여겼다. 좁은 입구를 통해서 들어가게 되면 누구나 행복한 삶을 살 수 있는 낙원으로 들어갈 수 있는데, 구문소가 오복동천의 입구인 셈이다.

방외굴

1664년에 윤선거尹宣擧는 관동 일대를 여행하고 「파동기행巴東紀行」을 남긴다. 그중 태백에서 천연 동굴을 방문한다. "방외굴方外窟은 황지 서쪽에 있다. 굴은 평창군 대화리의 것에 비해 좀 더 깊다. 큰 내가 굴 안에서 흘러나오니 신기하다." 짤막하게 언급했지만 중요한 정보인 굴의 명칭과 위치, 크기, 형태에 대한 것이 다 있다. 태백시 태백산로 4497에 있는 혈암사穴巖寺 내에 있는 동굴을 말하는 것이다.

윤선거는 방외촌方外村에 있는 방외굴方外窟이라 했지만, 기록한 사람마다 제각각이다. 이보李簠, 1629~1710는 박외동朴外洞으로 향하여 굴바위[窟巖]를 구경했다고 「유황지기遊黃池記」에 적었다. 1719년에 강재항姜再恒은 「황지기黃池記」에서 구멍바위[孔巖]에 도착했노라고 술회했다. 1804년에 강주호姜周祜는 「유태백산록遊太白山錄」에서 혈동穴洞에 도착하니 바위가 갈라져 동굴을 만들고 강물이 나온다고 하였다. 송병선宋秉璿이 태백산을 유람한 것은 1891년이다. 「유교남기遊嶠南記」에 자세한데 그는 마을 이름을 혈동穴洞이라 적었다. 바위가 갈라지며 굴을 이뤘는데 높이 솟은 것이 성문 같았노라고, 물이 이 속에서 나온다고 보고하였다.

동굴은 한 곳이 아니었다. 강재항姜再恒은 남쪽에 또 한 개 굴이 있는데 좁아서 들어갈 수 없다고 기록했다. 눈썰미 좋은 이보李簠도 강재항보다 먼저 다른 굴의 존재를 알아차렸다. 「유황지기遊黃池記」의 기록을 보자.

> 정오가 되었다. 말을 재촉하여 박외동朴外洞으로 향하여 굴바위[窟巖]를 구경했다. 이른바 굴바위는 남쪽 굴과 북쪽 굴이 있다. 두 굴은 계곡을 사이에 두고 마주하고 있으며, 그 사이는 불과 수십 보밖에 안 된다. 북쪽 굴은 산자락이 끝나는 곳 바위에 있다. 갈라져서 큰 동굴이 생겼고 활모양처럼 둥그렇게 집 한 채가 있는 것 같다. 깊이는 잴 수 없다. 한 가닥 맑은 샘물이 끊임없이 흘러나온다. 돌아 나와서 남쪽 굴을 구경했다. 굴 입구는 아주 좁아서 몸을 구부리지 않으면 들어가기 어려울 정도다. 깊이는 북쪽 굴과 같다고 생각되지만, 샘물이 흘러나오지 않는다.

눈으로 확인할 수 있는 굴은 북쪽 굴이다. 계곡을 사이에 두고 남쪽에 또 굴이 있었다고 하니 도로가 지나가는 쪽에 있었을 것이다. 길이 확장되면서 훼손된 것 같다.

남아 있는 굴에 대한 생생한 글은 강주호姜周祜의 「유태백산록遊太白山錄」에 실려 있다. 「유태백산록」은 1804년 4월에 태백산을 유람한 것이다. 강주호는 각화사覺華寺에서 출발하여 망경대望京臺에 오른 후 소도촌을 거쳐서 혈동으로 향하였다.

> 북쪽으로 강을 따라 육칠 리 가자 혈동穴洞이다. 대개 작약산芍藥山-우리 말은 함박咸白이다-한 가지가 남쪽으로 절벽이 됐는데, 바위가 갈라져 동굴을 만들고 강물이 나온다. 높이는 서너 길쯤 되고 넓이는 십여 보쯤 된다. 수심 또한 몇 척이다. 물의 근원이 멀어 어디서부터 땅속으로 스며들어 흐르는지 알지 못한다.

석굴의 네 벽은 온통 옥색이다. 이상한 형상과 괴상한 모양의 옥이 강가에 떨어져 있는데 돌고드름이 아닌 것이 없다. 걸어서 강물을 따라가 물의 근원을 찾으려 했는데 오륙십 보 넘지 않아 곧 캄캄해졌다. 갑자기 세상에 앞으로 나갈 형세가 없어 불을 가지고 깊이 들어가려고 했으나 뱀과 용의 해가 두려워서 즉시 돌아 나왔다.

사람이 말하기를 "전에 불을 잡고 들어간 자가 있었는데 수십 리쯤 들어가자 백사장이 있었습니다."라고 한다. 또한 말하기를 "한 사람이 망령되이 깊은 곳을 탐색하려는 뜻이 있어 많은 먹을 것과 촛불을 가지고 더욱 깊이 들어갔습니다. 며칠이 지났는지 알지 못하고 밥은 다 먹고 아프고 주려서 일어날 수도 없었습니다. 석벽을 쓰다듬다 한 덩어리 떡을 얻어 배부르게 먹고 정신이 맑아졌습니다. 먹다가 남은 것을 가지고 나와서 보니 한 덩어리 구슬이었습니다."라고 한다. 또 말하기를 "때때로 간혹 나뭇잎과 꽃이 떠내려옵니다."라고 말한다. 아! 이는 못의 용[池龍]이 변화하는 이야기이다. 물이 땅속으로 스며들어 흐르는 것을 제수濟水라 하는데, 옛 역사책에 실려 있다. 이 물이 땅속으로 스며들어 흐르는 것이 어찌 괴이할 수 있겠는가마는, 근거가 없고 허황된 말이 많다. 동굴 앞에 큰 너럭바위가 있는데 구슬같이 희다. 백록 선생이 말하길, "백옥 너럭바위에 앉아서 시와 술이 없는 것이 괜찮은가?" 하시면서 아이를 불러 술을 따르게 하였다.

주민들 사이에 전해져 내려오는 이야기를 자세히 기록한 것으로 보아 무척이나 신기했던 모양이다. 수십 리쯤 들어가면 백사장이 있다는 이야기는 여기저기에 전해온다. 나뭇잎과 꽃이 떠내려왔다는 이야기도 널리 알려진 이야기다.

송병선宋秉璿은 "동굴 벽은 기괴하고 오색이 떨어져 물가에 있는데 종유석 아닌 곳이 없다. 수십 보 들어가니 캄캄한 것이 나아갈 수 없다. 일찍이 불을 갖고 들어간 자가 있었는데 수십 리쯤 가자 백사장이 있고 끝내 근원을 찾을 수 없었다고 한다. 매번 가을이 들 무렵에 시래기가 왕왕 떠내려온다."라고 동굴의 특성을 전한다.

혈암사 경내에 있는 동굴

곽종석郭鍾錫, 1846~1919은 「굴구천窟口川」이란 시를 남긴다.

하늘 닿은 푸른 곳서 구슬을 뿜어대니 連天積翠下噴玉
빛나는 동굴 현문玄門과 통하네 砑然石竇通玄門
천천穿川이 너무 드러난 것 싫어하여 爲嫌穿川太披露
깊은 곳 향하니 신비한 진짜 근원이네 却向深深祕眞源
복숭아꽃 없어지고 배춧잎만 남았으니 網盡桃花遺菜葉
묘한 곳에 조금 열려 마을이 있었네 妙處應開小有天
옛날부터 그윽한 곳 들어간 사람 없고 古來無人能透奧
숨어있는 걸 무릉의 신선이라고 웃네 癡藏回笑武陵仙

굴구천窟口川은 굴 입구 앞을 흐르는 시내를 말하는 것 같다. 그는 '복숭아꽃 없어지고 배춧잎만 남았으니'란 구절 아래 자세하게 설명한다. "세상에 전하길 굴 끝에 별세계가 있어 매번 팔구월에 이르면 배춧잎이 흘러나온다고 한다." 마을 사람들은 동굴 안에 또 다른 세계가 있다고 믿었다. 김장철이 되면 배춧잎이 떠내려왔다고 증언을 해 주니 굴속은 무릉도원과 같은 존재였을 것이다.

방외굴의 물은 보이지 않는 곳에서 끊임없이 흐르기 때문에 낙동강의 근원으로 보기도 했다. 윤선거는 황지의 아래위 연못과 방외굴의 물이 합쳐져서 천천穿川으로 들어가는데, 이것이 바로 낙동강의 발원지라고 여겼다. 황지 뿐만 아니라 방외굴의 물도 낙동강의 발원지로 본 것이다. 이세귀李世龜는 1692년에 「유사군록遊四郡錄」을 지었는데 이런 대목이 보인다. "하방현下方峴의 동쪽은 소외所外다. 소외는 곧 외황지동外黃池洞이다. 외황지의 물은 동에서부터 와서 쏟아진다. 내황지內黃池는 두 개의 근원이 있다. 하나의 근원은 계곡 가운데의 평평한 못에서 솟는다. 속칭 누리수婁里藪라고 한다. 하나의 근원은 대박산大朴山의 화전禾田에서 솟는다. 합류하여 남으로 흐르다 외황지의 물과 합쳐져서 유점鍮店으로 흘러내려 석문石門을 뚫고 나간다." 낙동강의 발원지를 방외굴의 물을 포함해서 세 곳으로 본 것이다. 강주호는 한 발 더 나간다. 혈동穴洞의 물은 근원이 북으로부터 나오는데 헤아릴 수 없고, 남쪽을 향하여 흐르는데 맑고 넓게 흐르기 때문에 낙동강의 원류가 됨이 매우 분명하다고 보았다. 방외굴의 물이 낙동강의 원류라 본 것이다.

문금탄

강주호姜周祜의 「유태백산록遊太白山錄」을 보면 흥미로운 곳이 나온다. 황지를 구경하고 구문소를 향해 황지천을 따라가다 기이한 경치를 만났다. 강재항은 황지천을 건너 지금의 송이재인 노령弩嶺을 넘은 후 철암으로 향했다. 예전에는 황지천을 따라가는 길이 험했었던 것 같다. 이보도 「유황지기遊黃池記」에서 송이재인 손이령孫伊嶺을 넘어서 황지로 들어왔다. 고개는 심하게 높거나 험하지 않았다고 했으니 여행자들이 일반적으로 이용하는 고갯길이 송이재였다. 윤선거는 구문소를 구경하고 계곡을 거슬러 황지로 향하다가 길이 너무 험해 철암을 경유할 수밖에 없었다.

    강을 따라 십오 리쯤 내려가니 문금탄文金灘이다. 기암괴석이 가로로 뻗어 물속 방아 찧는 곳에 절구를 만들고, 마모된 곳은 무늬를 이루어 찬란한 벼슬아치 옷 같기도 하고 은빛 통나무 같기도 하며 붉은 조개껍데기처럼 영롱하다. 언덕의 풀은 마르지 않고 나무는 살아서 빛난다. 뛰어나게 아름답고 화려하며 진귀하고 보기 드문 것이 외따로 떨어져 있어 사람이 알지 못하니 애석하구나!

문금탄文金灘이라는 곳에 당도하여 아름다움에 넋을 잃었다. 이름에 여울 탄灘자가 들어가니 여울일 것이다. 기암괴석이 가로로 뻗어서 독특한 경치를 만든 곳이기도 하다. 물속 바위는 여울 때문에 절구 모양으로 침식된 곳이다. 특이한 아름다움을 벼슬아치의 옷에 비유했다. 붉은 조개껍데기에 비유하기도 했다. 어떨까? 황지에서 십오 리 떨어진 곳에 문금탄이 있다고 강주호는 실마리를 제공한다.

송병선도 태백산을 유람하고 나서 황지를 구경한 후 강주호가 걸은 길을 걸었다. 「유교남기遊嶠南記」에 다음과 같은 구절이 들어있다. "금문탄金文灘의 기이함과 고움, 저산猪山과 리잠黎岑의 아름다운 승경, 또한 함께 완

문금탄

상할 만하지만 찾아가 보지 못하고 곧바로 사길령土吉嶺을 넘었다." 여기서 말한 금문탄金文灘은 강주호가 말한 문금탄文金灘의 오기일 것이다. 기이함과 고움[奇麗]으로 평할 정도로 독특한 아름다움을 지닌 곳이다.

장성여고 앞 여울은 황지천에서 빼어난 곳 중의 하나다. 지역 사람들은 이곳을 '무래이 쏘[沼]'라고 부른다. 옛날 황지는 질 좋은 목재들이 많았다. 나무를 베어 강물에 띄워 안동지방까지 운반하였는데. 그것을 '무나무'라 하였다고 한다. 무나무는 떼를 엮지 않고 개별적으로 물에 띄워 운반하였다. 무나무를 운반하는 사람들을 '무래이'라고 불렀다. 무래이는 긴 나무 끝에 갈고리를 부착하여 들고서 강물을 따라 내려가며 여울목이나 암초에 걸린 나무들을 끌어내어 강물에 떠내려가도록 했다. 이곳 깊은 소沼에 갇혀 떠내려가지 못하고 빙빙 돌기만 하는 무나무를 무래이가 끄집어내리다가 그만 실수하여 물에 빠져 죽고 말았다. 그 뒤 사람들은 이 깊은 소沼를 무래이쏘라고 부르게 되었다는 전설이 전해진다. 그러고 보니 무래이쏘에 문금탄의 흔적이 보인다.

저산

'태백 장성 이중교'는 태백시 장성동에 있는 다리이다. 일제 강점기인 1935년에 만들어졌으며, 우리나라의 등록문화재로 지정된 대한민국 근대 문화유산이다. 위쪽 다리는 석탄 수송용 전차가 다니고, 아래쪽 다리는 보행자와 차량이 다니도록 설계되었다. 교각은 무지개 형상이다. 태백 지역에서 가장 오래된 교량으로 한국의 근대화 과정에서 중요한 기능을 한 석탄 산업 관련 시설물이다.

이중교 옆 절벽이 도드라져 보인다. 앞에 안내판이 설치되어 있다. 이 일대는 모두 암석으로 이루어졌는데, 이곳에만 유난히 가파른 절벽을 이루고 있는 까닭을 설명한다. 절벽을 이루는 암석이 풍화에 강한 사암으로 이루어졌기 때문이며, 암석은 주로 석영이라는 광물이기 때문에 잘 무너지지 않고 흙으로 변하지 않는다고 한다.

예전 사람들도 이곳을 범상치 않게 여겼다. 강주호姜周祜는 황지에서 구문소로 가다가 특이한 곳을 보곤 「유태백산록遊太白山錄」에 적어넣었다.

저산과 검천교

오 리쯤 가니 저산猪山이다. 푸른 절벽은 깎아 세운 듯하고 돌 언덕은 강과 맞닿았다. 강산의 뛰어난 경치는 정자를 짓기에 적합하다. 또 삼 리를 가니 장생촌長生村이다. 긴 강이 낭떠러지 절벽을 에워싸고 구불구불한 땅은 점점 평평하여 촌락이 이루어진 모양이 자못 인간 세상의 기미가 있다.

석영으로 이루어진 절벽을 말하는 것 같지 않은가. 삼 리를 가니 장생촌長生村이라는 정보도 중요하다. 장생촌은 장성의 옛 이름이다. 절벽은 깎아 세운 듯하고 돌 언덕은 강과 맞닿아 있는 이곳은 이 일대에서 눈길을 끄는 절경이다. 송병선은 "금문탄金文灘의 기이함과 고움, 저산猪山과 리잠黎쪽의 아름다운 승경 또한 함께 완상할 만하지만 찾아가 보지 못하고 곧바로 사길령士吉嶺을 넘었다."라고 아쉬움을 표했다. 그만큼 이곳이 태백의 명소로 꼽혔다. 봉화 선비 강명규姜命奎, 1801~1867는 「이화동기梨花洞記」에서 "태백의 경계는 예전부터 신령함이 많은 진짜 보금자리로 칭해졌다. 북쪽은 황지黃池이고, 황지 아래는 저산滁山과 천천穿川이다."라고 언급했다. 저산猪山을 저산滁山으로 표기했다. 이 일대는 지금 계산동鷄山洞이다. 저산이 계산으로 변했을까.

저산猪山을 지나 골짜기로 들어가면 금천골이다. 1928년 일본인 지질 기사에 의해 태백시에 가장 먼저 석탄이 발견된 지역이다. 석탄이 지표면에 노출되어 있어 비가 오면 개천물이 검게 되어 거무내 또는 검천黔川이라 불리었다. 금천골로 들어가는 입구 다리에 그 흔적이 남아있다.

용담

강주호姜周祜는 1804년 4월에 태백산을 유람하고 「유태백산록」을 남긴다. 봉화에서 출발한 그는 태백산 정상에 올랐다가 당골 광장 쪽으로 내려온다. 동쪽으로 이십 리를 내려오니 소도촌所道村이었다. 지금의 소도동이다. 사방의 산들이 높이 솟고 나무의 가지는 늘어져 얽혔으며 가운데에 물이 솟아나는 못이 보였다. 넓이가 상당하고 깊이는 헤아릴 수 없을 정도다. 물빛은 매우 맑으나 밑바닥을 볼 수 없고, 또한 노는 고기도 없다. 음침하고 깊숙하며 기운은 차가워 가까이할 수 없을 정도였다. "이 못에 돌을 던지면 비바람이 일고 신용神龍의 변화가 있다."라고 한다. 시험 삼아 돌을 던지니 크게 소리가 나지만 용의 변화가 없다.

용담

　용담龍潭으로 알려진 못은 청원사 경내에 있다. 1955년 인근 함태 탄광 창업주가 광부들의 인명사고 예방을 기원하고 막장에서 숨을 거둔 광부들의 영령을 안치하기 위해 창건하였다. 마당에는 태백산 산정에서 지하수로 연결된다는 연못이 있다. 또 용이 된 어머니와 아들 삼 형제의 전설이 서려 있기도 하다.

　옛날 낙동강 하류에 삼 형제가 홀어머니를 모시고 살았는데, 이 어머니는 하반신이 용의 꼬리로 변해 가는 괴이한 병을 앓고 있었다. 삼 형제의 지극한 간호에도 불구하고 상태가 더욱 나빠지자 어머니는 자신을 태백산 밑에 있는 용담에 데려가 달라고 부탁한다. 어머니의 간청에 아들들이 응낙하자 이내 한 마리의 용마龍馬가 나타난다. 용마는 사경에 이른 어머니를 태워 용담에 이르러 연못에 풀어 놓는다. 죽어 가던 어머니는 못에 들어가자마자 생기를 되찾아 요란한 몸놀림과 함께 용이 되어 물속으로 사라진다. 이 광경을 지켜본 아들은 발길을 돌릴 수밖에 없었다. 다만 한 아들, 평소 어머니를 끔찍이 따랐던 막내만은 태백산 기슭에 우뚝 서서 어머니의 모습을 그리다가 그대로 굳어 돌미륵이 되었다. 지금도 1년에 두 번씩 이곳 용담의 물이 흙탕물로 변한다고 하는데, 이는 용이 된 어머니가 돌미륵으로 변한 막내아들을 보기 위해 물 밖으로 거동하기 때문이라고 한다.

송병선이 1891년 봄에 태백산을 유람한 기록인 「유교남기」를 남긴다. "소도촌所道村에 이르니 사방의 산이 높아 압도한다. 물은 절로 솟으니 깊어서 잴 수 없다. 색은 맑고 노니는 물고기가 없다."라는 대목이 나온다. 송병선도 기록에 남길 정도로 인상적이었던 연못이었다.

용소

1692년에 지은 이세귀李世龜, 1646~1700의 「유사군록遊四郡錄」은 『양와집養窩集』에 실려있다.

> 하방현下方峴의 동쪽은 소외所다. 소외는 곧 외황지동外黃池洞이다. 외황지의 물은 동에서부터 와서 쏟아진다. 내황지內黃池는 두 개의 근원이 있다. 하나의 근원은 계곡 가운데의 평평한 못에서 솟는다. 속칭 누리수婁里藪라고 한다. 하나의 근원은 대박산大朴山의 화전禾田에서 솟는다. 합류하여 남으로 흐르다 외황지의 물과 합쳐져서 유점鍮店으로 흘러내려 석문石門을 뚫고 나간다.

용소

　하방현下方峴은 지금의 화방재다. 강원도 태백시 혈동穴洞에 있는 고개로, 국도 제31호선이 지나가고 고개 정상에서는 414번 지방도가 분기한다. 태백산 북서쪽, 함백산 남서쪽에 있고 백두대간이 통과한다. 고개 정상에는 태백산으로 올라가는 등산로가 있다. 소외所外는 소도동을 말한다. 누리수婁里藪는 황지를 가리키는 말이다. 대박산大朴山의 화전禾田에서 솟는 물은 용소龍沼를 말한다. 유점鍮店은 동점銅店이다. 석문石門은 구문소를 말한다.

　용소는 화전리에 있다. 마을 남서쪽의 가장 높고 험한 함백산은 금대산의 지맥支脈이고 또 태백산의 주봉主峰이 된다. 화전리에 속한 자연 마을인 용연동 서쪽에 용소가 있다. 이곳은 깎아지른 듯한 낭떠러지 암석 아래에 자연적으로 생긴 기묘한 작은 곳인데, 돌로 둘러싸인 우물 형태로 주위가 약 1칸[間]이고 수심은 40심尋이 되는데, 그 수원水源은 끊어지지 않고 황지천으로 흘러 들어간다. 지금은 38번 국도의 고가도로 아래에 있다. 낙동강 하구로부터의 거리는 503.77km이며, 균열 또는 공동을 통해 지하수가 유출되는 용천이다. 지질도에 의하면 용소는 용연동굴 인근의 석회암층에 자리해 있으며, 사시사철 지하수가 솟아 나오고 항시 유로를 형성하고 있다.

태백의 암자

망경사

당골광장에서 태백산을 오르기 시작했다. 입구에 석장승이 우뚝하다. 이곳부터 신성한 공간인 단군성전과 태백산 정상에 있는 천제단을 수호한다. 반재까지는 암석과 시원한 계곡물이 원시의 숲을 만들었다면 반재부터는 순한 능선이다. 고도를 높일수록 주변의 산세가 모습을 드러낸다. 망경사에 이르자 문수봉이 마주 섰다. 태백시는 개미집처럼 보인다. 망경사 한쪽에 하늘 아래 첫 샘물인 용정龍井이 있다. 용정은 천제를 지낼 때 정화수를 길어 올리는 곳으로 우리나라 100대 명수 중 으뜸으로 꼽힌다. 천제단으로 가는 길에 단종비각端宗碑閣이 태백산을 지키고 있다. 단종의 혼이 백마를 타고 이곳에 이르러 태백산 산신이 되었다고 한다. 비각 안에 조선국태백산단종대왕지비朝鮮國太白山端宗大王之碑라고 쓴 비문이 안치되어 있다.

태백산에 태백산사太白山祠가 있었다고 『신증동국여지승람』은 알려준다. 사당은 산꼭대기에 있었으며, 세간에서 천왕당天王堂이라 하였다. 정암사에서 말년을 보내던 자장율사가 이곳에 문수보살의 석상이 나타났다는 말을 듣고 찾아와, 절을 짓고 석상을 봉안하였다고 하는 전설도 전한다.

망경사

이인상李麟祥은 태백산을 유람하고 「유태백산기遊太白山記」를 지어 『능호집凌壺集』에 수록하였다.

> 천왕당天王堂에 이르렀을 때는 대략 인정人定; 밤에 통행을 금지하기 위해 종을 치던 일, 대략 사람들이 잠드는 시각인 밤 10시 때였다. 60리를 걸었다. 서쪽 법당[西堂]에는 석불이 있고, 동쪽 법당[東堂]에는 나무 인형이 있다. 이른바 천왕天王이다.

1735년 당시 태백산 정상에 집 모양의 사당이 있었다. 지금은 하늘에 제사를 지내는 돌로 쌓은 천제단으로 대체됐다. 천왕당이 언제 천제단으로 변했는지는 알 수 없다. 단지 옛날부터 하늘에 제사를 지내는 의례 장소로 지정된 사실은 역사서에 선한나. 『삼국사기』에 "일성이사금 5년(138) 겨울 10월에 북쪽으로 순행해 몸소 태백산에 제사 지냈다."라고 나온다. 태백산은 신라가 전국 명산대천을 삼산오악으로 나눠 국가적인 제사를 지낼 때, 북악에 속했다. 따라서 예로부터 국가적 행사로 하늘에 제사를 지내던 명산은 분명하다. 이인상은 눈길을 헤쳐 제사를 지내던 천왕당에 도착한 것이다.

송병선은 1891년에 태백산을 등반하고 「유교남기遊嶠南記」에 기록하였다. 정상에 이르니 돌을 쌓아 신사神祠를 만들어 놓은 것이 보였다. 신사 앞은 평평하며 둥글어서 수백 사람이 앉을 수 있었다. 산의 높이는 곧바로 구름까지 닿고, 보이는 것이 막힘 없었노라고 회상했다.

"동쪽으로 몇 리 내려오니 석불石佛과 음사淫祠가 있다."라는 대목도 보인다. 지금의 망경사 자리에 건물이 있었음을 말해준다. 그 전에 강주호姜周祜는 1804년 4월에 태백산을 유람한 것을 「유태백산록遊太白山錄」에 적었는데 다음 대목도 망경사의 전신을 알려 주는 중요한 정보다. "동쪽 낭떠러지를 따라 일 리쯤 내려가니 석불石佛과 음사淫祠가 있다." 석불과 음사가 있던 자리에 망경사가 태백산을 지키게 되었다. 한국전쟁 당시 불탄 것을 중창하여 대웅전과 용왕각, 요사채·객사 등을 갖추었다.

정암사

자장율사가 말년에 수다사에 머물 때였다. 하루는 꿈에 스님이 나타나 내일 대송정에서 보자고 하였다. 아침에 대송정에 가니 다시 태백산 갈반지에서 만나자며 사라졌다. 자장율사는 태백산으로 들어가 찾다가, 큰 구렁이가 똬리를 틀고 있는 것을 보고 갈반지임을 알아차렸다. 이곳에 석남원石南院을 창건하니, 이 절이 정암사淨岩寺이다. 『삼국유사』에 실려있는 정암사가 지어지게 된 내력이다.

산길로 온 지 이미 닷새째 山行已五日
뛰어난 경치 많이도 봤네 觸目多勝絶
뜻밖에도 길옆 산속에 不謂路傍山
높디높은 곳에 절이 있네 蓮宮在嶕嶢
단애 위 암자 올라가니 躋攀上崖广
처마 사이 봉우리 줄짓고 萬峯簷間列
붉은 구름 지는 해 가리자 紅雲翳落日
고운 색깔 한순간에 명멸하네 奇彩倏明滅
길손 맞는 노승 정성스러움이여 老僧頗款客
거친 밥 그저 흡족할 따름일세 疎糲亦可悅
홈통 타고 떨어지는 맑은 샘물 飛泉落筧竿
한밤 창문 울부짖던 비바람 夜窓風雨咽
새벽 종소리 잠 깨고 보니 晨鍾警昏睡
흰빛 서리와 달 다투는구나 霜月爭皎潔
분향 예불하는 일 없어도 雖無薰脩事
풍진 세상 절로 떠난 듯한데 自與塵界別

숨어 살 뜻 아직 이루지 못해 卜居意未成
발걸음 여전히 바쁘고 불안하네 吾行尙棲屑

이식李植, 1584~1647의 「정암사鼎巖寺」란 시이다. 지금은 몇 시간이면 도착할 정도이지만 예전엔 닷새나 걸릴 정도로 첩첩산중이었다. 만항재로 향해 가다가 길옆에 있는 정암사를 보았다. 주변의 묘사가 진경산수화 같다. 정암사鼎巖寺라 기록한 것이 이채롭다. 1778년 무렵에 호가 화암畵岩인 사람이 정선지방 8경과 여기에 18폭을 더해 두 개의 화첩을 꾸몄다. 거기에 「갈천산정암葛川山淨菴」이 화제시로 실려있다. "갈천사를 찾기 위해, 마침내 태백산에 들어서니, 세상은 멀어 안개 자욱하고, 숲은 깊어 해와 달이 한가롭네." 꾸준히 정암사에 대한 시가 지어졌음을 알 수 있다.

일주문엔 태백산 정암사라는 현판이 걸려 있다. 바로 인근 산은 함백산이지만 민족의 영산인 태백산으로 표기한 것은 예전부터였다. 범종각을 지나 오른쪽으로 극락교를 건너가자 자장율사의 지팡이였던 주목이 한 그루 서 있다. 본래의 줄기는 죽었지만, 그 틈에서 나온 가지들은 무성히 자라고 있다. 바로 옆은 적멸궁이다. 수마노탑에 석가모니의 진신사리를 봉안하고 참배하기 위해 세운 법당이다.

정선 현감을 지낸 오횡묵吳宖默은 절에 들렸다가 「정암사淨巖寺」를 지었다.

수마노탑 누가 만들었나 曼瑚寶塔是誰能
부처께 기도하는 스님 한 분 佛寶供香只一僧
오래된 정암사 바위도 오래 淨寺千年巖亦老
자욱한 안개 노을이 보호하네 蒼烟晚靄護層層

정암사

태백산 깊은 산속에 절이 있어서 속인의 발길이 좀처럼 닿지 않았다. 정선 땅이라 정선 현감이 방문할 뿐이었다. 김신겸金信謙, 1693~1738의 시는 그래서 소중하다. 그는 「정암淨菴」에서 "수마노탑 노을 속으로 들어가니, 우뚝 솟아오른 걸 우러러보네. 아래에는 마른 나무 한 그루, 생사의 끝을 알 수가 없구나."라고 노래했다. 그의 시 전편을 감상해 보자.

   자장은 어느 시대 선사인가　慈藏何代師
   신이한 이적 감탄을 불러일으키네　神躅起感嘆

서쪽으로 갔다 동으로 오지 않는데　西歸不復東
정토세계 가을 색으로 추워지네　淨界秋色寒
빈 뜰엔 작은 잣나무 넘어졌고　空庭短柏偃
무너진 섬돌엔 푸른 뱀 서리었네　廢砌靑蛇蟠
수마노탑 노을 속으로 들어가니　珠塔入絳霄
우뚝 솟아오른 탑 우러러보네　突兀聳瞻觀
아래에는 마른 나무 한 그루　下有一枯樹
생사의 끝을 알 수가 없구나　生死不可端
남긴 말 진실로 허탄하고 잡스러워　遺說固誕雜
그 사람 대개 또한 어렵구나　其人盖亦難
천 년 시간 흐른 영지 표면은　千年影池面
혹시 내가 와서 본 걸 알까　倘識我來看

오횡묵吳宖默은「마류보탑瑪瑠寶塔」이란 시를 짓는다.

귀신이 조각한 듯 조화의 공력　鬼刻神刓造化功
우뚝한 탑 구름 속 들어갔네　嵯峨一塔入雲中
천 년 동안 비 내려 씻기고　千年淨洗諸天雨
만 겁 바람 불어도 닳지 않네　萬劫難磨法界風
연석燕石 아름답다 비교한 게 부끄럽고　燕石縱文羞與比
무부珷玞는 무질이어도 동참할 수 있네　珷玞無質可參同
억지로 마노瑪瑠라 하고 지금까지 있으니　强名瑪瑠今猶古
누가 불가의 오묘한 공空 알 수 있으랴　誰識桑門妙解空

　　적멸궁 뒤쪽 수마노탑에 부처님의 진신사리가 봉안되어 있다. 탑에도 스토리가 있다. 자장율사가 당나라에서 돌아올 때 가지고 온 마노석으로 만든 탑이라 하여 마노탑이라고 하는데, 마노 앞의 수水 자는 자장의 불심에 감화된 서해 용왕이 동해 울진포를 지나 이곳까지 무사히 실어다 주었기에 '물길을 따라온 돌'이라 하여 덧붙여진 것이라고 한다. 여기에 또 하나의 이야기가 있다. 자장이 이곳 갈반지를 찾아 절을 짓고 이어서 탑을 세울 때였다. 세우면 쓰러지고 다시 세우면 또 쓰러졌다. 백일기도에 들었더니 기도가 끝나는 날 눈 덮인 위로 칡 세 줄기가 뻗어 나왔다. 하나는 지금의 수마노탑 자리에, 또 하나는 적멸보궁 자리와 법당 자리에 멈추어 그 자리에 탑을 세울 수 있었다고 한다. 그리하여 속칭 갈래사라고도 불렀다. 이야기는 계속 이어진다. 원래는 수마노탑 외에 금탑, 은탑이 있으나 금탑과 은탑은 사람들이 탐욕에 눈이 어두워질까 두려워 보이지 않게 감추었다고 한다.

적조암

횅한 언덕길 옆 적조암 주차장에 내렸다. 길 건너 등산로 초입에 적조암이 동학 유허지임을 알리는 안내판이 보인다. 동학과 관련되기 훨씬 이전에 적조암은 자장율사가 머물다가 입적한 암자다. 입적과 관련한 이야기가 『삼국유사』에 전한다. 자장율사가 석남원에서 수행하고 있었다. 남루한 도포를 입고 칡으로 만든 삼태기에 죽은 강아지를 담고 온 늙은 거사가 찾아왔으나 문수보살임을 알지 못했다. "아상我相을 가진 자가 어찌 나를 알아보겠는가."라고 말하고 떠나자 뒤늦게 알아채고 쫓아갔으나 벌써 멀리 사라져 도저히 따를 수 없었다. 결국 몸을 던져 죽었고, 화장한 뒤 유골을 석혈石穴에 봉안했다는 내용이다. 큰 스님이라도 나를 중심으로 생각하는 아상我相을 갖고 있으면 부처님을 보기 어렵다는 깨우침을 준다.

1872년 해월신사 최제우가 적조암을 찾아 수련하였다. 적조암은 이후에도 동학 교단 지도부의 수련 장소로 활용되었다. 최제우의 「적조암에서 기도를 마치고」를 보자.

적조암

태백 산중에 들어 49일 기도를 드리니　太白山工四十九
여덟 봉황 주어 각기 주인 정해 주셨네　受我鳳八各主定
천의봉 위 핀 눈꽃 하늘로 이어지고　天宜峰上開花天
오늘 마음 닦아 오현금 울리는구나　今日琢磨五絃琴
적멸궁에 들어 세상 티끌 털어 내니　寂滅宮殿脫塵世
49일간 기도 뜻있게 마치었구나　善終祈禱七七期

　1872년 10월 15일에 해월신사 최제우가 적조암을 찾았다. 49일 기도를 시작하여 12월 5일에 마쳤다. 사방이 온통 눈꽃으로 덮여 장관을 이루었다. 매서운 실바람은 청아한 음악 소리를 내고 있었다. 이 광경을 보고 감회를 시로 나타내었다. 천의봉은 함백산 북쪽, 금대봉 남쪽에 있다. 천의봉과 함백산 사이에 정암사 적멸보궁이 자리한다. 적조암은 함백산 줄기에 터를 잡았다. 태백시 방면으로 본적사와 심적사, 묘적사, 은적사 등 4개의 큰 절이 있어 스님들의 발길이 끊이지 않았다고 한다.
　자장율사 순례길은 정암사에서 적조암터를 거쳐 만항마을까지 이어진다. 함백산 아래 움푹 파인 곳이 적조암 터다. 아늑한 곳은 도를 닦기에 적절하다. 샘물이 끊임없이 솟아난다.

심적암
　백두대간의 심장에 자리를 차지한 함백산은 우리나라에서 여섯 번째로 높은 산이지만 완만한 산록으로 되어 있어 쉽게 등반할 수 있다. 게다가 주변에 펼쳐진 산세는 산행 중간의 피로를 잊게 한다.
　적조암을 들렸다가 자장율사 순례길을 따라가면 적조암 삼거리가 나온다. 이어지는 능선을 따라 샘터 사거리까지 천의봉을 보며 진행한다. 약간 가파른 곳이 중함백이다. 정상 근처 바위에서 바라보는 북서쪽의 전망은

심적암

눈을 시원하게 한다. 북쪽으로 심적암이 있을 곳을 눈짐작해본다. 다시 오던 길을 내려가다 완만한 능선에서 북쪽으로 향하며 심적암을 찾아 나섰다. 우여곡절 끝에 조그만 능선을 넘으니 심적암 지붕이 보인다.

  바위가 호위하는 심적암은 속세 사람의 접근이 어려운 곳이다. 산속 평지에서 쉼 없이 샘물이 솟는다. 단박에 깨달음을 줄 것 같은 시원함은 머리에 전달된다. 암자가 자리 잡은 곳은 햇볕이 잘 드는 포근한 곳이다. 주변으로 축대가 보인다. 건물이 몇 채 있었을 것이다. 언덕에 보이는 정자는 하늘 아래 있는 듯하다.

김신겸金信謙은 「심적암深寂庵」을 『중소집檜巢集』에 남겼다.

함백산에 그윽이 암자 지으니　幽構負中朴
아스라이 속세와 떨어졌네　縹緲絶人羣
맑고 화목한 기 머금고 있어　一氣合澄穆
앉아서 특별한 것 보고 듣네　坐來殊見聞
울창한 소나무 푸른 바다에 닿고　森松際碧海
하늘과 물은 구분할 수 없네　天水遠莫分
나는 새도 이르지 못하고　飛禽亦不到
뜨락 풀 추위 속 향기 발하네　庭草送寒芬
문 여니 부처 그림 밝게 빛나고　開門畵佛明
조그만 향로 아직 따뜻한데　小爐猶氳氤
고승은 볼 수 없으니　高僧不可見
처량하여 마침내 말 없네　怊悵遂無言
연화봉을 굽어보니　俯視蓮花峯
우뚝 흰 구름 위로 솟았네　亭亭出白雲

한 수로 부족했는지 연이어 두 수를 짓는다. 그중 한 수다.

푸른 산봉우리 일만 장　蒼峭一萬丈
노을 속 좌선하네　宴坐層霞表
가을 색은 동해에 가득 찼고　秋色滿東溟
눈길 다한 곳 외로이 나는 새　目極孤飛鳥
석양은 갑자기 서쪽으로 지고　耀靈倏西匿
골짜기들은 아래서 그윽하네　羣壑下窈窕
전나무 계수나무 씻은 듯 사라지고　杉桂泯如拭
초승달은 이 세상 반쯤 비추는데　初月界半照
조용한 대화 도가와 불가 섞이니　軟話雜仙釋
현묘한 마음 구하지 않아도 들어오네　玄襟入無徼

바람이 홀연히 시원하게 불어오니 　天風忽颯然
왕교王喬의 휘파람 듣는 것 같네 　似聽王喬嘯

연좌宴坐는 좌선坐禪을 뜻한다. 연좌燕坐라고도 한다. 90일 동안의 연좌는 음력 4월 16일부터 7월 15일까지 여름철 석 달 동안 외출하지 않고 수행하는 승려들의 하안거를 가리킨다. 왕교王喬는 전설상의 신선으로 주 영왕周靈王의 태자 진晉인데, 생황을 잘 불었으며 학을 타고 날아다녔다 한다.

속인의 접근을 불허하는 중함백 산자락에 암자를 지었다. 바위를 울타리 삼으니 아늑하다. 태백시 동쪽의 연화봉이 보인다. 뜨락에 앉아 있으면 자연의 소리만이 들린다. 이내 자연의 일부가 된다. 도 닦는 것에 방해가 될까 두려워 이내 돌아서는 길. 고향 집을 떠나듯 자꾸만 눈길이 간다. 암자 뒤로 토끼 길을 따라 속세로 향하였다.

돈각사

신라 말 고려 초에 태백산의 북쪽 문화권에서 가장 크고 중요한 사찰이었다는 절터를 찾아 나섰다. 태백에서 출발한 답사는 미인폭포를 먼저 확인했다. 윤선거尹宣擧가 「파동기행巴東紀行」을 기록한 것은 1664년이었다. 그의 글에 쌍 우물[雙井]에서 물을 길어 부처를 공양했다는 대목이 나온다. 쌍 우물은 미인폭포를 지칭한다. 『노서유고魯西遺稿』에 실려있는 대목을 살펴보자.

오십천五十川은 쌍 우물[雙井]에서 발원하는데 우물은 절벽에 매달려 있고 흐르는 것은 폭포와 같다. 옛날 돈각사頓覺寺는 북쪽 계곡 속에 있는데 하늘 기둥 같은 하나의 석봉이 보인다. 계곡 입구를 막아서 있으니 절의 안산이 된다. 민간에 전하는 말로 절의 중이 쌍정에서 물을 길어 부처를 공양했다고 하는데 황당무계한 말이다.

본적사지 석탑

본적사가 조선 후기에 존재하였음을 알 수 있다. 위치는 함백산에 가까우며, 심적·묘적·은적 등의 암자도 함께 있다고 하므로, 지금의 황지동 절골의 절터를 가리키는 것이 분명하다.

근래에 서산대사의 문집인 『청허당집』에 수록된 「태백산 본적암 수장모연문修粧募緣文」은 본적사의 건립자를 달공화상達空和尙이라고 밝힌다. 달공화상의 생몰연대를 알 수 없으나 고려 후기의 스님으로 호는 본적本寂이고, 처음에는 중국을 거쳐 우리나라에 들어온 인도승 지공指空을 스승으로 섬겼다. 나옹懶翁, 1320~1376에게 법을 이어받았고, 입적한 뒤에 무학無學과 함께 존숭되었다.

본적사는 달공을 통해 최소한 고려 말기에 존재하였고, 『인조실록』 기사와 허목의 『척주지』로 보아 조선 후기 인조대, 현종대에도 법등을 밝히고 있었다. 그뿐만 아니라 석탑재와 출토 기와들은 이미 통일 신라 시대에도 사찰이 존재했었다는 보여 준다. 『청허당집』에 실려 있는 「태백산 본적암 수장모연문」의 일부를 본다.

> 이 암자는 고려의 왕사 나옹의 제자인 달공 스님이 창건하였다. 산은 깊고 물은 아름다우며 경계가 고요하고 사람이 드물어 옛날부터 도를 지닌 이가 살기를 좋아했습니다. 그러나 세월이 오래되어 매우 허물어졌으매, 한 도인이 창건한 것을 수리하기에는 힘에 부쳐, 마치 비를 피하는 정자처럼 되었습니다.

서산대사가 시주를 받아 중건한 본적사는 탑만 남기고 다시 역사 속으로 들어갔다. 본적사지역사공원으로 탈바꿈한 곳에 3층 석탑이 오롯이 섰다.

태백의 고개

사길령

사길령은 태백시 소도동 혈리에서 천평으로 넘어가는 고개로, 옛날 강원도에서 경상도 춘양 지역으로 가는 중요한 교통로였다. 이 고갯길에는 산령각과 함께 국수당이 있으며, 신수로 모시는 엄나무가 있다. 조선 후기에 보부상들이 고개를 넘어 다니면서 안전을 기원하고 상업의 번창을 위해 산령각을 짓고 매년 음력 사월 보름에 정성껏 제사를 지냈다. 이후 보부상이 해체되고 이들에 의한 상품 교류가 축소되었어도 태백시 혈리에 사는 주민들이 산령각계라는 이름으로 그들이 남긴 재산을 관리하고, 이에 의한 수익금과 신입 회원들의 입회비로 산령각제를 지내며 마을의 안녕과 풍요를 기원하고 있다.

보부상뿐만 아니라 여행객도 고개를 넘곤 했다. 이보李簠, 1629~1710의 「유황지기遊黃池記」를 보자.

> 종자들이 마부에게 말해 길을 재촉했다. 산간 계곡을 따라가다가 박외촌朴外村에 도착하여 잠시 쉬었다가 다시 업평촌業平村으로 향했다. 좁은 길이 오르락내리락 돌은 어지럽게 널려있어 발을 찌르고 나무는 옷에 걸리지만 조금씩 조금씩 나아갔다. 해가 지려고 할 때 급하게 신절령新節嶺을 넘었다. 고개가 험하여 말도 타고 갈 수 없을 정도였지만 다리도 아프고 걷기도 힘들어서 억지로 타고 올라갔다. 고갯마루에 도착하고는 비로소 말에서 내려 걸어 내려갔다. 골짜기로 내려와서 머리를 돌려 고갯마루를 보니 하늘에서 떨어진 것 같았다.

태백에서 봉화로 향하는 여정이다. 박외촌朴外村는 혈리, 업평촌業平村은 어평재 부근의 마을을 가리킨다. 신절령新節嶺은 사길령이다. 삼국시대에는 태백산 꼭대기로 나 있는 천령天嶺 길을 통해 왕래하였으나 길이 높고

사길령 산령각

험하여 고려 시대 때 새로운 길을 뚫었다고 전해진다. 이름도 새로 길을 뚫었기 때문에 '새길'이라고 했다. 옛날 고갯마루에 도적이 성행하고, 범이 나타나 사람을 해치는 것도 비일비재하여 고갯마루에 산령각을 짓고 안전을 기원했다. 또 영월 땅에서 사약을 받고 죽은 단종 대왕이 사후 혼령이 되어 태백산의 산령이 되었다는 전설이 전해진다. 사길령 산령각의 신위는 다른 산령각의 신위와 다르게 단종 대왕이다. 백마를 탄 어린 임금이 그려진 탱화가 안치돼 있다.

강재항姜再恒, 1689~1756은 1719년에 황지를 유람하고 「황지기黃池記」를 남겼다. 강재황은 봉화에서 태백으로 가는 길이다.

곰넘이재[熊踰嶺]를 넘는데 위험하고 오르기 힘들다. 고개를 내려와 천평마을[川坪村]에서 잤다. 7월 18일 새벽에 길을 떠나 10여 리를 간 후 동북쪽으로 조도령鳥道嶺을 넘었다. 더욱 높고 험하다. 곰넘이재에 비해 배나 힘들 뿐만이 아니다. 세상 사람들이 이 길은 너무나 험하여 중국 무공武功의 태백산 조도鳥道라 할지라도 이보다 더 험하지 않을 것이라 하여 조도鳥道라는 이름이 생겼다고 한다.

곰넘이재는 봉화에 있는 고개다. 곰넘이재를 넘어 천평마을에서 유숙하였다. 천평 마을과 태백 혈리 사이에는 큰 고개인 조도령鳥道嶺이 놓여 있다. 중국에서 험하기로 유명한 조도鳥道와 비교할 정도로 험하고 힘든 고개다. 새가 날아서 넘기도 힘들 정도의 고개라는 뜻이지만, 새로 길을 뚫었기 때문에 '새길'이란 이름을 한자로 바꾸면서 조도鳥道가 됐을 가능성도 있다.

송병선宋秉璿은 태백에서 봉화로 가다가 사길령士吉嶺을 넘었노라고 「유교남기遊嶠南記에 기록하였다. 윤선거尹宣擧, 1610~1669는 1664년에 영월로 향하고 있었다. 아침에 방외굴方外窟을 지나 하방치何方峙를 넘었다. 「파동기행巴東紀行」에 기록된 하방치는 지금의 화방재다.

느릅령

허목은 『기언』 중 「기행記行」에서 "서남쪽으로 태백산을 바라보면 눈 덮인 산이 하늘을 막은 채 꼭대기는 구름에 가려 볼 수가 없다. 구름 아래로 유령楡嶺이 보이고 그 너머는 백석평百石坪이다."라고 언급했다. 유령楡嶺이 높은 곳에 있음을 비유적으로 보여준다. 『만기요람萬機要覽』은 유령楡嶺에 대하여 경상도로 통하는 사잇길이라고 설명한다. 아울러 건의령巾衣嶺과 백복령百福嶺도 소개한다. 대동여지도에서는 삼척과 태백을 잇는 주요 고갯길로 표시하고 있다.

느릅령[楡嶺]은 황지와 도계를 연결하는 주요 교통로였다. 이곳을 지나던

느릅령

보부상들이나 민간인들이 행로 안전과 마을의 안녕 및 풍년을 기원하기 위해 산령당을 세운 후 매년 산령제를 지냈다. 당시 이 고개를 넘던 보부상들은 황지장과 삼척 하고사리에서 열린 소달장을 오가며 장사를 하였다.

윤선거尹宣擧, 1610~1669는 1664년에 형 윤순거尹舜擧와 함께 관동 일대를 유람하고 「파동기행巴東紀行」을 지었다. 아침에 출발하여 덕전촌德前村 계곡 사이에서 말에게 꼴을 먹인 후, 해 질 녘에 느릅령[楡峙]의 남쪽 지록을 넘었다는 기록이 보인다.

이시선李時善, 1625~1715은 「관동록關東錄」을 『송월재집松月齋集』에 남긴다. 유령楡嶺을 넘어 오십천의 근원을 끝까지 살펴본 후 남쪽으로 태백산의 지맥을 보니, 구름이 흩어지고 안개가 쌓여 골짜기마다 물결을 이루고 산마다 봉우리를 내밀고 있다는 대목이 눈길을 끈다.

만항재

정암사에서 함백산을 향해 길을 나서면 눈꽃과 야생화로 이름난 만항재를 넘게 된다. 만항재는 강원도 정선과 태백, 영월이 경계를 이루는 고개다. 국내에서 차로 오를 수 있는 가장 높은 고개로도 유명하다. 발아래 물결치는 백두대간과 아침이면 밀려들어 몽환적 분위기를 만드는 안개가 절경이다. 야생화가 피어나는 고개라 천상의 화원이라고도 한다. 만항재가 자리한 곳은 해발고도가 1330m에 달한다. 김신겸金信謙, 1693~1738의 「고개에 오르다[上嶺]」가 『중소집橧巢集』에 실려있다.

깊은 계곡이라 해 보이질 않고　深澗不見日
울창한 숲이라 갈 바를 잃었네　密林迷所之
중은 왔다 구름 바깥으로 가고　僧來自雲表
앞선 길잡이 서로 기약한 것 같네　導前如相期

차츰 평평해지자 다투어 올라가고　稍平競趁躋
험한 곳 만나자 함께 더디 가네　遇險同逶遲
웃는 소리에 놀란 다람쥐 떨어지고　驚鼮落笑語
얼굴 드니 수많은 덩굴 드리웠네　仰面千藤垂
인간 사는 세계 더욱 아득해지고　人世轉渺然
도리어 근심스레 돌아갈 길 잃었네　却愁失歸歧
배고프자 호연하게 노래 부르니　飢來且浩歌
어느 곳에 자지紫芝가 많은가　何處繁紫芝
산에 가득한 태고적 나무　彌山太古木
작은 쑥처럼 빽빽이 자라네　密布如短蒿
부여잡고 조금씩 올라가니　攀援得寸進
때때로 원숭이처럼 기어가네　往往學猿猱
괴롭게 땀은 온몸에서 나고　但苦汗被體
높은 곳 지나는 걸 모르네　不覺所歷高
피로하지만 홀연히 확 트이니　疲餘忽豁然
사방 보고 휘파람 호탕하게 불며　四望發嘯豪
서쪽으로 구주* 연기를 가리키며　西指九州烟
동으로 자라가 인 삼신산* 바라보네　東睨三山鰲
태연히 전체를 이끌고 있으니　居然領全體
크고 작고 도망치는 것 없네　巨細物無逃
성인 문하 사람에게 말하니　寄語聖門子
분해하는 수고 말하지 말길　莫辭憤悱*勞
탁 트인 들판에서 기약하니　終期昭曠原
죽을 때까지 유람하겠네　卒歲以游遨

*구주(九州) : 중국을 말한다. 옛날 중국 전역을 9주로 나눴던 데에서 나온 말이다.
*삼신산 : 봉래(蓬萊)·방호(方壺)·영주(瀛洲) 세 신산(神山)을 가리킨다.
*분비(憤悱) : 몰라서 분하게 여기고 표현을 못해서 답답하게 여긴다는 뜻이다.

만항재

문집에 「정암사로 향하다[向淨菴]」, 「정암사[淨菴]」, 「고개를 오르다[上嶺]」, 「상박봉[上朴峯]」, 「심적암深寂庵」, 「태백산太白山」이 순서대로 실렸다. 「고개를 오르다[上嶺]」는 만항재를 노래한 것이 아닐까. 고개를 오르고 오르다 정상에 서면 홀연히 확 트인다. 사방 보고 휘파람 호탕하게 불게 된다. 서쪽으로 중국이 보이는 듯하고, 동으로 삼신산이 보이는 듯하지 않은가.

3 봉화군

태백산사고

    역대의 실록을 보관하기 위하여 국가에서 설치했던 장소를 사고史庫 또는 사각史閣이라 한다. 조선 세종 때 내사고內史庫가 개경에서 한양으로 옮겨지고, 충주사고忠州史庫가 외사고外史庫의 역할을 하였다. 1439년(세종 21) 7월, 외사고 확충 계획에 따라 경상도 성주와 전라도 전주에 사고를 더 지어 실록을 보관하게 된다. 이로써 내사고인 춘추관 실록각春秋館實錄閣과 외사고인 충주·전주·성주의 사고가 정비되어 4사고가 운영되었다. 임진왜란 때 춘추관·충주·성주의 사고가 불타 버리고 전주사고본全州史庫本만 병화를 면하였다. 1603년(선조 36) 7월에 재인쇄에 들어가 1606년(선조

39) 4월에 인쇄가 모두 끝났다. 본래 남아 있던 전주 사고본 1질秩과 재인본 3질 및 교정본 1질 등 모두 5질이었으므로 이들 실록 5질에 대한 소장처가 논의되었다. 새로이 선정된 사고는 내사고인 춘추관을 비롯하여 외사고인 강화·묘향산·태백산·오대산의 5사고가 마련되었다.

태백산사고의 역사

태백산사고에 대한 기록은 『조선왕조실록』에 자세하게 기록되어 있다. 사고의 위치 선정, 완공되고 개수된 사건을 읽을 수 있다. 어떤 책을 보관하게 되었고 포쇄하는 과정도 알 수 있다. 구체적인 기사는 아래와 같다.

- 선조 38년(1605) 10월 13일
경상 감사 유영순柳永詢이, 실록을 봉안할 곳에 대해 태백산은 정상부 아래 깊숙한 곳에 사고를 짓는 것이 가장 마땅하다고 보고하자 조정에서 이를 받아들여 공사에 착수하였다.

- 선조 39년(1606)
4월 사고 건축을 완성하고 새로 인쇄되었던 실록 1질을 옮겨와 지방사고 기능을 수행했다.

- 인조 7년(1629) 5월 16일
『선원록』을 강릉 및 태백산에 나누어 보관해야 한다는 일로 보고했다.

- 인조 7년(1629) 6월 2일
검열 정태화鄭太和가 태백산에 실록을 봉안하는 일로 나갔다.

- 인조 7년(1629) 7월 21일
종부시가 선원록璿源錄을 오대산·태백산에 나누어 보관하는 일로 보고했다.

- 인조 12년(1634) 3월 20일
대교待敎 유황兪榥이 포쇄曝晒하는 일로 봉화奉化에 도착하여 보고하기를, "신이 태백산太白山에 가서 사고史庫의 지형을 살펴보니 과연 본도에서 보고한 것과 같았습니다. 사고를 높은 봉우리 두 언덕 사이에 설치했는데 물이 빠질 수 없는 움푹 들어간 수렁이므로 기둥과 중방이 무너졌습니다. 만일 그 자리에다가 짓는다면 공력만 들일 뿐입니다. 사고 아래 1리 쯤 되는 곳에 있는 서운암棲雲庵의 뒤에 지을 만한 곳이 있다고 하기에, 신이 현감과 사고의 참봉과 함께 두루 살펴보니 과연 적당한 곳이었습니다. 그러나 신이 마음대로 지휘할 수 없으니, 예조와 본관으로 하여금 품처하게 하소서."하였다. 그 뒤 정확한 시기를 알 수 없으나 태백산 중록中麓에 위치한 서운암 부근 현재 사고지로 이건되었다.

- 인조 12년(1634) 12월 26일

『광해군일기』를 태백산에 나누어 보관하러 사관 1원을 내려보냈다.

- 인조 13년(1635) 1월 25일

태백산의 선원록 봉안소를 수리, 이안移安하였다.

- 인조 15년(1637) 4월 8일

강도로 이송한 시정기時政記를 태백산으로 옮겼다.

- 인조 16년(1638) 9월 12일

춘추관이 아뢰기를, "태백산太白山의 사고史庫는 수목이 빽빽한 가운데에 있어서 해마다 산불 걱정이 있기 때문에 일찍이 선조宣祖 시대에 별도로 사목事目을 정하여 참봉 두 사람에게는 아울러 관료官料를 주고 중[僧]에게는 위토전[位田]을 떼어주어 관리하게 하였습니다. 그후 관리들이 사목을 준수하지 않아 참봉은 관료를 받지 못하게 되고 중은 위토전을 잃게 되었으니, 지금 마땅히 전례를 조사하여 관료와 위토전을 주게 하소서."라고 하니, 상이 따랐다.

- 인조 18년(1640) 9월 25일

식년式年의 선원신록璿源新錄을 오대산과 태백산에 봉안하였다.

- 효종 8년(1657) 11월 22일

대제학 채유후蔡裕後와 대교 이명익李溟翼을 보내 태백산太白山에다 실록을 봉안했다.

- 현종 2년(1661) 8월 20일

『효종대왕실록孝宗大王實錄』을 태백산太白山과 오대산五臺山에 봉안하였다.

- 현종 2년(1661) 8월 20일

『효종대왕실록』을 강도江都 및 오대산五臺山, 적상산赤裳山, 태백산太白山 등의 곳에 봉안하였다.

• 영조 9년(1733) 10월 5일
『경종실록』, 『선조보감』 등을 태백산에 봉안하였다.

• 영조 25년(1749) 5월 19일
『여사제강麗史提綱』에 공양왕 이하의 판본을 태백산 사고에 보관하도록 명하였다.

• 영조 47년(1771) 4월 10일
태백산 사고에 봉안할 『추감황은편追感皇恩編』을 지영祗迎하였다.

• 영조 1년(1725) 5월 2일
파손된 태백산 사고를 개수하고 포쇄를 행할 것을 청하였다.

• 영조 1년(1725) 10월 13일
어첩御牒 등을 태백산太白山 등에 봉안할 때 본도의 감사가 배왕陪往하지 말도록 분부할 것을 청하였다.

• 영조 5년(1729) 4월 22일
숙묘조肅廟朝의 실록實錄을 태백산太白山 등에 봉안奉安하고 포쇄曝曬할 것을 청하였다.

• 영조 5년(1729) 5월 12일
가을에 숙묘조肅廟朝 실록을 봉안한 뒤 태백산太白山 보록각寶錄閣을 개수하는 일도 겸하여 거행할 것을 청하였다.

• 영조 5년(1729) 9월 15일
선정전에서 상참을 행하는 자리에 우의정 이집李㙫 등이 입시하여, 뇌우가 친 것과 관련하여 입지立志를 요체로 삼아 조정을 바로 세울 것 등을 권면하고, 태백산太白山의 사각史閣을 개수하는 일과 관련하여 사관을 변통하는 문제, 홍제원弘濟院을 이건移建할 시기를 정하는 문제 등에 대해 논의하였다.

• 영조 5년(1729) 9월 18일
본시의 낭청을 우선 내려보내 봉화현奉化縣 태백산太白山의 선원각璿源閣 등의 개수를 얼음이 얼기 전에 마치도록 할 것을 청하였다.

• 영조 9년(1733) 2월 15일
장마가 오기 전에 강화 등의 사각에 사관을 보내 포쇄할 것을 청하였다.

• 정조 14년(1790) 9월 12일
동지춘추관사 민종현 등이 『영종실록』 등을 갖고 태백산 사고로 떠났다

- 정조 20년(1796) 12월 25일
주자소鑄字所에서 인쇄한 『어정사기영선御定史記英選』을 나눠주고 태백산·오대산·적상산 세 산성에 나누어 보관하게 하였다.

- 순조 5년(1805) 3월 15일
태백산太白山의 양각兩閣을 봉심奉審하고 개수할 때 실록實錄의 포쇄曝曬도 겸하여 거행하라고 명하였다.

- 고종 1년(1864) 11월 3일
각화사를 수리하는 일을 공명첩 4백장을 만들어 내려보내 재력을 모아서 거행할 것 등을 청하였다.

태백산사고의 건축양식은 처음에는 선원각璿源閣만이 방삼간方三間 2층 기와집이고 다른 건물은 단층이었으나, 고종 연간에 가서 실록각實錄閣이 2층으로 개축된 것 같다. 수호 사찰은 각화사였고, 따라서 수호총섭守護摠攝도 각화사의 주지가 맡았다. 『여지도서輿地圖書』에 의하면 태백산사고의 수호군은 25인이었다 하나, 시기와 자료에 따라 차이가 난다.

이후의 역사를 살펴보면 다음과 같다.

일제의 주권 침탈 이후 1913년에 태백산사고의 실록을 규장각 도서와 함께 종친부宗親府 자리에 설치한 총독부 학무과 분실로 옮겨 보관하였다. 1930년에 규장각 도서와 함께 경성제국대학으로 옮겼다. 1931년 『조선고적도보』에 수록된 사진에 의하면 실록각 선원각 포쇄각 근천관 등의 건물이 계속 남았음이 확인된다. 건물은 능선에서 둘러싸인 경사진 지형에 남쪽으로 축대를 쌓아 대지를 마련하였다. 담장 동쪽으로 포쇄각, 근천관 등을 따로 두었다. 근천관은 당시 사고 관리를 위해 주재하던 사람들의 생활공간이었다.

국사편찬위원회에서는 1955년부터 1958년까지 태백산사고본 실록을 저본으로 해 축쇄영인본 48책을 간행해 학계에 보급하였다. 그 뒤 태백산사고본 실록은 1985년 3월 부산의 정부기록보존소에 옮겨져 보존되고 있다. 태백산사고는 해방 전·후 불타 없어지고 산사태 등으로 매몰되었던 것을 1988년 발굴하였다.

태백산사고 기문

문인들의 글 속에 태백산사고가 등장한다. 여행 중에 방문하기도 했지만, 대부분 공무를 띠고 사고를 찾았다. 글을 시기별로 살펴본다.

이세귀李世龜, 「유사군록遊四郡錄」, 『양와집養窩集』

이 글은 이세구李世龜, 1646~1700가 1692년에 지은 글이다. 각화사와 사고에 이르는 과정이 자세하다. 각화사가 있는 석현石峴에 이르러서 태백산에 대해 상세하게 논했다. 산세에 대한 논의와 낙동강의 발원지, 경유지를 언급하고 있다. 태백산에서 발원하여 영월로 흐르는 물도 다룬다. 각화사 주변의 지리에 대해서도 자세하다. 전염병 때문에 각화사에 들리지 않고 절에 이르러서는 연대암蓮臺庵을 경유하여 사고로 간다. 다시 암자를 거쳐서 춘양현으로 행한다.

> 15일 병자甲子. 태백산각화사太白山覺華寺를 가려고 동쪽으로 10리를 갔다. 지나다가 안동安東 가마현駕馬峴의 홍이원洪爾遠 집에 들어가 말에게 꼴을 먹였다. 홍씨는 경성사족京城士族인데 일찍이 여주驪州에 살았다. 우생禹生과 동향의 친구다. 서모庶母는 장씨張氏인데 나의 외족外族이다. 이로 인하여 들른 것이다. 홍공洪公은 나이 70여 살로 접대하는 것이 매우 정성스러웠다. 조카는 만제萬齊로 와서 인사를 하였다.
> 또 동쪽으로 20리를 가서 하나의 고개를 넘어 춘양현春陽縣에 이르렀다. 산과 골짜기 안이 갈라져서 들판은 낮고 평평하다. 큰 내가 마을 둘러싸고 흘러간다.

안동의 외창外倉이 있다. 민가가 즐비하여 별세계로 들어가는 것만 같다. 곧 살고 싶은 마음이 있게 한다. 시내를 따라 북으로 십 리를 올라가서 큰 시내를 넘어 석현石峴에 이르니 태백산太白山의 기슭이다. 산길을 가고 가니 그윽한 곳이다.

  물은 흐르다 돌에 부딪히니 맑은 날씨에 천둥소리가 귀에 가득하다. 정신이 맑고 뜻은 원대해지는 것을 깨닫지 못하고 "물소리가 완연한 것이 홍류동紅流洞과 비슷하며, 산의 형세 멀리 지달산枳怛山; 금강산과 구분되네[泉聲宛似紅流洞, 岳勢遙分枳怛山]"라는 구절을 읊었다. 고개 밑 산골 백성 손몽청孫夢淸의 집에서 유숙하였다. 친척들이 조그만 마을을 이루었다. 아우 태일太一과 종제從弟 득청得淸이 모두 와서 인사하는데 정성스러웠다. 산촌의 풍속이 자못 두터웠다. 밤은 고요하고 산은 텅 비었는데 태산太山과 더불어 태백산을 논하였다. 말하길 산맥은 대관령부터 남쪽으로 달리다가 대박산大朴山; 함백산에 이르러 높이 솟아 가장 높은 정상이 된다. 크게 끊어지며 풀어져서 하방현下方峴; 화방재이 되고 또 솟아올라 태백산太白山이 된다. 태백산 높은 곳에 올라가서 대박산을 바라보고 올라가 바라보지 못했다.

  대개 산세는 태백산과 비교하여 더욱 높고 크나 사람의 자취는 일찍이 도달한 적이 없다고 한다. 하방현下方峴의 동쪽은 소외所外다. 소외는 곧 외황지동外黃池洞이다. 외황지의 물은 동에서부터 와서 쏟아진다. 내황지內黃池는 두 개의 근원이 있다. 하나의 근원은 계곡 가운데의 평평한 못에서 솟는다. 속칭 누리수婁里藪라고 한다. 하나의 근원은 대박산大朴山의 화전禾田에서 솟는다. 합류하여 남으로 흐르다 외황지의 물과 합쳐져서 유점鍮店으로 흘러내리고 석문石門을 뚫고 나간다. 석문石門은 큰 바위가 벽처럼 섰는데 위에 가로지른 바위가 있다. 바라보면 다리와 같은데 이름하여 병항瓶項이라 한다. 감상하는 사람은 종종 위에 오른다. 물이 병항瓶項을 지나 내려가서 성포成浦와 율동栗同을 지나가고 예안禮安과 안동安東 사이로 나가는데 낙동강의 상류가 된다. 하방현下方峴의 서쪽은 어평동魚萍洞이다. 골짜기의 물이 북으로 쏟아지다 이내 들판을 흐른다. 덕원德原, 사전蛇田, 녹번祿番, 직실直悉을 흘러가서 영월寧越의 큰 들에 이르러 영월의 큰 강과 합쳐진다. 영춘永春으로 흘러내려가 여강驪江의 상류가 된다. 이것이 태백산 산수의 대략이다. 석현石峴의 북쪽은 각화사覺華寺 계곡이다. 각화사 계곡의 북쪽은 도심동道深洞이다. 도심동부터 북쪽으로 고적현高寂峴을 넘고, 고적현으로부터 또 하방현을 넘으면 삼척 길로 간다.

도심동부터 서북쪽으로 도력현道力峴을 넘으면 영월 길로 간다. 서쪽으로 주슬현奏瑟峴을 넘으면 순흥順興 길로 간다. 예부치禮扶峙를 넘으면 안동安東 내성奈城 길로 간다. 순흥부터 북쪽으로 완항현緩項峴을 넘으면 영춘 땅으로 나간다. 완항현緩項峴의 서쪽은 마아현馬兒峴이다. 마아현의 서쪽은 고치현高致峴이다. 모두 순흥부터 영춘길과 통한다. 고치현의 서쪽은 죽령竹嶺이다. 풍기豊基에서 단양으로 간다. 곧 경상좌도의 큰길이다. 완항현緩項峴 이하로부터 바야흐로 소백산小白山이 된다고 한다.

16일 을축乙丑. 손몽청孫夢淸을 데리고 석현石峴을 넘는데 절벽 길이 매우 험준하다. 바위가 있으며 소나무도 있다. 앞에 큰 시내가 있어 쉴 만하다. 절벽을 내려가 큰 시내를 건넜다. 구불구불 산길을 십 리 가서 각화사 동구에 이르렀다. 나무 그늘을 뚫고 절로 올라갔다. 전염병이 조금 나아졌으나 아직 깨끗하게 낫지 않아 큰 절에 들어가지 않고 오른쪽 연대암蓮臺庵을 찾았다. 길은 적벽이어서 무척 험해서 말에서 내려 지팡이를 짚고 올라갔다. 암자 중에게 조반을 짓게 했다. 중 명혜明慧와 더불어 암자 왼쪽 봉우리의 허리쯤을 올라갔다. 사고史庫를 쳐다보니 절벽에 아득하게 있어서 겨우 가리킬 수 있다. 곧 국가의 역사책을 보관하는 곳이다. 각화사를 내려다보니 선방禪房과 불우佛宇가 계곡의 굽이지고 깊숙한 곳에 자리 잡고 있어 보이지 않는다. 여러 암자가 바위 벼랑에 펼쳐져 있어 드러나기도 하고 숨어 있기도 하다.

대개 이 절은 태백산의 발치 매우 궁벽한 곳에 있어 이 골짜기의 형세는 큰 동이를 쪼개서 곁에 세워둔 것 같다. 절부터 봉우리 밑 골짜기 모든 곳이 십 리쯤 되는 것 같다. 높고 험한 절벽이 섰고 계곡 또한 넓게 펼쳐져서 벼랑과 골짜기가 보였다 사라진다. 모두 기울어진 항아리 가운데 있다. 큰 산은 바라볼 수 없다. 암자로 되돌아와 밥을 먹었다. 암자의 중이 갓김치를 권했다. 매운 기운이 코를 찔러 가벼운 힘[輕筋]을 느끼지 못했다. 갓김치 담그는 법을 물었다. "끓는 물에 조금도 손을 대지 않고, 놋쇠 그릇 안에 산갓을 넣고 담근 다음에 끓이되 소금과 메주를 넣지 않습니다. 그릇 입구를 막아서 새는 기운을 막고 그것을 따뜻한 방에 둡니다. 손님을 보고서도 오래 담궜다가 메를 올릴 때 드릴 수 있다. 먹을 때 묽은 간장과 같이 먹으면 맛은 더욱 맵습니다." 말할 때 조금 이르고 높은 곳이라 얼음과 눈이 아직 풀리지 않아서 푸른 옥과 자줏빛 옥의 나물을 캘 수 없다. 자줏빛 옥은 곧 이른 바 자줏빛 영지버섯이다. 태백을 유람할 때 자지紫芝를 맛보지 못하였으니 또한 흠이 되는 일이었다. 다음 해를 기다린다. 절 앞으로 걸어 내려가 말을 타고 계곡을 나왔다. 명혜明慧가 전송하려 계곡 입구까지 이르렀다. 큰 시냇가 도심동으로 다시 돌아왔다. 주민 이오십李五十이 산까지 쫓아와 인사를 했다. 배나무 아래서 말을 쉬게 했는데, 술 한 잔을 권했다. 석현石峴을 넘어 청몽夢淸과 작별했다. 춘양현春陽縣으로 돌아오니 모두 20리를 걸었다.

신정하申靖夏, 「태백기유太白紀遊」, 『서암집恕菴集』

포쇄를 다녀올 경우, 사관들은 왕래 사이에 있었던 일정과 사건, 상황을 종종 시나 일기 등의 기록으로 남겼다. 숙종 때 검열을 지낸 신정하申靖夏, 1680~1715는 포쇄 기행문인 「태백기유太白紀遊」와 시문 「포사曝史」를 남겼다. 「태백기유」에는 1709년(숙종 35) 8월 15일부터 9월 13일까지 봉화 태백산에 있는 사고에서 포쇄한 상황을 생생히 묘사하였다.

24일 임술, 태백사각太白史閣을 향해 출발했다. 이날 일찍 서리가 내려 골짜기 길이 추웠다. 처음 말을 탈 때 겹옷을 입었으나 갑자기 태백이 청량하다고 생각했다. 단풍나무 색은 좋으니 생각은 들떴으나 때마침 골짜기의 밭에서 망가진 이삭과 껍데기를 안고 우는 자를 보니 매우 안타까웠다. 정오가 되기 전에 산 아래에 도착했다. 중들 수십 명이 가마를 들고 기다린다. 각화사覺華寺를 올려다보니 아득히 산허리에 있다. 사각史閣은 각화사의 위에 있다. 골짜기 입구부터 말에서 내려 가마로 갔다. 높은 숲이 길 양옆에 있는데 가지가 무성해 하늘을 볼 수 없다. 시내를 따라 10여 리 갔다. 물방아가 되어 울리는 소리가 매우 구슬펐다. 길이 끝나자 비로소 산문山門이다.
절에는 다른 볼만한 것이 없다. 건물은 50칸에 가깝고 거주하는 중은 수백 명이 넘는다. 주방과 창고, 측간과 욕실, 낭원廊院: 건물과 건물을 연결하는 길을 정원처럼 꾸민 건축형식이 접해있다. 중들은 다른 괴로운 노역이 없다. 산에서 내려가지 않아도 의식에 여유가 있다. 대개 사각史閣을 지켜서 관청이 보호하는 것이 많기 때문이다. 성민性敏이란 자는 시를 모으는 것이 매우 많았다. 이광중李光仲, 이희경李熙卿의 시를 가지고 와서 알현했다. 함께 말하는 것이 좋았다. 밥을 먹은 후

가마로 사각으로 올라가는데 돌길이 위험했다. 두레박을 타고 올라가는 것 같다. 잠시 있다 나무 끝에 채색한 서까래가 날개를 펴고 날아가는 듯한 것이 보이니 사각이다. 사각은 담장으로 둘러싸여 있고 담장 동쪽에 한 채 건물이 있으니 연선대蓮僊臺다. 사관史官이 역사책을 포쇄할 때 머무는 곳으로 근무하는 참봉參奉이 늘 있는 곳이다. 수승守僧으로 머물러있는 자와 사각 밖에서 네 번 절하고 자물쇠를 열고 살핀 후 연선대에서 유숙하였다. 연선대 서쪽에 나무를 파서 물을 끌여 들여 두 개의 큰 물통에 받는다. 졸졸졸 물소리를 들을 만하다. 밤에 집에 편지를 써서 역졸에서 부쳤다.

25일 계해癸亥. 연선대蓮僊臺에서 포쇄를 하였다. 며칠 동안 날씨가 맑고 기온이 따뜻하며 구름 한 점 없다. 종일 관복을 입고 섬돌에 앉아 책자를 포쇄하였다. 조용하여 사람 소리 없고 때로 날아가는 새가 그림자를 드리울 뿐이었다.

26일 갑자甲子. 포쇄를 하였다. 연선대에서 일찍 일어나 남쪽의 여러 산을 바라보니 굽이쳐 흐르는 모양이 파도가 내달리는 것 같다. 청량산 12봉우리의 빼어난 색이 특이하다. 서로 부르는 것 같다. 일찍이 옛 동료 이광중李光仲이 은선대의 이른 아침의 경치를 기록한 것을 보았는데, 일찍 일어나 청량산을 보니 구름이 일어나 잠깐 사이에 여러 산의 발치까지 두루 덮어서 바로 은색 바다를 이루니, 일생에 이러한 기이한 볼거리가 없었다고 여겼다. 이광중이 구름의 풍경을 과장한 것이 이와 같았다. 나는 구름이 없어도 기이하다고 생각했다. 조물주가 짐짓 이런 전후의 두 경치를 베풀어서 우리 두 사람에게 제공한 것이다. 생각건대 우연이 아닌 것 같다. 처음에 산으로 들어가 황지黃池를 보려고 했으나 사각史閣과의 거리가 이백여 리가 되어 멀고 산에 범과 늑대가 많아 감히 가지 못하였다. 밤 자리에 이가 많아 잠을 잘 수 없었다. 불로 쫓아냈으나 잠깐 사이에 다시 왔다. 드디어 베개를 버리고 일어나 앉아 중에게 촛불을 잡게 하고, 시를 쓰며 밤을 새웠다. 잠을 즐겼기 때문에 특별히 고통스럽다.

27일 을축乙丑 포쇄를 하였다. 사각 위 누대에 궤짝에 36개 넣는 것을 끝냈다. 예전과 같이 봉인하여 표시했다. 아침에 남여藍輿를 타고 정상에 올랐다. 새 소리가 모두 발아래 들린다. 중이 말하길 날씨가 쾌청하면 울릉도를 볼 수 있다고 한다. 이날 구름이 끼어 볼 수 없었다. 잠시 후에 바람이 숲에 부니 큰 나무가 세차게 흔들린다. 종자가 각기 큰 돌을 껴안고 스스로 안정하였다가 바람이 그치기를 기다려 천천히 내려왔다. 금선암金僊庵에 들렸는데 암자는 절벽 위에 있었다. 나무껍질로 덮고 불기운은 없어 거의 사람이 살 곳이 아니다. 중이 허름한 승복을 입고 인사를 한다. 나보다 먼저 방문하여 이곳을 지난 자를 물으니 없다고 한다. 깊숙하다는 것을 알 수 있다. 벽 아래 우물이 있는데, 맑아서 머리털을 비출 수 있다. 중이 말하길 장마가 지나 가물어도 넘치거나 줄어듦이 없다고 하니 기이하다.

돌계단을 따라 5리를 내려왔다. 담쟁이 드리워진 곳을 지나다 가마 위로 손으로 머루를 따서 먹었다. 입으로 들어가니 녹는 것이 달콤하기가 죽 같다. 내가 일찍이 여러 과일을 품평했는데 머루를 다래 위에 두었다. 조카 방昉은 그렇지 않다고 한다. 대개 나는 맛에 대해 맑음[淸]을 취하는데, 방昉은 두터움[厚]을 취한다. 매번 술과 안주를 차려놓은 그릇이 오면 나는 반드시 먼저 과일을 들고 방昉은 고기를 잡으니 대개 입의 성질이 그런 것이다. 방昉이 다래를 놓지 않는 것은 고기 기운이 있기 때문이다. 머루를 따 먹을 때 홀연히 방昉이 예전에 했던 말이 생각났으나 입 안에서 냠냠 하는 시끄러운 소리를 깨닫지 못했다. 서운암棲雲庵을 지날 때 컴컴해졌다.

각화사로 내려와 불전佛殿 서쪽 요사채에서 잤다. 등불은 밝고 풍경은 때때로 울린다. 마음이 깨끗해져서 잠을 이룰 수 없다. 예전에 농암農巖 선생의 시를 봤는데 "일어나 향반 있나 물어본다오[自起問香盤]"[10]가 있는데 향반香盤이 어떤 물건인지 알지 못했다. 이 절에서 향반을 봤는데 나무를 깎은 것이 대략 쟁반과 같고 둥글게 깎아내어 오목하다. 새끼 줄을 맨 것 같은 것이 다섯 마디이다. 그 가운데에 향 부스러기를 펼쳐서 불태웠다. 매번 한 마디를 다하니 곧 절의 경쇠가 소리를 낸다. 누워 푸른 연기가 탁자 위 불상을 에워싸는 것을 보았다. 한참 지나 향이 다해 연기가 사라지자 새벽종이 이미 울렸다. 이 밤은 마침 졸지 않고 이것을 볼 수 있었으니 또한 기쁜 일이다.

28일 병인丙寅. 일찍 일어나 동선암東僊庵을 방문했다. 바위가 험하여 계단을 밟고 올라갔다. 때마침 소나무 사이로 단풍나무 잎이 붉은 것을 보니 마음을 기

---

10 김창협, 「이튿날 비로소 덕주사에 올라보니 지대가 높고 그윽하기가 무량사에 비할 정도가 아니었다. 이날 밤 지장보살(地藏菩薩)을 모신 작은 방에서 유숙하는데 두 승이 있어 함께 지냈다. 하산하려 할 적에 천원 상인(天遠上人)이 종이를 꺼내어 시를 청하므로 이 시를 써서 주다」, 『농암집』에 실려 있다.

쁘게 한다. 절에 도착하니 굉륵宏勒이 종이와 붓을 가지고 와서 시를 구한다. 글을 써서 주길, "그래도 기쁜 것은 만나서 시를 구하니, 나를 보고 관리로 보지 않는구나[猶喜相逢乞詩處。免敎看我作官시]"[11]라고 했다. 중이 말하길 "이것이 무슨 뜻입니까?" 내가 웃으며 말하길 "함께 형해를 잊고 스승을 맺어 방외우가 되고자 하니, 나의 영광이고 편하다"라는 것입니다. 중이 웃으며 머리를 끄떡였다. 해가 지자 산에서 내려와 봉화奉化로 돌아왔다. 잠시 길가 한수정寒水亭에 앉았다. 정자는 권씨 성의 사람의 소유다. 시내에 임하여 난간을 설치했는데 화려하며 깨끗한 것이 마음에 들었다. 난간 아래 피라미가 밥 던져준 것을 모여서 먹다가 사람의 그림자를 보고 피한다. 낮에 객관客館에 이르러 숙박했다.

강재항姜再恒, 「태백산기太白山記-병서幷序」, 『입재유고立齋遺稿』

강재항姜再恒, 1689-1756은 각화시기 있는 춘양현 법전리에서 태어났다. 학행으로 천거되어 장작감감역將作監監役에 임명되었고, 이어 의영고주부義盈庫主簿 · 경조부주부京兆府主簿 · 회인현감懷仁縣監 등을 역임하였다. 1710년에 태백산을 유람할 기회를 얻어서 사고에는 도착했지만, 깊숙이 간직되어 있어 볼 수 없어서 이곳저곳 다니면서 사방을 둘러보다가 마음에 느낀 바를 기록하였다.

기축년(1709) 가을 7월 4일. 내 나이 스물한 살 때 태백산을 유람하며 사고에 보관된 국사國史를 살펴보려 하였지만, 비 때문에 가지 못하였다. 다음 해 가을 9월에 마침내 사고에는 도착했지만, 깊숙이 간직되어 있어 볼 수 없어서 이곳저곳 다니면서 사방을 둘러보다가 마음에 느낀 바를 기록하여 기문으로 삼는다.
국사를 명산에 보관하는 것은 유래가 오래되었다. 신농씨 이전은 내 알지 못하지만, 문자가 만들어진 이후부터는 항상 그러하였다. 우임금은 물길을 트고 땅

---

11 신정하(申靖夏), 「又應宏勒上人求詩」, 『서암집(恕菴集)』 "崖深雨冷木皮屋。歲暮僧淸松葉身。猶喜相逢乞詩處。免敎看我作官人."

을 고르게 하고서 국사를 회계산에 보관하였다. 은나라와 주나라의 국사도 모두 명산에 보관하였으며, 한나라 때 『태사공서太史公書』는 부본副本을 경사京師에 보관하였으니, 국사를 명산에 보관하는 것은 유래가 오래되었다.

좌사左史는 언행을 기록하고 우사右史는 사건을 기록하는데 언행은 『상서尙書』가 그것이요, 사건은 『춘추春秋』가 그것이다. 전모典謨의 가르침은 밝기가 해와 별 같아서 진실로 후대 제왕들이 본받는 것이다. 『춘추』의 기록은 잘한 것은 상 주고 잘못한 것은 벌주며 어진 사람을 등용하고 못난 사람을 물리치며, 난신亂臣을 목 베고 적자賊子를 토벌하여 혼란한 세상을 다스려 바로잡았으니, 실로 전모의 가르침에 부끄러움이 없다.

훗날의 『태사공서』는 위로는 요임금과 순임금으로부터 아래로는 전한前漢의 경제景帝와 무제武帝에 이르기까지인데, 그 중간에 춘추시대의 일을 가장 자세히 서술하였다. 『사기』의 문장은 간결하고 논함은 깊이가 있으며, 언행을 모으고 사건을 갖추어 아름다운 것은 빠뜨리지 않고 잘못된 것은 숨기지 않았기 때문에, 양웅揚雄은 태사공이 훌륭한 사관으로서 재능이 있다고 칭송하였고, 이청신李淸臣과 진관秦觀 모두 『춘추』를 잘 계승한 것이라고 여겼는데, 우리나라의 『실록』만 유독 명산에 보관할 수 없단 말인가?

우리 조선은 국초부터 국가나 왕실의 중요한 기록을 명산대곡名山大谷에 보관했는데, 마니산摩尼山, 구월산九月山, 적상산赤裳山이 이것이다. 그 후 여러 임금이 계승하며 가르침이 더욱 많아지면서 선조宣祖 임금에 이르러 다시 오대산五臺山과 태백산太白山에도 보관하였는데, 두 산은 우리나라에서 손꼽히는 명산인 데다가 국가나 왕실의 중요 문서를 더하여 보관하게 되었으니 만세의 표준이 될 것이다.

성인의 가없는 근심이 어찌 보통 사람들의 근심과 같겠는가. 그들의 문장은 곧 역사이고 그들의 언행은 곧 여러 임금이 이어 전한 가르침이며, 그들의 사건은 300년의 예악형정禮樂刑政이 거기에서 나온 것이니 후세에 드리운 뜻이 어떠하겠는가?

나는 말한다. 송나라 사람이 "역사는 사건이니, 사건의 옳고 그름을 기록하여 군자에게는 권장함을 알게 하고 소인에게는 두려움을 일게 한다"라고 하였으니, 어찌 옳지 않겠는가? 당우삼대唐虞三代의 예악禮樂과 정벌征伐은 천자로부터 나와서, 여기서 육교六敎가 베풀어지고 팔형八刑이 더해졌다. 봄이 만물을 자라게 하고 가을이 만물을 마르게 하며, 양이 열고 음이 닫는 하늘의 공덕을 따르고 백성들의 품성을 순화시키니. 어진 사람이 복록을 받고 어질지 않은 사람이 벌을 받아 간특한 자가 일어나지 못하게 하였다. 그러므로 칭송하는 소리가 넘쳐 흘러 전모典謨의 가르침이 일어나게 되었고, 집필하는 사관 또한 모두 문채와 바탕이 조화를 이룬 군자였으며, 집필하는 사관史官 또한 모두 문채와 바탕이 조화를 이룬 군자였으며, 그가 성인이 역사를 기록한 방법을 알았기 때문에 기록한 것이 상세하고 포함된 것이 광대하였다.

지금은 훌륭한 임금이 위에 계시고 현명한 사람들이 조정에 가득하여 아뢰는 것이 모두 좋은 계책이고 논의하는 것이 모두 좋은 방법이므로, 거의 임금과 신하가 격의 없이 토론하던 요순시대에 가까워졌다. 그런데 오히려 은택이 아래에까지 미치지 않고 교화가 열흘을 넘기지 못해서 백성이 알맞은 자리에 있지 못하는 것은 무슨 까닭인가?

지난날 주나라 왕실이 쇠약해지고 훌륭한 임금이 나타나지 않아서 큰 덕이 지극히 쇠미해지자 공자는 『춘추』를 지어 모든 왕이 바꿀 수 없는 큰 법칙으로 삼았다. 그러므로 맹자는 "『춘추』를 지으시자 난신적자亂臣賊子가 두려워하였다"라고 하였으니, 훗날 역사를 쓰는 사람도 또한 『춘추』에서 배워야 하지 않겠는가? 만약 그러하다면 어찌 『춘추』의 쓸 것은 쓰고 뺄 것은 빼는 뜻을 잡지 않고서 지금에 시행할 수 있겠는가? 가령 성인이 되어 왕도정치를 행하고 중화를 높여 오랑캐를 물리치며, 은나라의 수레를 타고 주나라의 면복을 입으며 하나라의 책력을 쓰고 소악韶樂의 춤을 추며 정나라의 음악을 추방하고 말만 잘하는 사람을 멀리하면, 『춘추』이면서 삼대三代이고 당우唐虞여서 전모典謨의 가르침이 일어남을 거의 지금 세상에서 볼 수 있을 것이니, 어찌 저 한나라 태사공뿐이겠는가?

홍경모洪敬謨,「태백산포사기太白山曝史記」,『관암전서冠巖全書』

홍경모洪敬謨, 1774~1851의 「태백쇄사기太白曬史記」는 태백산 사고史庫에 소장된 실록에 관한 기록으로, 실록 저장에 관한 실태를 알 수 있다. 1810년 태백산 사고의 실록을 포쇄曝曬하고 귀로에 사군四郡을 유람했다.

국조실록國朝實錄이 완성되면 외사고外史庫에 저장한다. 대개 저장하는 곳은 명산이라는 뜻이다. 국초에는 충청忠淸의 충주忠州, 경상慶尙의 성주星州, 전라全羅의 전주全州와 서울의 춘추관春秋館에 보관하였다. 선조 때 임진란에 혹 전쟁으로 잃게 되고 혹 병화로 불탔는데, 오직 전주만 병화를 면하였다. 난리가 평정된 후 강화江華의 정족산성鼎足山城으로 옮겨 놓았다. 계묘癸卯에 이르러 비로소 국국을 설치하여 다시 찍어서 춘추관春秋館과 관서關西의 영변묘향산寧邊妙香山, 영남嶺南의 봉화태백산奉化太白山, 관동關東의 강릉오대산江陵五臺山에 나누어 보관하였다. 뒤에 묘향산의 땅이 중국과 가까워 호남湖南의 무주적상산성茂朱赤裳山城에 옮겨 보관하였다. 매번 3년마다 사관을 보내 봉심하고 포쇄하도록 하였다.

순조 10년 경오庚午에 3년의 차례가 되어 신은 좌사左史 명을 받들어 9월 18일 역마를 타고 달려서 봉화奉化의 태백산사각太白山史閣에 이르렀다. 사각은 태백산 산록에 있다. 곁에 선원각璿源閣이 있는데 명종明宗 원년 병오丙午에 창건했다. 참봉參奉 2인과 승군僧軍 3명이 지키고 있다. 신은 공복公服을 갖추고 선원각과 사각에 제사를 드리고, 사각을 열고 봉심했다. 사각의 위층 누각에는 열성조列聖朝 실록, 어제御製와 지장誌狀을 봉안했다. 아래 누각에는 도감의궤都監儀軌와 선배先輩 문집文集을 보관하였다. 차례로 선원각을 열고 누대에 올라가 선원보첩璿源譜牒을 봉심하였다. 이날 산안개가 있고 구름 끼고 습하여 햇볕에 말리지 못하였다. 사각 아래에 머무르며 잤다. 다음날 늦게 날이 맑아졌다. 승군僧軍에게 실록을 내어오게 하여 사각 뜰에서 포쇄하였다.

제1 상자는 태조조실록太祖朝實錄 3책, 정종조실록定宗朝實錄 1책, 태종조실록太宗朝實錄 16책 합해서 20책이다.

제2 상자는 세종조실록世宗朝實錄 20책이다.

제3 상자는 세종조실록世宗朝實錄 24책이다.

제4 상자는 세종조실록世宗朝實錄 23책 문종조실록文宗朝實錄 6책, 단종조실록端宗朝實錄 5책 부록附錄 1책 총 35책이다.

제5 상자는 세조조실록世祖朝實錄 18책 예종조실록睿宗朝實錄 3책 합 11책이다.

제6 상자는 성종조실록成宗朝實錄 20책이다.

제7 상자는 성종조실록成宗朝實錄 20책이다.

제8 상자는 성종조실록成宗朝實錄 7책, 연산군일기燕山君日記 17책 합 24책이다.

제9 상자는 중종조실록中宗朝實錄 18책이다.
제10 상자는 중종조실록中宗朝實錄 15책이다.
제11 상자는 중종조실록中宗朝實錄 15책이다.
제12 상자는 중종조실록中宗朝實錄 5책, 인종조실록仁宗朝實錄 2책, 명종조실록明宗朝實錄 7책 합 14책이다.
제13 상자는 명종조실록明宗朝實錄 14책이다.
제14 상자는 선조조실록宣祖朝實錄 13책이다.
제15 상자는 선조조실록宣祖朝實錄 13책이다.
제16 상자는 선조조실록宣祖朝實錄 13책이다.
제17 상자는 선조조실록宣祖朝實錄 13책이다.
제18 상자는 선조조실록宣祖朝實錄 13책이다.
제19 상자는 선조조실록宣祖朝實錄 13책이다.
제20 상자는 선조조실록宣祖朝實錄 13책이다.
제21 상자는 선조조실록宣祖朝實錄 13책이다.
제22 상자는 선조조실록宣祖朝實錄 12책이다.
제23 상자는 선조조실록宣祖朝修正實錄 8책이다.
제24 상자는 인조조실록仁祖朝實錄 13책이다.
제25 상자는 인조조실록仁祖朝實錄 12책이다.
제26 상자는 인조조실록仁祖朝實錄 12책이다.
제27 상자는 인조조실록仁祖朝實錄 13책이다.
제28 상자는 효종조실록孝宗朝實錄 11책이다.
제29 상자는 효종조실록孝宗朝實錄 11책이다.
제30 상자는 효종조실록宗朝實錄 12책이다.
제31 상자는 현종조실록顯宗朝實錄 11책이다.
제32 상자는 현종조실록顯宗朝改修實錄 10책이다.
제33 상자는 현종조실록顯宗朝改修實錄 10책이다.
제34 상자는 현종조실록顯宗朝改修實錄 8책, 행장行狀 1책이다.
제35 상자는 숙종조실록肅宗朝實錄補闕 10책이다.
제36 상자는 숙종조실록肅宗朝實錄補闕 10책이다.
제37 상자는 숙종조실록肅宗朝實錄補闕 10책이다.

제38 상자는 숙종조실록肅宗朝實錄補闕 10책이다.
제39 상자는 숙종조실록肅宗朝實錄補闕 10책이다.
제40 상자는 숙종조실록肅宗朝實錄補闕 10책이다.
제41 상자는 숙종조실록肅宗朝實錄補闕 13책이다.
제42 상자는 경종조실록景宗朝實錄 7책이다.
제43 상자는 경종조실록景宗朝改修實錄 3책이다.
제44 상자는 영종조실록英宗朝實錄 12책이다.
제45 상자는 영종조실록英宗朝實錄 11책이다.
제46 상자는 영종조실록英宗朝實錄 11책이다.
제47 상자는 영종조실록英宗朝實錄 9책이다.

합 47상자 648책이다. 일일이 먼지를 턴 후 붉은 보자기로 바꾸어 넣었다. 궁창芎䓫 등 좀을 제거하는 물건을 다시 사각에 넣었다. 다음 날 아침 안개가 자욱하여 오후에 꺼냈다.

제48 상자는 영종조실록英宗朝實錄 9책이다.
제49 상자는 영종조실록英宗朝實錄 10책이다.
제50 상자는 영종조실록英宗朝實錄 10책이다.
제51 상자는 영종조실록英宗朝實錄 11책이다.
제52 상자는 영종조실록英宗朝實錄 8책이다.
제53 상자는 정종조실록正宗朝實錄 7책이다.
제54 상자는 정종조실록正宗朝實錄 8책이다.
제55 상자는 정종조실록正宗朝實錄 7책이다.
제56 상자는 정종조실록正宗朝實錄 7책이다.
제57 상자는 정종조실록正宗朝實錄 8책이다.
제58 상자는 정종조실록正宗朝實錄 7책이다.
별도 제1 상자 광해군일기光海君日記 중초中草[12] 32책이다.
별도 제2 상자 광해군일기光海君日記 중초中草 32책이다.

합 13상자 157책이다. 어제어필御製御筆 지장보감誌狀寶鑑 합 12상자다. 먼지

---

12 중초(中草): 사초를 뽑을 때 초초를 보충하고 수정하여 다시 쓴 원고를 이르던 말.

를 털고 좀을 제거했다. 어제 그대로 했다. 아울러 다시 안치하였다. 곧 봉한 후 걸고, 신근봉臣謹封이라 적었다.

    22일. 사각과 선원각 외문外門을 인봉印封하였다. 봉화현으로 돌아와 잤다.

    10월 12일. 복명復命하였다.

홍경모洪敬謨, 「함명일승銜命日乘」, 『관암전서冠巖全書』

「함명일승銜命日乘」은 나라의 명을 받들고 견문한 내용을 중심으로 작성한 일기다. 좌사左史 명을 받들어 1810년 9월 18일 역마를 타고 달려서 봉화의 태백산사각에 이르렀다. 참봉參奉 2인과 승군僧軍 3명이 지키고 있다. 홍경모는 사각을 열고 봉심했다. 사각의 위층 누각에는 열성조列聖朝 실록, 어제御製와 지장誌狀을 봉안했다. 아래 누각에는 도감의궤都監儀軌와 선배先輩 문집文集을 보관하였다. 차례로 선원각을 열고 누대에 올라가 선원보첩璿源譜牒을 봉심하였다. 승군僧軍에게 실록을 내어오게 하여 사각 뜰에서 포쇄하였다. 「함명일승銜命日乘」 중 태백산사고와 관련된 부분만 발췌하였다.

    경오庚午. 새벽이 되어서 출발해서 20리를 갔다. 순흥부사順興府使 이득양李得養이 경계로 마중 나왔다. 청학정靑巖亭에 올랐는데 정자는 못 안에 있다. 소나무와 돌이 맑고 그윽해서 은자가 노닐 만한 곳이다. 이곳은 충정공忠定公 권발權橃의 옛집이다. 봉화현奉化縣에서 점심을 먹었다. 각화사覺華寺 중 지연智衍 등 십여 명이 와서 맞이했다. 절의 계곡 밖에 이르러 말에서 내려 가마를 탔다. 날이 저물어 횃불을 밝히고 갔다. 좌우로 층진 언덕과 소나무와 전나무가 빽빽했다. 다만 콸콸 물소리만 들리고 불빛은 단풍나무에 비쳐 빛날 뿐이다. 절에서 잤다. 절의 기록에 이르길, 절은 태백산에 있으며 예전에 남화사覽華寺인데 람覽과 각覺의 글자가 서로 비슷하여 잘못 구분하여 각화覺華라 하였다고 하나 고찰할 수 없다고 한다.

    신미辛未. 석실石室 함명록銜命錄에 이름을 적었다. 가마로 사각史閣에 올랐다.

사각은 절과 10리 떨어져 있는데, 험하여 오르기 어려웠다. 비탈길을 올라 겨우 발을 디뎠다. 정당正堂 두 칸은 태백산 산록에 붙어있는데 제도가 매우 좁았다. 선원각璿源閣은 옆에 있다. 공복公服을 갖추어 두 각을 봉심奉審하고 선생안先生案에 이름을 적었다.

임신壬申. 여러 왕의 실록 648책冊을 포쇄曝曬하였다.

계유癸酉. 실록 157책을 포쇄했다. 다시 봉안을 하고 봉쇄했다. 태백산에 올라갔다. 산은 강원도 오대산부터 조산祖山에서 갈라져 나와 줄기를 달리하여, 두 도 사이에 웅장하게 솟아올라 하늘 끝에 이르렀다. 위로는 도성과 접하여 조령 죽령의 울타리가 되고, 아래로는 관해關海를 제어하여 동남의 군읍의 근본이 되었다. 이것은 곧 국가의 보장이다. 한 도의 큰 도국圖局이다. 풍수가가 말한 하늘에 가득한 수성水星을 바라보니 덕이 천년 있는 것 같고, 병화兵火가 들어오지 못하는 곳이다. 때가 저물녘이어서 앞으로 갈 수 없다. 조금 가운데 산록에 앉아 있으니 오히려 멀리 바라볼 수 있다. 시야는 다함이 있으나 바라보는 형세는 무궁하다.

갑술甲戌. 사각史閣과 선원각璿源閣을 봉하고 계를 올려 봉행한 상황을 알리는 서장을 올렸다. "신은 9월 11일에 명을 받들어 경상도慶尙道 봉화현奉化縣 태백산사각太白山史閣에 이르렀습니다. 9월 19일 창고를 열고 살피며 점검한 후에 여러 성조의 실록 58상자, 어제어필御製御筆, 지장보감誌狀寶鑑 총 20상자를 꺼내서 포쇄를 실시했습니다. 연산군일기燕山君日記, 광해군일기光海君日記 2상자도 또한 포쇄를 마쳤습니다. 좀을 물리치는 등속을 함께 상자 가득 넣었습니다. 덮개 등의 물건을 그대로 두기도 하고 고치기도 했습니다. 사각 내외는 따로 큰 상처가 없고 창호의 틈에 일일이 메꾼 후 다시 봉안을 했습니다. 금번에 봉행하러 와서 대왕대비전大王大妃殿의 가상존호도감의궤加上尊號都監儀軌 1책, 정순왕후부묘도감의궤貞純王后祔廟都監儀軌 1책을 보관하여 두었습니다. 신은 이에 돌아가고자 하는 이유를 밝힙니다. 황송하게 치계馳啓를 올립니다." 봉하여 보낸 후 다시 각화사로 내려갔다. 늦게 봉화奉化의 봉서관鳳棲館에 머물렀다.

한시 속 태백산사고

문인의 문집 속에 태백산사고와 관련된 산문만 있는 것이 아니라 한시도 수록되어 있다. 포쇄를 떠나는 사신을 배웅하면서 시를 짓는다. 임무를 수행하기 위해 사고로 가는 도중에 시를 짓기도 한다. 직접 포쇄한 경험을 읊기도 한다. 사고에 딸린 건물에 대한 시도 보인다.

김수항金壽恒, 1629~1689은 「청호靑湖 이어른[李丈]이 선왕의 실록을 받들어 태백산으로 향하기에 느낀 소회를 써서 주다」를 『문곡집文谷集』에 남겼다.

풍악 소리 울리며 꽃무늬 가마 인도하는데　簫鼓喧喧導彩轝
의장대 우러러 바라보니 눈물이 가득했지　悅瞻仙仗淚盈裾
교산橋山에 벌써 삼 년 동안 풀 자랐고　橋山已宿三年草
석실에 선대왕의 실록을 새로 봉안하네　石室新藏萬世書
하늘 같으신 은덕을 언제 잊으리오만　戴德如天何日忘
이 생애에선 도저히 갚을 길 없어라　酬恩無地此生餘
끝없이 바라보며 마음이 아픈 건　相看脈脈傷心處
조정에서 모시던 옛 모습 기억나서네　却憶聯翩侍玉除

청호靑湖는 이일상李一相, 1612~1666의 호이다. 이정구李廷龜의 손자이자 이명한李明漢의 아들로, 삼대가 홍문관 대제학을 지냈다. 석실石室은 실록을 보관하는 사고를 뜻한다.

남유용南有容, 1698~1773의 「내한內翰 김사적金士迪-한철漢喆-이 태박산에 포사[13]하러 가는 것을 보내다」도 포쇄의 임무를 수행하러 떠나는 관리를 보내며 지은 시이다.

13　포사(曝史) : 사고(史庫)를 점검하면서 습기에 젖거나 좀먹은 서적들을 바람에 쐬고 볕에 쬐어 말리는 것을 말하는데, 혹은 포쇄(曝曬)라고도 한다.

옛날과 지금 평화로운 일 어렵고 　今古難平事
음양은 성함과 쇠함을 대신하네 　陰陽代慘舒
백 세의 뜻을 곰곰이 생각해보니 　商量百世意
기강紀綱은 한결같은 왕의 책이네 　綱紀一王書
높은 곳에서 금궤金匱를 살펴보며 　縹紗窺金匱
온화한 모습으로 석거石渠를 걷네 　雍容步石渠
그대 큰 포부 있다 들었으니 　聞君大抱負
노력하되 권세와 부귀 삼가하길 　努力愼權輿

　금궤金匱는 한 고조漢高祖가 공신들의 공훈을 적은 단서철권丹書鐵卷을 금궤에 담아서 석실石室에 보관했던 데서 온 말이다. 국가의 비서를 간직한 궤이다. 석거石渠는 한나라 때에 비서를 간직하고 군신이 강론하던 건물의 이름이다. 이밖에 윤봉조尹鳳朝, 1680~1761의 「한림 김한철金漢喆이 태백산에 포사하는 것을 보내며」도 있다.
　임금의 명을 받은 사신은 태백산사고를 향한다. 조두순趙斗淳, 1796~1870이 지은 「산에 오르다-사각史閣이 있다-」는 사고로 가기 위해 각화산을 오르는 과정을 노래한 것이다. 『심암유고心庵遺稿』에 실려 있다.

산에 오르는 건 바둑돌 쌓는 것 　上山若絫棋
한 번 물리면 모든 공 무너지네 　一退廢全功
조금 구부리면 나아가지 않고 　尺寸勾不前
다섯 섬 활을 당기는 것 같네 　如挽五石弓
앞발은 뒤통수를 능가하니 　前趾凌後顱
망령되이 고니와 벌레에 비기네 　妄擬鵠與蟲
성명性命을 어찌 가볍게 여기나 　性命那可輕
잽싸게 공工을 말하지 말길 　趨捷休言工
반걸음에도 안위安危가 있으니 　跬步有安危

느리고 빠른 것 같은 곳에 돌아가네 徐疾竟歸同
구름과 비는 스스로 흥이 있으니 雲雨所自興
내 지금 처음과 끝을 연구하네 我今究始終
부촌膚寸은 적삼 소매에 있으니 膚寸在衫袖
바위에 내리는 눈 눈 아래 흐릿하네 巖霏眼底濛

사고에 오르는 과정의 어려움이 잘 나타났다. 오석궁五石弓은 다섯 섬의 무게를 드는 힘을 써야 활시위를 당길 수 있는 활을 뜻한다. 앞발이 뒤통수를 능가한다는 것은 경사가 급한 것을 보여준다.

어렵게 사고에 도착했다. 곽종석郭鍾錫, 1846~1919은 「사고史庫」를 짓는다. 『면우집俛宇集』에 실려 있다. 신정하申靖夏, 1680~1715는 본격적으로 책을 꺼내 볕에 말린다. 「사서를 볕에 말리다」는 포쇄 과정을 보여준다.

구름사다리로 선경에 오르니 雲梯躡丹壑
높은 곳 황제 자리 통하네 高處通帝座
어둑한 숲에 보각寶閣 보이고 陰森見寶閣
단풍과 솔 좌우로 벌려있네 楓杉羅右左
옥함[瑤函]은 상서로운 구름이 봉하고 瑤函靄雲封
옥판寶閣은 선령僊靈이 보호하네 玉版僊靈衛
지치至治는 인을 이루고 至治成仁際
문물文物은 선세宣世를 밝히네 文物明宣世
밝은 열성列聖의 책 昭昭列聖編
깊이 저장해 가운데 있네 深藏向此中
내 임금의 조서를 들고 我來啣丹詔
말 타고 가을바람 빗겼네 駔騎橫秋風
재배하고 자물통 열어 再拜手啓鑰
연대蓮臺 가에서 포쇄를 하네 曝之蓮臺畔
금 상자 삼십육 개 金箱三十六

밝은 태양은 중천에 떴네　白日當天半
지나간 바람은 때로 헤치고　過風時與披
지나간 새는 홀연히 그림자 남기네　度鳥忽遺影
서책 중에 때때로　時於簡編中
시비는 절로 통했네　是非獨自領
내 욕되게 사직史職을 맡아　而我忝史職
스스로 돌아보니 동필彤筆 부끄러워　自顧慙彤筆
마음을 잡고 어찌 공정하지 않으랴　秉心豈不公
청컨대 지난 잘못을 보리라　請看往者失

　1709년(숙종 35) 가을에 신정하가 포쇄관에 임명되어 태백산사고에서 포쇄를 할 때 지은 시이다. 총 24구의 오언고시다. 단학丹壑은 적색이 어린 산골짜기로 선경을 뜻한다. 동필彤筆은 사관이 쓰는 붓인데, 문장의 직임을 맡았다는 뜻이다. 절을 하고 자물통을 연 뒤 포쇄하는 과정을 볼 수 있다.
　신정하는「사고史庫의 참봉參奉 이경재李敬栽가 이별에 임해서 시를 구하는 것이 매우 간절해서 절구를 지어 주다」도 짓는다.

외딴곳 맑은 가을에 그대와 같이　絶境淸秋與子同
흰 구름 속 사흘 밤 함께 지냈네　三宵衾枕白雲中
돌아가려니 요사채 아래 바람 속의 잎　歸來風葉僧廊下
붉은 벽에 걸린 외로운 등 사랑스럽네　更愛孤燈掛壁紅

봉화의 절

각화사

「봉화군태백산각화사중건기」에 따르면 각화사는 신라 문무왕(661~681) 때 원효가 창건하였다. 춘양면 서동리에 있던 남화사를 폐하고, 이곳으로 옮기면서 각화사라 이름 지었다고 한다. 고려 예종 때 국사 무애계응無礙戒膺이 중건하였고, 그 뒤 여러 차례 중건 및 중수를 거친다. 1606년(선조 39) 이곳에 태백산사고太白山史庫를 건립하여 왕조실록을 수호하게 한 뒤 800여 명의 승려가 수도하는 국내 3대 사찰의 하나가 되었다. 1913년 의병을 공격하기 위하여 일본군이 사고와 절을 불태웠다고 하며, 1945년 광복 후 소실되었다고도 한다. 1926년에 달현達玄이 법당을 비롯한 다섯 동의 건물을 중건하였고, 1970년에 금오金烏가 요사채를 중건하여 지금에 이르고 있다.

숙종 때 검열을 지낸 신정하申靖夏, 1680~1715는 기행문인 「태백기유太白紀遊」를 남겼다. 「태백기유」에는 1709년(숙종 35) 8월 15일부터 9월 13일까지 봉화 태백산에 있는 사고에서 포쇄(책이나 옷 등의 습기를 햇볕과 바람에 말리는 건조행위)한 상황을 생생히 묘사하였다. 이렇듯 각종 문집에 남아 있는 포쇄 기록은 구체적인 포쇄 실상을 이해하는 좋은 자료가 된다.

태백사각太白史閣을 향해 출발했다. 이날 일찍 서리가 내려 골짜기 길이 추웠다. 처음 말을 탈 때 겹옷을 입었으나 갑자기 태백이 청량하다고 생각했다. 단풍나무 색은 좋으니 생각은 들떴으나 때마침 골짜기의 밭에서 망가진 이삭과 껍데기를 안고 우는 자를 보니 안타깝다. 정오가 되기 전에 산 아래에 도착했다. 중들 수십 명이 가마를 들고 기다린다. 각화사覺華寺를 올려다보니 아득히 산허리에 있다. 사각史閣은 각화사의 위에 있다. 골짜기 입구부터 말에서 내려 가마로 갔다. 높은 숲이 길 양옆에 있는데 가지가 무성해 하늘을 볼 수 없다. 시내를 따라 10여 리 갔다. 물방아가 되어 울리는 소리가 매우 구슬펐다. 길이 끝나자 비로소 산문山門이다.

각화사에 도착 전까지의 여정이다. 포쇄를 하기 위해 떠나는 흥분과 흉년에 고통스러워하는 백성들의 참상을 보고 느끼는 안타까움이 교차 된다. 관리를 마중 나온 중과 함께 절로 향하는 과정도 자세하다.

조두순趙斗淳, 1796~1870은 각화사를 찾기 위해 석현리로 들어섰다. 「각화사 계곡 입구」란 시가 『심암유고心庵遺稿』에 실려 있다. 숲속으로 이어지는 길은 순식간에 산속으로 순간 이동한 것 같다. 오른쪽으로 부도밭이 보인다. 고승들의 부도는 사찰의 역사가 만만치 않음을 보여준다. 삼국시대부터 이어오는 역사를 피부로 느끼게 하는 곳이다.

햇살 비쳐 그늘 흩어지게 하니　晴暉散積陰
물상은 본래 모습으로 오네　物象來本始
살짝 서리 내리자 잎은 밝아져　微霜葉初酣
밝게 모든 비단 아름다운 듯　粲粲萬羅綺
급한 여울 높은 바위 무릅쓰고　急湍冒危石
늙은 덩굴 나이도 모르겠네　老藤無年紀
어제부터 영가永嘉에서 와서　昨從永嘉來
한번 가니 평지가 적구나　一往少平地

가마 승은 나는 듯이 가니 輿僧去如飛
오히려 길이 숫돌과 같다네 猶云路如砥
계곡 입구 휑하니 열리자 洞門初谽䛿
넓이는 몇 리가 되네 延袤有餘里
맑아서 미칠 듯하니 而我淸欲狂
누가 서술하여 기술할까 倩誰述所記
겉과 속이 고르게 달고 진하며 甜濃勻中邊
표면과 안이 똑같이 맑고 밝네 瀅晶澈表裏
점점 들어가자 아름다우니 漸入知漸佳
옛 그림을 펼친 것 같네 如展古畫紙
종이 다하자 모든 것 공空하고 紙窮諸有空
산 막혔으나 경계 끝이 없네 山窮境未已

절에 이르기까지의 풍경과 심정을 담담히 그린다. 한마디로 점입가경漸入佳境이다. 갈수록 아름다운 경치로 들어간다. 겉과 속[中邊]이 모두 달콤하다는 것은, 『사십이장경四十二章經』에 "부처가 말한 것은 모두 응당 믿고 순종하게 되어, 비유하자면 마치 꿀을 먹을 때 겉과 속이 모두 단 것과 같나니, 나의 경 또한 그러한 것이다."라고 한 데서 온 말로, 여기서는 온 세상이 똑같이 태평함을 의미한다. '산 다하자 경계 끝이 없네'란 표현은 각화사에 도착한 사람만이 아는 경계다. 각화사에서 남쪽을 향해 서면 시구절의 뜻을 이해할 것이다.

부도밭 위로 비석이 보인다. 비석이 놓였던 귀부는 1984년 경상북도 유형문화재로 지정되었다. 사라진 비는 고려 전기에 좌간의대부左諫議大夫를 지냈던 김심언金審言이 세웠던 '통진대사비通眞大師碑'로 알려졌다. 『신증동국여지승람』을 보면 태자사太子寺는 태자산太子山에 있는데, 고려 좌간의대부 김심언이 지은 승통·진탑명僧通眞塔銘이 있다고 기록하였다. 나중에 각화

부도밭

사로 옮긴 건지 의문스럽다. 현재는 새로 조성된 비석이 세워져 있다. 비좌는 약간 파손되긴 하였으나 본모습을 갖추고 있다. 거북 등은 육각형이 전면에 덮여 있고, 그 안마다 '왕王' 자와 '만卍'자를 새겼다.

각화사 귀부 위에 비석이 두 기 세워져 있다. 두 개 비석 중 왼쪽 것은 경상도 관찰사였던 김노경의 공덕비이다. 1815년 경상도 관찰사로 인연을 맺은 김노경은 추사 김정희의 아버지이다. 그의 선정善政에 대한 공덕을 오랫동안 잊어버리지 않기 위해 주민들이 불망비를 세운다는 내용이다.

신정하의 「태백기유」는 이어진다.

각화사 귀부

절에는 다른 불만한 것이 없다. 건물은 50칸에 가깝고 거주하는 중은 수백 명이 넘는다. 주방과 창고, 측간과 욕실, 낭원廊院: 건물과 건물을 연결하는 길을 정원처럼 꾸민 건축형식이 접해있다. 중들은 다른 괴로운 노역이 없다. 산에서 내려가지 않아도 의식에 여유가 있다. 대개 사각史閣을 지켜서 관청이 보호하는 것이 많기 때문이다. 성민性敏이란 자는 시를 모으는 것이 매우 많았다. 이광중李光仲, 이희경李熙卿의 시를 가지고 와서 알현했다.

『대동지지大東地志』는 각화사에 참봉參奉 및 수직군守直軍이 있다고 적는다. 거주하는 중이 수백 명을 넘는다는 표현은 수직군을 포함 것 같다. 지금의 절 규모보다도 훨씬 컸었음을 보여준다. 낭원은 지금 건물에서 찾아볼 수 없다. 이교영李敎英, 1823~1895은 일찍이 절에서 공부를 했다. 죽을 아껴 먹으면서 힘들여 공부했다. 밤에는 머리카락을 매달아서 잠을 쫓으며, 환히 깨닫고야 말겠다고 기약하였다. 또 『주역』의 「계사전繫辭傳」을 천 번 읽고, 그것을 외우고 베껴 쓰기를 각각 천 번씩 하였다. 각화사는 인근 선비들의 학습장으로 기능하기도 했다.

신정하는 「각화사에 이르다」라는 시도 짓는다. 『서암집恕菴集』에 실려 있다.

절은 태백산 높은 곳에 있어　寺在太白之高處
높은 절벽 쳐다보니 천 척이나 높네　仰看危崖千尺强
고승은 저절로 세월 가니 늙지 않고　高僧難老自歲月
푸른 잣나무 바람과 서리 겪었네　蒼栢飽經唯風霜
새로운 시 세 번 부르나 졸작 한하고　新詩三叫秪恨惡
끊긴 경계서 한평생 까닭 없이 잊는구나　絶境百年無由忘
지팡이 끌고 읊조리며 돌아가질 못하고　曳杖沈吟不歸去
잠시 숲속에 서서 노을을 바라보네　少立林中看夕陽

공무를 수행하기 위해 각화사에 왔다가 잠시 한가해졌다. 시를 읊조리다가 경내를 거닌다. 시를 세 수나 지었으나 맘에 들지 않는다. 다시 시 짓기에 골몰한다. 시간이 언제 흘렀는지 모른다. 정신을 차려보니 저물녘이다.

노경임盧景任, 1569~1620의 「각화사에서 여의성呂義城에 차운하다」란 시를 보자.

베게 떨치고 산중으로 돌아오니　拂枕歸山下
산하에 비바람이 지나간 뒤였네　關河風雨餘
티끌 세상 이제부터 멀어지리니　塵寰從此遠
수레와 말 타는 일 뜸해지겠네　車馬自相疏

각화사

절 아래 도심촌道心村에서 난리를 피하던 중이었다. 각화사까지 걸음을 하였다. 마을이 지척이지만 금방 속세의 번다한 일이 멀어진다. 태백산 줄기인 각화산 아래 자리한 절은 속세의 가치에 대해서 다시 생각하게 한다. 수레와 말 타는 일이란 입신출세의 다른 표현이다. 절에 오면 청정해진다.

홍제암

이인상李麟祥, 1710~1760은 1735년 겨울에 태백산을 유람하고 「유태백산기遊太白山記」를 짓는다. 산을 유람하고 황지를 거쳐 봉화로 왔다. 중간에 홍제암洪濟菴에서 하룻밤을 잤다. 1828년에 유정문柳鼎文, 1782~1839도 태백을 유람하고 「태백산지로기太白山指路記」를 작성한다. 태백에 갔다 오다가 석포石浦를 경유하고 차령車嶺을 넘어 홍제암洪濟菴에서 잤다.

이보李簠, 1629~1710의 「유황지기遊黃池記」는 여정이 자세하다. 『경옥선생유집景玉先生遺集』에 실려 있는 글을 살펴본다.

고선촌高鮮村 앞에 도착했다. 개울에서 말을 쉬게 했다. 홍제암洪濟庵에 가려고 했으나 찾아갈 수가 없다. 길을 묻다가 마침 외출 나왔다가 돌아가는 홍제암 중을 만났기에 안내하게 했다. 시내와 계곡은 깊고 나무는 빽빽하다. 가끔 천 길이나 되는 노송이 보였고 돌을 포개 석축을 쌓았는데, 중이 가르치길 황장봉黃膓封이라 한다. 약간 어둑할 때 절에 도착했으니, 곧 태백산 남쪽 기슭이다. 뒷산 봉우리가 하늘을 만들고 두 계곡이 빙 둘러 팔로 안은 듯하니 경계가 무척 그윽하다. 절에 있던 중이 나그네가 오는 것을 보고 신자의 예를 행하는 것이 자못 엄숙하다. 요사채는 아주 커서 7~80명이 살만하다. 가운데에다 불단을 설치해 놓고 사방의 벽면에 감실을 만들었는데, 금색과 푸른색으로 조각과 장식한 것이 기교를 최고조로 발휘했다.

고선촌高鮮村은 고선리다. 청옥산을 향하여 가다가 고선1리 방향으로 우회전해야 홍제암에 갈 수 있다. 도로가 끝나는 곳에서 왼쪽 소로를 따라 접어들면 바로 산문을 표시하는 바위가 보이면서 본격적으로 홍제암이 시작된다. 곧바로 깊은 숲으로 들어간다. 뒤를 돌아보면 남쪽으로 골짜기가 뚫려서 깊은 산속에 있는 느낌이다. 이곳에 홍제암이 자리 잡았다. 경계가 무척이나 그윽하다고 했는데 맞는 말이다. 7~80명의 수용할 수 있는 요사채는 사라지고 덩그러니 요사채 한 동만 남아있다.

이광정李光庭, 1674~1756은 과거시험을 포기하고 태백산 자락 소천산小川山으로 들어가 젊은이를 가르치면서 문장가로서의 일생을 보냈다. 석포면 대현리를 가기 전에 홍제암을 방문했다.

홍제사를 찾아가려고　欲尋洪濟寺
동으로 많은 산을 넘었네　東度萬重山
고갯길은 삼천 척이나 되고　鳥道三千尺
계곡은 여러 번 굽이치네　松溪八九灣
나그네 붉은 나무 속으로 가고　人行紅樹裏
스님은 구름 속에서 자는데　禪宿白雲間
들판에선 벼가 익어가는데　野外稻秔熟
스님은 반도 돌아오질 않았네　居僧半未還

퇴계 학풍이 지배적인 안동 지방에서 제자인 문장가 권만權萬과 도학자 이상정李象靖 간에 문학사상 논쟁이 벌어졌을 때, "문학과 도학 중 어느 것이 중하다, 가볍다고 할 수 없다."라고 하여 문학의 자율적 가치를 옹호한 이상정이다. 그런 그이기에 시는 자연스럽다. 홍제암에 가는 길의 험난함과 지리한 여행길을 보여준다. 가을날에 홍제암을 찾았다. 여행길을 재촉하여 찾은 나그네와 깊은 산속에 묻혀 잠을 청하는 스님에게서 나그네도 자연스럽게 느긋해진다.

봉화 재산면 갈산리에 살던 김희주金熙周, 1760~1830는 「홍제암중수기弘濟菴重修記」를 짓는다. 사명당四溟堂 유정惟政이 태백산에 지은 암자를 승려 각연覺蓮이 중수하고 글을 청하여 지어준 것이다. 중수기에 따르면 사명당은 1592년 금강산 유점사에 있을 때 임진왜란이 일어나자 인근 9개 촌락의 백성을 구출했으며, 휴정의 격문을 받고 승병을 모아 순안으로 가서 휴정과 합류했다. 의승도대장義僧都大將으로 1593년 1월의 평양성 탈환 작전에 참가하여 공을 세웠으며, 1594년 4월부터 1597년 3월 사이에 적장과 4차례 협상에 참여했다. 1604년 휴정이 입적하여 묘향산으로 가던 중에 왕명을 받고 일본과 강화를 맺기 위한 사신으로 파견되었다. 1605년 4월에 포로로 잡혀갔던 조선인 3,000여 명과 함께 귀국했다. 사명당은 경산京山에 있는 것을 좋아하지 않아 지팡이를 짚고 태백산으로 들어갔다. 조그만 암자를 짓고 거주하였는데, 홍제암弘濟庵이라 하여 그의 뜻을 기록하였다. 암자는 산속 깊은 곳에 있어 비바람을 피할 수 없는 것이 몇 년 되었다. 각연覺蓮이 재목을 구해 집을 잇고 기문을 청했다. 홍제암이 있는 곳은 비룡산이지만 넓게는 태백산 자락이다. 홍제洪濟와 홍제弘濟를 혼용해서 썼음도 알 수 있다.

곽종석郭鍾錫, 1846~1919은 「홍제사洪濟寺」란 시를 짓는다.

숲속 기와집 벌집인 것 같고　懸林瓦屋欺蠭房
소나무 아래 스님 버섯 같네　松下孤僧化菌耳
부처는 썰렁하게 등은 깜박이고　古佛凄凄燈滅明
나그네는 유유한데 구름은 머무네　遠客悠悠雲擧止
나무는 빽빽하고 산은 고요한데　萬木參天山寂寥
형形은 없고 바람 물소리만 들리네　一般無形聽風水

홍제암

　속세는 혼란이 점점 심해져 가는 중이다. 의병 활동에도 불구하고, 1910년 한일합방이 되었다. 선비들은 나라를 되찾기 위한 독립운동에 돌입하게 된다. 김창숙이 주도한『파리장서巴里長書』운동이 그중 하나이다. 1919년 '파리평화회의'에 보낸 장문의 독립 호소문 사건이다. 이 운동의 사실상 지휘자가 영남 유림의 영수로 불리던 곽종석이었다. 잠시나마 산사에서 마음의 평온을 찾는다.

봉화의 고개

고적령

　고적령高積嶺은 봉화군의 춘양면 애당리와 강원도 영월군 상동읍 천평리 사이에 자리한 고개이다. 표기는 다양하다. 고적령古積嶺이라 하기도 하고 고직령高直嶺이라 적기도 한다. 고개가 매우 높고 곧으며 가팔라서 이름을 얻은 것 같다. 『조선지지자료』에는 우리말로 '고직이'라고 병기되어 있다. 『조선지형도』에는 고칙령高則嶺이라고 표기하였다.
　이보李簠. 1629~1710의 여행기인 「유황지기遊黃池記」에 고개를 넘는 여정이 소개되어 있다.

> 　식사를 재촉하고 일찍 출발하여 고적동苦積洞에 들어가 심원사深源寺 승 해안海眼을 만났다. 심원사는 작약봉芍藥峯 아래에 있는데 해안은 머무른 지 오래되었다고 한다. 중에게 보지 못한 것을 물어봤더니 다른 이야기를 많이 해주었다. 이동할 때가 되어 중과 헤어지고 출발했다. 고갯길은 굽이굽이 도는 것이 수백 구비다. 말을 타기도 하고 걷기도 하여 도심촌道心村에 도착했다.

　고적동苦積洞이라 표기한 것이 이채롭다. 고개 이름을 표기하지 않았지만, 고적동苦積洞에 있는 고개이기 때문에 고적령苦積嶺이리라. 고통스러울 정도의 고개를 굽이굽이 도는 것이 수백 구비라고 표현했으니 고생스러움을 짐작할 수 있다. 영월 쪽에서 봉화로 넘어갔다.

고적령

    강재항姜再恒, 1689~1756은 1719년에 황지를 유람하고 「황지기黃池記」를 지었다. "7월 26일, 황지를 출발하여 천평川坪에서 잤다. 7월 27일, 고적령高積嶺을 넘어 집으로 돌아왔다. 고적령은 조도령鳥道嶺에 비해 위험한 것이 배가 된다. 높이도 또한 그와 같다." 귀로를 기록한 글이다. 고적령이 조도령에 비해 배나 위험하고, 높이도 배가 된다고 할 정도로 고생이 막심하였다. 강재항은 집에서 출발하여 황지를 갈 때는 곰넘이재를 넘은 후 태백산을 넘을 때 조도령을 넘었다.

    새벽에 길을 떠나 10여 리를 간 후, 동북쪽으로 조도령鳥道嶺을 넘었다. 더욱 높고 험하다. 곰넘이재에 비해 배나 힘들 뿐만이 아니다. 세상 사람들이 이 길은 너무나 험하여 중국 무공武功의 태백산 조도鳥道라 할지라도 이보다 더 험하지 않을 것이라 하여 조도鳥道라는 이름이 생겼다고 한다.

조도령鳥道嶺은 사길령四吉嶺이라고도 한다. 태백산 북쪽 백두대간 등마루에 위치하는 옛날 경상도로 통하던 고갯길이었다. 삼국시대에는 태백산 꼭대기로 나 있는 천령天嶺 길을 통해 왕래하였으나 길이 높고 험하여 고려시대에 와서 지금의 사길령으로 새로이 길을 내면서 새길령이라 했다. 강재항은 고개 세 개를 넘었는데 곰넘이재가 가장 유순하였고, 조도령은 곰넘이재의 두 배, 고적령은 조도령의 두 배 정도 힘이 든다고 보았다.
채제공蔡濟恭, 1720~1799도 고개를 넘으며「고적령古積嶺」을 짓는다.

조령鳥嶺은 아들 손자가 옹위한 듯 鳥峙兒孫拱
계림의 고을들 둥그러니 에워싸고 雞林郡國圓
흐르는 구름은 도리어 땅에 있는데 飛雲還在地
말을 타고 곧바로 하늘 오르네 匹馬直登天
붕새는 바다라 남으로 가기 좋고 鵬海南圖好
교인鮫人의 진주는 북쪽을 보고만 있네 鮫珠北望偏
가련해라 잠시 머문 곳에 대한 사랑이 猶憐桑宿戀
온통 죽서루 가에 남아 있구나 渾是竹西邊

고적령古積嶺을 정약용은「강역고疆域考」에서 "태백산 동쪽의 한 갈래가 남쪽으로 뻗어 춘양春陽의 고적령孤寂嶺이 된다."라고 했으니 또 다른 이름은 고적령孤寂嶺이다. 교인鮫人은 전설상에 나오는 남해에 사는 인어다. 쉴 새 없이 베를 짜는데, 울 때마다 눈물방울이 모두 진주로 변한다고 한다. 언젠가 세상에 나왔다가 민가에 머물렀는데, 집주인과 이별 할 때 한 그릇 가득 눈물을 쏟아 진주로 만들어 선물했다는 이야기가 전한다. 북쪽에 있는 삼척 죽서루를 그리는 마음을 표현한 것이다.
곽종석郭鍾錫, 1846~1919은「고직령高直嶺을 넘다」를 짓는다.

길게 읊조리며 하계를 하직하고　長吟辭下界
다만 걸어서 구름 속으로 올라가네　徒步上雲霄
먼 길이지만 걸음에 피곤하지 않고　擬遠行無倦
하늘에 기대니 뜻은 교만해지려 하네　憑空志欲驕
옛날이나 지금 모두 막막하고　古今俱漠漠
고개 양쪽 모두 다 아스라하네　關嶺兩沼沼
지팡이 버리고 지는 해 쫓아가지만　棄杖追西日
추운 숲엔 저녁 회오리바람 부네　寒林已夕颷

고개 아래 동네를 하계라 표현한 것이 재미있다. 그러면 고개 정상은 속계가 아닌 선계다. 구름 속에 있기 때문에 선계가 적당하다. 현실을 벗어난 곳에 있으니 나도 모르게 교만해진다. 그만큼 흡족하다는 표현일 것이다.

곰넘이재

곰넘이재[熊踰嶺]는 영월군 상동읍 천평리와 봉화군 춘양면 애당리 참새골을 연결하는 고개다. 옛날 천제를 지내기 위해 태백산으로 향하던 사람들이 넘던 고개다. 영남에서 강원도를 오고 가던 사람들이 넘나들던 고개다.

춘양현 법전리에 살던 강재항姜再恒은 황지 여행에 나선다. 각화사에 들렸다 도심촌을 지났다. 암소바위골로 들어가 곰넘이재[熊踰嶺]를 넘어 천평마을[川坪村]에 당도했다.

> 물을 건너 각화사를 거쳐 남서쪽으로 도심촌道深村을 지나고, 북쪽으로 암소바위골[雌牛巖洞]로 들어갔다. 산 위에 푸른 소나무가 울울창창하다. 우인虞人이 금표를 설치해 놓고 황장 목재를 기르는 곳이라 한다. 10여 리를 가다가 비를 만나서 도롱이를 입고 소공산召公山에 도착했다. 비가 그치고 나니 긴 무지개가 고

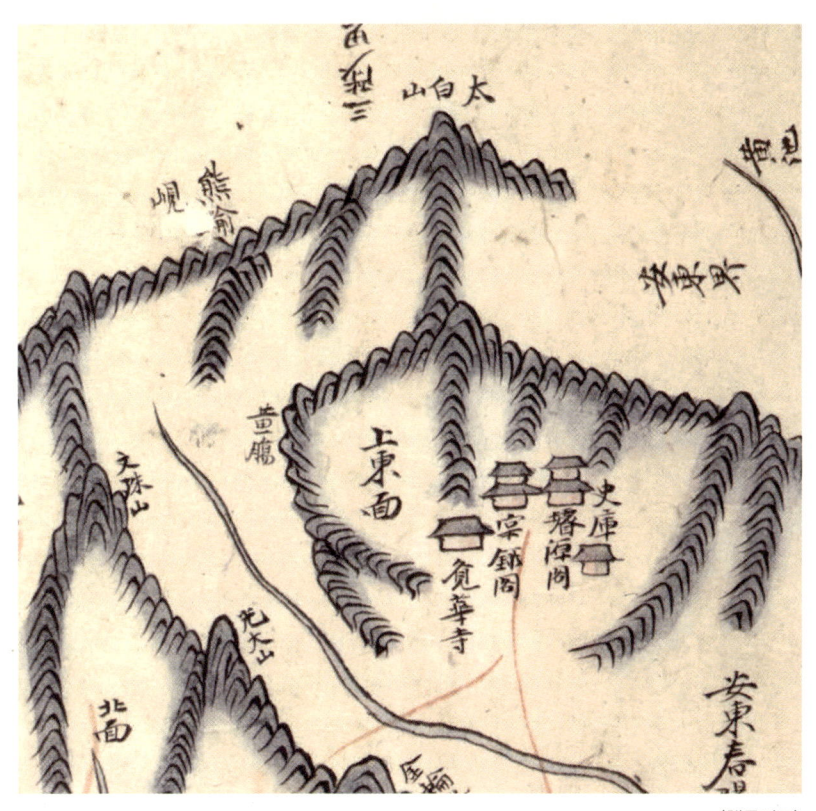

〈해동지도〉

개를 숙이고 산속의 샘물을 마시고 있는 듯하다. 무지개는 눈이 부시도록 빛이 났고 하늘 밖에까지 높이 꽂혀 있어 계단을 밟고 하늘에 오를 수 있을 것 같다. 곰념이재[熊踰嶺]를 넘는데 위험하고 오르기 힘들다. 고개를 내려와 천평마을에서 잤다.

춘양 사람들이 강원도 영월로 행하거나 태백을 유람할 때 넘나들던 고개는 고적령과 곰념이재다. 강재항은 갈 때는 곰념이재를 넘고 올 때는 고적령을 이용했다. 조선 시대 지도에도 표시될 정도로 봉화의 이름난 고개였다.

곽종석郭鍾錫, 1846~1919은 「웅유령熊蹂嶺을 내려가다」란 시를 짓는다. 웅유령熊蹂嶺은 곰넘이고개란 뜻이니 곰넘이재다.

호기롭게 읊으며 나무 끝을 오르고 豪吟登木末
느릿느릿 구름 끝으로 내려오네 徐步降雲端
깊은 길은 약한 실 뽑는 것 같고 幽徑絲抽弱
나는 물 한기 뿌리는 눈 같네 飛泉雪播寒
맘껏 유람하느라 하루를 보내고 遊神消白日
익숙하게 푸른 산을 알아보네 慣面識蒼巒
어느 곳이 평평한 땅인가 何處有平地
옛날과 지금 힘든 건 똑같네 古今同百難

발걸음도 가벼운 여행이다. 고개를 쉬지 않고 올라갔을 것이다. 그러나 이내 후회하였을 것이다. 올라갈 때와는 다르게 영월군 천평으로 내려갈 때는 발걸음을 천천히 떼었다. 곽종석은 고개를 넘어 삼척을 유람하고 다시 이 고개로 다시 돌아오기까지 20일이 걸렸다. 돌아오는 길에 「다시 웅유령熊蹂嶺에 이르다」를 짓는다.

웅유령에 다시 왔으나 아직도 우뚝 솟아 回來熊嶺尙崔嵬
성산筬山 마주하니 꺾일 줄 모르고 푸르네 當面筬山碧不摧
나무는 우거지고 구름은 해를 가리며 萬樹陰陰雲翳日
굽이굽이 바위고 물은 우레 소리 내네 千巖曲曲水生雷
거나한 채 시험하니 얼굴은 홍조를 띠고 微醺暫試顔仍赤
멀고 험한 길 자주 넘으니 흰머리 되려 하네 遠險頻經髮欲皚
때마침 오미자 있어 소매 속에 넣으며 時有林丹傳袖裏(與繼若沿林摘五味子).
그대 보니 기침과 침은 작품을 더하네 看君珠唾轉添枚

곰넘이재

　구슬침[珠唾]은 기침과 침이 주옥珠玉을 이룬다는 뜻이다. 말이나 글이 입만 떼면 아름다운 주옥이 된다는 뜻이다. 동행했던 이가 시를 짓는 것을 보고 이렇게 표현했으리라. 맨정신에 오르기 어려워 술을 한잔 마셨다. 불콰해진 얼굴이 보인다. 얼마나 힘들었으면 머리카락이 희게 되려 한다고 했을까. 이제는 인적이 끊긴 곰넘이재다. 정상에서 참새골로 향하는 등산객이 가끔 고개를 이용한다. 혹은 백두대간을 종주하는 산악인이 고적령을 향해서, 또는 태백산을 향해서 발걸음을 재촉한다.

봉화의 마을

백천동

태백산에서 발원한 물은 백천동 계곡으로 흐른다. 원시림과 맑은 물이 어우러진 계곡이다. 사람의 손때가 묻지 않은 청정한 곳이다. 한여름에 발을 담그면 몸이 움츠러질 정도의 시원함이 일품이다. 물이 맑고 수온이 낮아 수달과 열목어 서식지로 오래전부터 출입이 금지됐던 지역이었으나, 태백산 등산로 신설로 개방됐다. 열목어는 맑고 찬 물에서만 사는 민물고기다. 멸종위기 야생생물로 분류돼 있다. 계곡 입구를 들어가 한참을 가다 보면 '열목어서식지'라는 비석에 푸른 이끼가 끼어 있다. 비석 뒤로 계곡 물이 하얗게 부서지며 흘러간다.

유정문柳鼎文, 1782~1839은 1828년에 태백산 유람가는 중에 백천동에 들린다. 여행을 기록한 것이 「태백산지로기太白山指路記」다.

 백천동栢川洞을 거슬러 올라갔다. 깎아 세운 듯한 절벽과 차가운 못이 감돌다 합치고 어긋나는 것이 끝을 알 수 없다. 깊은 숲속을 가니 물소리와 새소리에 더욱 멍하며 그윽하다. 유주柳州가 말한 으슥하다는 말이 맞는 곳이다. 한곳에 이르니 문서文瑞가 이곳은 송서옹松西翁이 터를 잡은 곳이라 한다. 절벽의 기세가 더욱 장엄하니 서로 머뭇머뭇하며 갈 수 없다. 한참 있다가 앞으로 가서 총옥봉叢玉峯에 이르렀다. 다시 물을 따라 내려가 동쪽으로 유천楡串; 늘구지골을 지났다. 이화동梨花洞에 이르니 신성新城의 물이 흘러와서 모이는 곳이다. 물은 더욱 많아지고 돌은 더욱 희고 장대한 것이 기괴하고 천태만상이다. 나무는 더욱 적은 것이 텅 빈 것 같다. 대개 기이하고 화려한 것이 백천栢川보다 뛰어나나 그윽하게 뛰어남[幽絶]은 도리어 미치지 못하다. 장단점을 서로 보완해주니, 요컨대 백중지세이다.

　백천동은 태백산과 청옥산에서 흘러 내려온 물이 만나는 대현리 서쪽에 있는 깊은 계곡이다. 강운姜橒이 지은 「운원잡영雲院雜詠」 중에 「작약산 한 가지가 동쪽으로 꺾여 문수봉文殊峰의 산록이 된다. 또 동쪽으로 달려 두 가지가 되니 왼쪽은 오로봉五老峰과 연화봉蓮花峰이고, 오른쪽은 징암澄巖과 월암月巖이다. 백천동栢川洞은 오로봉과 징암 사이에 있다. 이화동梨花洞은 월암과 연화봉 사이에 있다. 연화봉의 북쪽에 천천穿川이 있는데 절경이다~」란 긴 제목의 시가 있다. 오로봉五老峰은 조록바위봉이다. 유정문은 총옥봉叢玉峯이라 보았다. 백천동이 오로봉과 징암 사이에 있다고 했는데 현불사 입구에 서면 양쪽에 바위 봉우리가 보인다. 이화동梨花洞은 신성新城의 물이 흘러와서 모이는 곳이란 표현은 이화동의 위치를 알려준다. 물은 더욱 많아지고 돌은 더욱 희고 장대한 것이 기괴하고 천태만상이라는 묘사도 이화동의 특징을 보여준다. 대현1리부터 이화동은 시작되는 것 같다. 하류로 내려가다 육송정삼거리까지가 이화동이다.

　강운姜橒, 1772~1834은 유정문보다 먼저 백천동을 유람하고 시를 짓는다.

골짝 들어가니 문 잠긴 것 같으나　入峽如門鎖
시내 따라가니 길은 점점 넓어지네　緣溪路轉寬
산 열리니 흰 옥으로 된 성가퀴 같고　山開白玉堞
가을 깊으니 여울은 황금색을 띠네　秋老黃金灘
소매에 가득 안개와 놀은 무겁고　滿袖烟霞重
깊은 숲에 추위와 더위 교대하네　深林日月寒

신선 사는 곳 멀지 않음을 아니 有仙知不遠
저물녘 구름 속에서 서글퍼 하노라 惆悵暮雲端

대현리에서 출발하여 계곡과 나란히 걸으면 어느새 숲속으로 들어선다. 길은 S자로 구부러지자 주변에 땅 한 줌 찾기 힘들다. 한 번 더 구부러지면서 거대한 암벽이 가로막는다. 백천동을 들어가는 관문 같다. 관문을 통과하면 서서히 안이 넓어진다. 땅을 갈면서 살 만하니 무릉도원이 따로 없다. 성가퀴같이 보이는 것은 조록바위봉의 바위다. 황금색을 띠는 여울은 가을날 단풍이다. 백천동이 자랑은 가을날 단풍이다. 강운은 어느 가을날에 이곳을 찾았을 것이다.

이한응李漢膺, 1778~1864도 백천동을 찾았다가 「백천동」을 노래한다. 『경암집敬菴集』에 실려있다.

험한 바위 무너진 벼랑 다리를 건너서 狼石崩崖初渡橋
푸른 봉우리 쳐다보니 하늘에 꽂힌 듯 仰看靑嶂揷穹霄
굽이굽이 맑고 깊어 그리기 어렵지만 淸深曲曲渾難狀
신선을 가까이 부를 수 있을 것 같네 咫尺仙人如可招

하늘에 꽂힌 듯한 봉우리는 조록바위봉의 여러 바위 봉우리이다. 오른쪽을 봤을 때는 맞는 말이다. 왼쪽을 바라보니 또 우뚝 솟은 봉우리가 기세 좋게 솟구친다. 예전에는 징암澄巖이라 불렀으나 언제부터인가 진대봉이 됐다.

여행기를 쓴 유정문柳鼎文도 시를 짓는다.

물소리 새 소리 솜씨를 겨루고 水聲禽語解爭工
가파른 절벽 차가운 못 공을 다투네 峭壁寒潭競策功

이번 걸음 자못 늦을 걸 한하노니 剛恨此行差屬晚
이 몸 온갖 꽃 속에 있질 못하네 不能身在萬花中

아마 유정문은 봄이 지난 뒤에 방문했던 것 같다. 꽃들이 만발한 봄날에 왔더라면 꽃밭에 파묻혔을 텐데 그러하질 못하였다. 늦게 온 걸 한스럽게 여기노라고 슬픈 노래를 부른다. 그러나 꽃을 보지 못하였어도 물소리와 새소리를 맘껏 들었다. 또한 입구에서 석문과 같은 바위 절벽과 그 밑을 휘감아 도는 백천계곡의 차가운 물에 발을 담갔기 때문에 아쉬움이 덜 하였다.

백천계곡 열목어서식지 비석

이화동

강주호姜周祜, 1754~1821가 유람 길에 나섰다. 1804년 4월에 태백산을 유람한 것을 「유태백산록遊太白山錄」에 기록하였다. 태백에서 봉화로 돌아오는 중이다.

> 연하동烟霞洞을 지나고 직령直嶺을 넘었다. 이잠리梨岑里에 이르러 점심을 먹었다. 강을 따라 일 리쯤 가니 돌 언덕이 강을 가로질렀다. 좌우로 기이한 바위와 이상한 돌이 표현할 수 없다. 지세는 저산猪山과 같다. 그러면서도 석봉石峯은 하늘을 찌르며 푸른 절벽이 깎은 듯 서 있어서 더욱 뛰어나다. 강을 따라 올라가며 물고기를 잡았다. 신성新城에 도착하니 동천洞天이 차츰 열려서 자못 들 빛이 있다. 달바위[月巖] 바로 앞에는 별바위[辰巖]가 뒤를 누르고, 가운데에는 산기슭이 가로 놓여 물을 막았으므로 산 위에 맺힌 형국이라 할만하다.

봉화군 석포면 대현리 일대를 묘사한 글이다. 이잠리梨岑里는 어딜까. 대현리에 여러 다리가 있는데 그중 이점교가 눈을 사로잡는다. 일제강점기 시절 제작된 지도에 이점동梨店洞이 보인다. 저산猪山은 태백 장성동에 있는 절벽이다. 이중교 옆 암석으로 이루어진 유난히 가파른 절벽을 말한다. 강주호는 황지에서 구문소로 가다가 특이한 곳을 보고 기록하였다. "오 리쯤 가니 저산猪山이다. 푸른 절벽은 깎아 세운 듯하고 돌 언덕은 강과 맞닿았다. 강산의 뛰어난 경치는 정자를 짓기에 적합하다." 태백의 저산과 비슷한 곳은 성산교회 앞 바위로 이루어진 조그만 산이다. 신성新城은 대현리를 말하는 것 같다. 신성은 옛 문인의 문집에 보인다.

강운姜橒, 1772~1834의 「신성新城」이 『송서집松西集』에 남아있다.

> 소를 모나 소는 가지 못하고　驅牛牛不進
> 해 저물어 신성에 도착했네　斜日到新城

첩첩산중이라 시름겹다가 萬疊方愁絶
두 눈에 홀연 기쁨 넘치네 雙眸忽喜明
들판엔 기장 조가 에워싸고 平原繞黍粟
깊은 계곡엔 영지 나는구나 幽谷産芝苓
제일 멋있는 건 뛰어난 세 개 바위 最好三巖秀
품品자 모양으로 이루어졌구나 橫成品字形

소도 가지 못하는 험준한 산골이다. 그곳을 가는 여행객은 근심이 가득하다. 그러나 눈에 비친 것은 무릉도원이다. 곡식이 넘실대는 들판이 보인다. 더구나 영지도 자라는 신선이 사는 땅이다. 더욱 놀라운 것은 풍경이다. 신선이 사는 곳이라 빼어난 풍광을 자랑한다. 뛰어난 세 개의 바위는 월암과 징암, 그리고 이점교 앞에 있는 우뚝 선 바위를 말한다. 품品자 처럼 절묘하게 균형을 유지하며 세 꼭짓점에 바위가 우뚝하다.

1828년에 백운동서원 주인 강운姜橒의 초대로 유정문柳鼎文, 1782~1839은 태백산 유람을 떠난다. 여행의 시말을 기록한 것이 「태백산지로기太白山指路記」다. 봉화 소천에서 고개를 넘었다. 대소현大小峴은 지금의 넛재다. 이 마저도 길이 뚫리며 터널이 생겼다. 넛재에서 대현리쪽으로 내려오다 보니 산 위로 우뚝한 바위 봉우리가 보인다. 월암月巖이다. 더 내려가니 마을이 보이가 시작한다. 왼쪽을 보니 우뚝 선 바위산이 늠름하다. 징암澄巖이다. 진바위 혹은 진대봉이라 부른다.

유정문은 여행기로 부족하여 시를 짓는다.

이화동은 기이함으로 뛰어나고 梨洞以奇碓
백천동은 그윽함으로 이름났네 栢川以奧勝
똑같이 주재묘용主宰妙用이라 等是眞宰妙
누가 능히 고하를 정할까 誰能高下定

비유컨대 인품ㅅ稟 다른 것 같아 譬如人稟殊
이혜夷惠는 성聖을 서로 칭하네 夷惠聖相稱
또 사람의 음식과 같으니 又如人飲食
좋아해 저장하는 게 다르네 所嗜各異飣
천석에 고질병 있으니 泉石有膏肓
또 증거는 한결같지 않아 亦不一其證
귀하게 여기는 것 내 일에 맞으니 所貴適吾事
어찌 평가하여 바로잡을 수 있나 何用費評訂
용과 돼지 말하지 말라 且莫談龍猪
때 되면 삼경三徑을 열리라 及時開三徑
안개와 놀 각기 스스로 배부르고 烟霞各自飽
남은 찌꺼기 혹 가져다주겠으니 餘瀝或持贈
자질구레한 것 어찌 바치겠나 瑣瑣何足呈
양가兩家에서 듣고 평정하려 하네 要平兩家聽

시 제목은 이화동이지만 이화동과 백천동에 대한 시이다. 이화동의 기이함과 백천동의 그윽함을 비교했다. 백이伯夷와 유하혜柳下惠를 예로 든다. 백이와 숙제는 한 나라를 다스리던 고죽군孤竹君이라는 사람의 아들이었는데 고죽군이 나라를 숙제에게 물려주려고 했다. 숙제가 그것이 예법에 어긋나는 것이라고 사양하자 백이 역시도 받지 않았다. 청淸으로 그들의 인품을 비유한다. 유하혜는 춘추시대 노나라의 인물이다. 제나라가 노나라를 침략했을 때 유하혜는 노나라 대부 장문중에게 작은 나라로서 큰 나라를 섬기는 방도를 일러주었다. 또 노나라 동문 밖에 원거라는 바닷새가 날아와서 장문중이 새에게 제사 지내려 하자 국가 전례를 명분 없이 더하지 말라고 타일렀다. 맹자는 유하혜를 화和를 이룬 성인이라고 칭송하면서도 그가 거취와 관련해서는 불공不恭했다고 비평했다.

삼경三徑은 은자의 정원을 말한 것으로, 한나라 장후張詡의 정원에 좁은 길이 셋 있던 고사를 말한다. 여기서는 진나라 처사 도연명陶淵明이 지은 귀거래사歸去來辭 중에 "삼경취황 송국유존三徑就荒松菊猶存"이란 글귀를 인용한 것이니, 즉 도연명이 벼슬을 버리고 고향으로 돌아간 것을 말한다. 유정문도 도연명처럼 이화동으로 귀거래하고 싶다는 의지를 보여준 것이다.

강명규姜明奎, 1801~1867는 봉화의 법전리에서 태어났다. 세상이 어지러워지자 과거의 뜻을 버리고 오직 자신을 수양하는 공부에 전념했다. 평생에 실행하지 않고 말만 하는 인사를 싫어했고, 모든 행동은 공경에서 벗어나지 않았다. 사람을 지도할 때 실천을 앞세우고 문장을 뒤로 미루었다. 1830년에 「이화동기梨花洞記」를 짓는다.

> 태백의 경계는 예전부터 신령함이 많은 진짜 보금자리로 칭해졌다. 북쪽은 황지이고, 황지 아래는 저산滁山과 천천穿川이다. 동쪽은 백천栢川이다. 백천 아래는 청옥靑玉과 신성新城이니, 이른바 이화梨花로 대개 한 곳이다. 연화봉蓮花峰 한 갈래가 천 길 솟아올라 왼쪽으로 구불구불 석봉石峯을 일으키는데 한 조각 땅도 없다. 백병봉白屛峰 한 갈래가 십 리에 걸쳐 서리고 앉았는데 우측으로 구불구불 흙산에 돌이 쌓여있다. 가운데 시냇물이 백천으로부터 와서 넓게 출렁이며 안팎으로 계곡을 만들었다. 산수는 여기에 이르러 기이하고도 빼어나며 맑게 내달린다. 사이에 누르고 푸르며 하얀빛이 나며 알록달록한 것이 오색 꽃이 만 송이를 토해내는 것 같다. 이름하여 이화동이라 한다.

이화동은 태백산 아래에 있는 신령스러운 곳이다. 백천동과 청옥산 아래에 신성新城이 있는데 그곳이 이화동이 시작하는 곳이다. 아버지께서 할머니 산소를 백천동栢川洞으로 옮기셨다. 얼마 뒤 아들에게 "이화동에 대책을 세운 지 오래되었다. 대개 인연이 없었으나 지금 괜찮은 것 같다. 주자가 머물렀던 한천정사寒泉精舍를 내 어찌 감히 바리겠냐만 사정思亭의 고사故事에 따라 몇 칸을 세우고자 하니 너는 가서 경영하라. 나는 늙었다. 나이는 세 번씩 지금 몇 년인가를 살피고, 하물며 네가 누구인지도 모르는 지경에 이르렀다. 잊지 않았어도 거의 잊게 되었다. 여기에 정자를 짓고, 여기에 밭을 마련하여 훗날의 땅을 마련하고, 산수의 즐거움 같은 것은 나중이다."라고 명을 하신다.

말씀을 받들고 물러나 시내를 따라서 오 리쯤 내려가 만폭동萬瀑洞을 얻었다. 두 산이 쪼개져 열리며 층진 병풍이 무너진 절벽이 되었다. 숲에 성황城隍을 만들었다. 좌로는 갑자기 끊기어서 평평하고 넓으며 벽돌은 모두 돌이니 정자를 만들 수 있다. 오른쪽은 낭떠러지에 조그만 길이 있고, 돌이 다해 어렵고 험한 곳에 그 사이에서 폭포가 흐른다. 금빛 모래 은색 자갈이 찬란하게 빛나고 표범의 무늬처럼 빛난다. 사이에 흰 너럭바위는 응결되고 미끌미끌하여 갈 수 없다.

만폭동은 이점교 앞에 있다. '한양조씨 연화산 선영'이 있는 곳이다. 도로공사를 하면서 시멘트가 계곡을 많이 잠식한 상태라 예전의 풍치가 많이 훼손되었다. 그래도 한쪽은 예전 그대로의 모습을 간직하고 있다. 가드레일 밑을 통과해서 계곡으로 내려가니 전혀 새로운 모습을 보여준다. 금강산의 만폭동에 비유할 수 있을 정도의 절경이다. 비견될 수 있을 정도의 수량이다.

길을 찾아 수궁數弓: 활 쏘는 거리의 두 배 되는 거리 내려가니 갑자기 산기슭이 월암月巖부터 내려왔다. 형세는 북쪽으로 가는 것 같다가 다시 동쪽 언덕이 된다. 매우 상쾌하고 넓고 평탄하며, 내외 계곡을 껴안고 있으니 계곡의 배꼽인 듯하다. 바로 장소를 정하고 언덕 아래를 따라가니 한 민가가 있다. 공인工人이 기다린 지 삼 일이 되어 날마다 올라가 보지 않은 적이 없었다. 좌우의 목에 해당하는 부분은 석봉石峯이 우뚝 드러났다. 금관처럼 높은 모자를 한 사람이 친근하게 둘러싸서 모시는 것 같다. 흙산은 가파르게 두 손 맞잡고 인사를 하고, 소나무·굴참나무·가래나무·말뚝은 우거져 칡으로 엉켰다. 앞에 깊은 못이 있고, 못 밖에 깎아지른 듯한 커다란 돌은 책상이 된다.

만폭동에서 물을 따라 내려가면서 좌우로 깊은 계곡을 이루다가 평지가 나타난다. 농사지을 수 있는 땅이다. 계곡의 배꼽이라 했는데 적당하다. 또 이곳은 달바위봉의 산자락이 계곡과 만나는 곳이다. 계곡 건너편의 연화산의 바위가 물러서질 않고 버틴다. 계곡 곳곳은 피서객이 물에 몸을 담그고 있다.

시냇물을 넘어 더 북쪽으로 가서 절벽 골짜기로 들어가면 기이한 곳이 있다고 말한다. 드디어 옷을 떨치고 찬찬히 찾으니 양쪽 절벽 좁은 곳이 있다. 산골 물

이 그 가운데서 나오는데 맛은 달고 차가웠다. 몇 리를 올라가 층진 잔도를 집 아래에 설치하였다. 흰 눈 같은 폭포수가 십 길 남짓 된다. 무서워 물러난 것이 세 번이다. 만 번 죽을 고비에서 빠져나와 비탈길을 올라서 생각대로 높은 곳에 도착하니 돌부리가 점차 사라지는 것인 성가퀴 같다. 스스로 한 형국의 토맥土脈이 된다. 기름진 것이 농사지을 수 있고, 사는 사람은 무지한 백성이라 태현별동천太峴別洞天이라 이름하고 사다리 따라 되돌아왔다. 이곳은 월암月巖 위와 떨어졌으며, 대개 신선이 머리 감는 물, 천 겁을 지내도 별 탈 없이 움직이질 않는 돌거북[石龜]이 있다. 토굴을 파서 중 서너 사람이 수련하니 서월암西月巖이라 이름한다. 모두 이화동의 도움이다.

이점교 앞 우뚝한 석봉 옆으로 폭포수가 보인다. 그곳으로 들어갔다. 더 올라가니 평지가 나타난다. 예전에 광업소가 있었으나 문을 닫으면서 사람이 살지 않는 동네가 되었다. 폐허가 된 회사 사무실이 보인다. 초소도 보인다. 신선도 떠나고 사람도 떠난 벌판에서 건너편의 달바위만 볼 뿐이다.

강명규姜命奎는 기문을 남겼을 뿐만 아니라「이화동」이란 시를『유계집柳溪集』에 남겼다.

십 년 머리 긁으며 애태우다가 十年搔首坐勞神
물외의 예전 인연 이날 펼치네 物外前緣此日伸
땅은 신령한 곳 여니 생동하는 그림에 화장하고 地闢靈區粧活畫
하늘은 한량에게 선경에 살게 했네 天教閑漢宅仙眞
한 몸 영원히 짐승과 이웃하며 살고 一身永與鄰魚鹿
모든 일 즐겨 옥돌을 구별하리 萬事肯爲辨玉珉
영원토록 구름 계곡에 화답하며 읊조리니 千載擬和雲谷詠
숲 가득 꽃과 새 늘 봄과 같아라 滿林花鳥一般春

　이곳 이화동은 물외物外의 땅이다. 속세를 멀리 초탈超脫한 곳이다. 하늘이 이러한 곳에 살도록 허락을 해주신 것이다. 정감록의 십승지 중 삼재불입지三災不入地 즉 전쟁, 흉년, 전염병 등이 발생하지 않는 곳 중의 하나가 이곳이 아닐까. 이곳에서 영원토록 구름 계곡에 화답하며 읊조리면, 숲 가득 꽃과 새들로 늘 봄과 같을 것이다.

　1699년(숙종 25)에 진사가 되었으나, 생부모와 양부모 상을 연이어 당하였다. 과거시험을 포기하고 태백산 자락 소천산으로 들어가 젊은이를 가르치면서 문장가로서의 일생을 보낸 이광정李光庭은 「청옥동靑玉洞」이란 시를 『눌은집訥隱集』에 남긴다.

청옥동은 몇 겹이나 깊은데 靑玉洞深幾重
동쪽 월암이고 서쪽은 징암 있어 東峯月出澄西峯
두 바위 마주해 금부용 뛰어나고 兩巖對擢金芙蓉
연화산 바위 아래 물은 졸졸 芙蓉巖下水淙淙
물가는 평평해 농사에 적절하네 洲岸平迤宜明農
벼슬살이 돌아보니 日翻春 回看宦海日翻春
토끼는 여유만만 꿩은 그물에 걸리니 有兔爰爰雉罹罝
어떻게 산속에 송아지 끼고 풀에서 한가히 잘까 何如山中抱犢閒眠瑤草茸
자지가紫芝歌 부르고 적송 먹으며 歌紫芝餐赤松
청옥동에서 은둔하리라 靑玉洞堪藏蹤

아마도 가까이에 청옥산이 있어서 청옥동이라고 한 것 같다. 금부용金芙蓉은 연화산을 가리킨다. 상산商山의 사호四皓가 난을 피하여 남전산藍田山에 들어가 은거하면서, 한고조의 초빙에도 응하지 않고 자지가紫芝歌를 불렀다고 한다. 이광정도 청옥동에서 상산사호처럼 살고 싶었다. 청옥동이 어딘가? 바로 이화동이 청옥동이다.

넛재와 월암

봉화군 석포면 대현리와 소천면 고선리를 넛재가 잇는다. 해발 896m이다. 태백시와 봉화군 사이의 국도를 직선으로 곧게 뚫은 덕분에, 이제는 넛재를 넘는 차량을 찾기 힘들다. 청옥산 자연휴양림을 찾는 이만 느긋하게 찾을 뿐이다. 넛재는 늦재로도 부른다. 지명 유래는 '고개가 매우 길고 완만한 지리적 환경'에서 유래하였다고 알려준다.

예전에 태백으로 향하는 나그네들이 넛재를 넘곤 했다. 1828년에 유정문柳鼎文은 고개를 넘어 대현리로 향했다. "대소현大小峴과 불골치佛骨峙를 지났다. 40리가 모두 깊은 숲과 험한 골짜기다. 차츰 월암月巖으로 가서 앞을 보니 구름이 바로 서쪽 햇살을 받아 빛나는 것 같으니 더욱 기이하다. 징암澄巖이 고개를 마주하고 서쪽에 있다. 색이 점차 검푸르게 변하는 것은 해를 등지기 때문이다. 신성新城에 이르러 술을 사서 조금 쉬었다. 널찍하게 열린 것이 살만하다." 「태백산지로기太白山指路記」의 일부다. 대소현大小峴은 고선리 방면의 소현小峴과 대현리 쪽의 대현大峴일 것이다. 고선리에 소현동小峴洞이란 지명이 보인다. 대현大峴을 넘으면 월암月巖이 보이기 시작한다. 독특한 모양의 월암은 여행객들의 시선을 사로잡았다.

강운姜橒은 「만령晚嶺에 올라 월암을 보고 기이함에 기뻐 소리 지르다」를 짓는다. 고개를 만령晚嶺이라 적었다. 넛재를 늦재라고도 하였는데, 늦재의 '늦'은 늦을 만[晚]자의 '늦는다'는 의미였음을 보여준다.

    광한루서 항아 두 손 맞잡고 廣漢宮娥雙拱手
    사른 향 연꽃을 받쳐 올리네 燒香擎出玉芙蓉
    연기 퍼지며 봉래산으로 가니 飛煙散入蓬萊去
    세상에 점점 봉우리로 나타나네 現化人間點點峯

광한루는 달 속의 선녀가 사는 월궁의 이름이다. 항아姮娥는 신화에 나오는 달의 여신이다. 달[月] 바위를 보고 항아와 그녀가 사는 광한루를 떠올린 것이다. 달바위는 항아가 받쳐 올린 연꽃이다. 두 송이가 우뚝 섰다. 연꽃이 변해 바위 봉우리가 되었다.

이보李簠, 1629~1710는 앞서 태백을 유람하고 「유황지기遊黃池記」를 남겼다.

남쪽으로 산 정상을 보니 돌 봉우리 세 개가 있는데, 기세가 하늘에 닿을 정도이다. 이름하여 달바위[月巖]라고 한다. 모양은 마치 충원忠原의 월악산月岳山이나 한양의 삼각산三角山과 비슷하지만 빼어나며 기이하고 우뚝 솟은 것은 여기가 낫다. 북쪽을 향하는데 또 한 암봉이 솟아있어 월암月巖과 마주 보고 서 있다. 높이는 조금 작지만 자못 기이하고 장대하다. 이름하여 징암徵巖이라고 한다. 두 바위 사이는 넓은 토지가 수백 묘쯤 된다. 토지들 모두가 물을 끌어대기가 편하고 토지는 무척 비옥하여 중인中人 수십 집의 재산에 맞먹을 정도가 될 수 있으나, 지금은 다 황무지가 되었다.

고개에서 내려가며 하늘에 닿을 정도로 높이 솟은 바위 봉우리를 보고 놀라지 않을 수 없었다. 봉우리가 세 개다. 마을에서 봤을 때는 두 개이지만 고개에서 봤을 때는 세 개로 보인다. 월악산과 삼각산을 가져와 비교한다. 비슷하지만 기이한 점은 월암이 낫다고 본다. 주변 산은 모두 평범한 둥근 산인데 느닷없이 하늘로 솟구치는 바위는 파격적이다. 그래서 더 기이했을 것이다. 높이는 월암에 비해 조금 작지만 기이하고 장대한 한 바위 봉우리가 징암徵巖이다. 징암澄巖이라고 하고 별바위[辰巖]라고도 한다. 아마 달과 짝을 지어 별일 것이다. 별바위를 한자로 진암辰巖이라 했을 것이고, 나중에 징암으로 변했을 것이다.

「태백산지로기」를 남긴 유정문은 「달바위」를 짓는다.

　　덧없는 인생 여기서 조용함 얻으니　浮生贏得此從容
　　짙푸른 태백산 겹겹 산중에 있네　太白蒼蒼一萬重
　　조화옹 도리어 산색 검은 걸 싫어해　化翁却嫌山色黝
　　하늘 가운데 하얀 연꽃 떠받쳐 올렸네　中天擎出玉芙蓉

유정문은 태백산 자락인 이곳에서 속세와 절연한 듯한 경지를 체험한다. 시끄럽고 변화무쌍한 현실과 대비되는 이곳은 조용하기만 하다. 바깥 세상은 시비가 끊이질 않아 늘 신경이 곤두서야만 했다. 여기는 청정淸靜한

세계다. 청정한 세계는 속세의 검은색과 대비된다. 이곳의 색깔은 흰색이다. 연꽃처럼 하얀색이다. 달바위는 하얀색을 대표한다.

대현리를 거쳐 가는 나그네는 모두 달바위에 대한 시를 지었다. 강헌규姜獻奎도 마찬가지다.

> 누가 금강산 천일대를 집어서　誰把金剛天日臺
> 험준하고 앙상한 바위 이 산에 왔나　崚嶒癯骨此中來
> 정상 머무는 달 촛불처럼 장구하고　頂留皓月長如燭
> 뛰어난 교룡 승천하니 멀리 티끌 끊겼네　角挺騰蛟迥絶埃
> 하늘 개어 붉어지며 밝아지려 하고　霱色黃昏天欲曙
> 맑고 높은 한여름에 눈같이 더욱 희네　清高炎夏雪增皚
> 돌아가다 차마 선경과 이별하지 못하니　歸程不忍名區別
> 바위 멀리 바라보며 자꾸 되돌아보네　石丈遙瞻首幾回

천일대天日臺는 금강산 정양사正陽寺 앞 기슭에 있는 고개다. 여기에 올라 바라보면 1만 2천 봉이 서로 빼어남을 다 드러나 보인다고 한다. 아마도 고개에서 달바위를 보면서 시를 지은 것 같다. 강헌규는 이곳을 금강산에 비유한다. 그만큼 빼어나다는 의미일 것이다. 나그네는 길을 가야 한다. 아무리 빼어나다고 하여도 이곳에 계속 머무를 수는 없다. 길을 재촉해야 한다. 몸은 가지만 마음은 계속 지체한다.

강명규姜命奎는 「태현촌太峴村」을 짓는다. 태太는 대大와 통용된다. 지금의 대현리를 노래한 것이다.

> 산 사람에게 들으니 별천지라고　聞說山人別有天
> 구름 뚫고 돌사다리 지나 시원하게 오르니　穿雲梯石快登巓
> 땅은 폭포로 반 공중에 떠 있고　地因瀑倒浮空半

월암

징암

해는 산 열리며 따뜻해지려 하네　日委山開向暖全
삽살개 짖으니 마을이 가까운 걸 알겠고　厖吠始知村落近
물 따르니 깁 빨래하는 곳에 이르렀네　水隨忽到浣紗邊
물가 노파 말없이 항아리 들고 들어가니　汀婆不語提甕入
이 늙은이 세상에 전해질까 두려운 것 같네　意恐斯翁出世傳

여행자의 눈엔 대현리가 별천지다. 별유천지비인간別有天地非人間이다. 다른 세상에 있고 인간 세상이 아니다. 태백산 품에 안긴 이곳은 굳이 『정감록』에서 언급하지 않아도 될 정도로 살기 좋은 곳이다. 예전에 혼란한 현실을 벗어나 은둔하려는 사람들에겐 매혹적인 장소였을 것이다. 마을 사람들은 세상 사람들에게 알려지는 것을 꺼렸을 것이다. 「도화원기桃花源記」에서 어부는 수일 동안 그 마을에 머물다가 돌아오려니까 마을 사람이 어부에게 말하기를 "그대는 바깥세상 사람들에게 이곳에 대해 말하지 말라."라고 했다. 그 심정이었을 것이다.

석포

　권만權萬, 1688~1749은 안동 사람으로 일찍부터 박학하고 문장에 능했다. 1728년 이인좌의 난이 일어나자 의병장 류승현을 도왔다. 반역을 꾀한 무리를 진압하는데 격문을 지어 알리는 등 큰 공을 세웠다. 성균관직강, 예조정랑, 병조좌랑 등을 역임했으며, 1747년(영조 23) 4월, 60세의 늦은 나이에 양산군수로 부임하여 1749년 8월까지 재임했다. 양산에 있을 때 봉산封山의 해악을 제거한 것으로 유명했다. 봉산은 나무를 베지 못하게 금지한 산이다. 양산에서 생산되는 목재는 국방과 관련한 전선이나 세곡을 운반할 조운선 건조용으로 쓰였다. 권만의 상소는 1748년 9월 병조 판서 김상로金尙魯에 의

해 영조에게 전달됐고, 임금은 대신에게 알아보라고 명령을 내렸다.

그는 봉화 석포에 한때 살았다. 그 시기에 태백을 여행하고 「천천穿川」, 「황지요黃池謠」, 「황지귀로黃池歸路 우등천천又登穿川」을 남겼다. 「석포집영石浦雜詠」, 「석포춘흥이십오편石浦春興二十五篇」, 「석포산원재해당石浦山園栽海棠」, 「재입석포지야再入石浦之夜」 등과 같이 석포 주위의 풍경이나 생활을 묘사하고 있는 작품도 『강좌집江左集』에 실렸다. 「석포石浦」를 보자.

    석포의 명성 들은 지 오래 石浦聞名久
    지금에야 귀거래 했네 如今得所歸
    산은 예국穢國서 갈라져 나오고 山支分穢國
    강물은 황지에서 나오네 江水出黃池
    그윽하게 구름 속 골짜기 나오니 窈窕開雲壑
    맑고 그윽해 속기가 멀구나 淸幽遠俗機
    부족한 생계 걱정하지 않으니 不憂生事乏
    이 땅에서 영지가 나네 此地產靈芝

석포의 산은 강원도에서 뻗어왔고, 석포를 가로지르는 강은 황지에서 발원한다. 태산준령에서 산과 물이 시작됐으니 속세의 기운이 없는 맑고 순수한 곳이다. 이런 곳은 신선이 살기에 적당하다. 예로부터 귀거래 하기 좋은 곳으로 명성이 자자했음을 알려준다. 태백에서 봉화로 향하다 첫 번째 만나는 넓은 땅이 석포다. 세 개의 물이 합류하는 곳이기도 하다. 주변의 산이 에워싸 포근한 곳은 예로부터 살기 좋은 곳으로 소문이 났다.

1828년에 유정문柳鼎文, 1782~1839은 「태백산지로기太白山指路記」에서 석포를 이렇게 묘사했다. "산은 완만하고 물은 천천히 흘러 살만하고 농사지을 만하다. 참으로 복된 땅[福地]이다. 왼쪽에 큰 시내가 있는데, 반야곡般若谷으로부터 흘러온다. 앞에 강과 합쳐진다. 합쳐지기 전에 기이한 풍경을 한

번 보여주는데 수석水石이 뛰어나다. 대개 석포는 골짜기면서 들판이다. 이곳은 또한 강이면서 시내다. 집이 있는지 몰랐는데 정자가 있으니 정치를 누가 하는가." 한마디로 복된 땅[福地]이라 규정한다. 누가 정치를 하는지 모를 정도로 살기 좋은 곳이 석포라고 보았다.

강운姜橒, 1772~1834도 태백으로 여행을 가다가 석포에 들렸다.

산은 와서 공工자 되고 물은 도니 山來工字水之廻
골짜기는 태연히 들판 색 열리네 峽裏居然野色開
고택은 노래에 헛되이 전해지니 古宅空傳一歌曲
평평한 밭 적당해 많은 집 있네 平田合置萬家臺
밝은 모래는 깨끗해 연이어 합류하고 明沙皓皓連襟合
기운은 푸르러 눈에 가득 시기하네 佳氣蒼蒼滿眼猜
오래도록 기 뭉쳐 신비하지 않으니 氣結千年終不祕
땅의 신령 머무르며 주인 오길 기다렸네 地靈留待主人來

석포에 이르니 산의 생김새가 기이하다. 산 때문에 강물은 굽이치며 흐른다. 강을 경계로 이쪽 산과 저쪽 산은 개 이빨처럼 생겼다. 이쪽이 삐져나와 강을 밀면 저쪽은 뒤로 물러나고, 물러난 쪽이 밀고 나오면 이쪽은 뒤로 물러난다. 이런 산의 형세를 공工자에 빗대어 표현했다. 이곳에 강좌江左 권만權萬 선생이 일찍이 사셨노라고 주석을 달았다. 강운은 법전리에서 태어나 옆 마을 소지리로 이사하였다. 1826년 이병원과 함께 신성, 백천동, 이화동, 석포, 천천 등의 절승지를 유람하며 시를 지었다. 이웃 마을에 살던 강운은 권만 선생이 석포에 살았다는 것을 알고 있었다. 마을을 노래한 석포가石浦歌가 있노라고 언급한 것으로 보아 석포가는 널리 회자 되었던 것 같다.

이한응李漢膺, 1778~1864은 「석포도중石浦道中」을 짓는다.

석포

옅은 구름 성근 비에 물은 졸졸　淡雲疎雨石流潺
종일 그림 속 걸으며 읊조리네　盡日行吟圖畫間
지팡이 짚고 청옥동 찾아가려고　倚杖欲尋靑玉洞
머리 돌려 백병산 바라보노라　回頭還望白屛山

　석포를 향해 가는 길은 그림 속을 걷는 것이 아닌가 하고 의심할 정도다. 그만큼 아름다운 곳이다. 선경이 아닐 수 없다. 평온함이 시 전편에 흐른다. 하늘에 구름이 떠 있고 길가 강물은 바위 사이를 빠져나와 흘러간다. 한가롭다. 나그네는 석포에서 다시 대현리로 가야 한다. 대현리를 이화동이라 불렀지만, 청옥산 자락에 있어서 청옥동靑玉洞이라고 부르기도 했다. 청옥동도 선경으로 알려진 곳이다. 선경으로 가는 발걸음은 가볍기만 하다.

참고자료

태백산 유산기

허목許穆, 「**태백산기**太白山記」, 『**기언**記言』

번역문

태백산은 신라 때의 북악北嶽이다. 문수文殊・대박大朴・삼태三台・우보虞甫・우검虞檢・마라읍摩羅邑 백산白山이 모두 큰 산인데, 동이東暆와 진번眞番 지역을 점거하고 있다. 태백산과 문수산이 가장 높고 큰데, 북쪽으로 두타산頭陀山・보현산普賢山과 이어져 있으며 동쪽으로 바다에까지 뻗쳐 있어 푸른 산이 6, 7백 리나 된다. 문수산 정상은 모두 흰 자갈이어서 멀리서 바라보면 눈이 쌓인 것 같다. 태백이란 명칭이 있게 된 것은 이 때문이라고 한다.

맹춘孟春에 해가 영실성營室星[1]에 있어 추운 날씨가 변하여 얼음이 풀렸으므로 건의령巾衣嶺[2]에 올라 아득한 곳을 굽어보고 서남쪽으로 태백산을 바라보니 눈 덮인 산이 하늘을 막고 있으며 정상은 운무雲霧에 가려서 볼 수 없었다. 운무 아래 넓은 산기슭은 모두 깊은 산이어서 꽁꽁 얼어 있고, 그

---

1 영실성(營室星): 이십팔수(二十八宿) 가운데 동방(東方)에 위치한 실성(室星)을 가리킨다.
2 건의령(巾衣嶺): 한의령(寒衣嶺)이라고도 한다. 태백 상사미에서 삼척 도계로 넘어가는 고갯길. 고려 말 때 삼척으로 유배 온 공양왕이 근덕 궁촌에서 살해되자 고려의 충신들이 이 고개를 넘으며 고갯마루에 관모와 관복을 걸어 놓고 다시는 벼슬길에 나서지 않겠다고 하며 고개를 넘어 태백 산중으로 몸을 숨겼다는 전설이 전해지는 고개이다.

아래는 백석평百石坪³이다. 산 위에 태백사太白祠가 있으며, 태백사 남쪽 80리 지점에 각화사覺化寺가 있는데 서서史書를 보관하고 있다.

태백산에서는 인삼人蔘, 복령茯苓, 궁궁芎藭, 당귀當歸, 군약群藥, 만생백蔓生柏, 괴재瑰材, 자단紫檀, 세 치의 오디가 나오는데, 지리지地理誌에 동해의 삼촌심三寸椹이라고 한 것이 이것이다.

살내薩奈⁴ 정암淨巖의 물이 서북쪽으로 흘러 태음강太陰江으로 들어가며, 우보虞甫⁵ 구사흘九沙屹⁶로 내려와 아래로 흘러서 오십천五十川이 되고, 동쪽으로 백여 리를 흘러 바다로 들어간다.

황지黃池는 우보 서쪽 10리 지점에 있는데, 산중의 물과 합하여 서남쪽으로 흘러서 백석평 20리를 지나고 산의 바위를 뚫고서 남쪽으로 흘러 낙동강洛東江의 근원이 되니, 이를 천천穿川이라고 한다. 옛날에 제전祭田을 두어 홍수나 가뭄이 들었을 때 이곳에 제사 지냈다.

---

3 허목의 기록 중에 "서남쪽으로 태백산(太白山)을 바라보면 눈 덮인 산이 하늘을 막은 채 꼭대기는 구름에 가려 볼 수가 없다. 구름 아래로 유령(楡嶺)이 보이고 그 너머는 백석평(百石坪)이다."라는 구절이 있다.

4 허목의 기록 중에 "재를 넘으면 평창(平昌) 경계이고 또 30리를 올라가면 마차령(摩嵯嶺)인데 정선(旌善)의 경계이며 산골짜기가 깊고 험했다. 재를 내려오면 큰 시내가 골짜기 어귀를 지나가는데 이것은 태백산 살내(薩奈) 앞쪽 시내의 하류이다."라는 구절이 있다.

5 우보(虞甫): 강원도 삼척시 도계읍 심포리와 태백시 통동의 경계에 있는 산이다(고도 : 933m). 『신증동국여지승람』과 『여지도서』에 "삼척부 서쪽 105리에 있다."고 기록되어 있다. 『척주지』에는 "우보산은 유현이라고도 하며 삼척부에서 90리이고, 태백산 동쪽 기슭에서 갈라진 별도의 산이다. 오십천이 이 산에서 발원하는데 그 발원지를 구사흘(九沙屹)이라 하며 그 밑은 수십 장(丈)의 폭포(미인폭포를 말함)이다. 이 물이 동쪽으로 백여 리를 흘러 바다로 들어가는데 그 하천이 오십 번을 굽이쳐 흐르기 때문에 이름을 오십천이라 한다."고 기록되어 있다. 고려 시대와 조선 시대에 삼척 사람들이 태백산에서 천제를 올리러 갈 때 소를 몰고 이 산을 넘었다 해서 우산(牛山) 또는 우보산(牛甫山)이라 했다고 전해진다. 사람들이 넘나들었던 곳은 엄밀히 말하면 우보산 줄기에 있는 유현(楡峴)이었다. 『대동여지도』에 이들 이름과 위치가 잘 묘사되어 있다.

6 구사흘(九沙屹): 오십천의 발원지로 도계 구사리를 말한다.

임자년(1672, 현종13) 8월에 희중希仲[7]이 풍악楓嶽을 유람하려 할 적에 동계東界로 나와 일출을 구경하고 석록石鹿으로 나를 찾아와 조언을 구하기에, 독지지讀地誌와 동유박물東遊博物 600여 자를 지었고 글씨를 써서 주었다.[8]

원문

太白山。新羅北嶽。文殊, 大朴, 三台, 虞甫, 虞檢, 摩羅邑白山。皆大山。蟠據東睡, 眞番之域。太白, 文殊最高大。北連頭陀, 普賢。東極滄海。積翠六七百里。文殊絶頂。皆白礫。望之如積雪。山有太白之名。以此云。孟春日在營室。寒日滌凍塗。上巾衣。俯瞰杳冥。西南望太白。雪山塞空。絶頂埋雲霧。不可見。雲霧下大麓。皆深山洹陰。其下百石坪。山上有太白祠。太白南八十里覺化。太史所藏。山出蔘, 苓, 芎藭, 當歸, 群藥, 蔓生柏, 瑰材, 紫檀, 桑實三寸。誌言東海三寸椹此也。薩奈淨巖之水。西北流入太陰江。下虞甫九沙屹。下流爲五十川。東流百餘里入海。黃池在虞甫西十里。與山中之水合而西南流。過百石坪二十里。穿山石南流爲洛東源。曰穿川。前古置祭田。水旱祀之。

壬子八月。希仲將遊楓嶽。仍出東界。觀日出。過我石鹿求言。作讀地誌, 東遊博物六百餘言。書贈。

---

7 희중(希仲): 윤휴(尹鑴).
8 윤휴(尹鑴)는 임자년 윤7월 24일에 서울을 출발하여 26일에 허목을 방문하였다. 길 떠나는 정표로 글을 지어 달라고 청하자 허목이 쾌히 허락하였고, 전서(篆書)로 '광풍제월 낙천안토 수명안분(光風霽月樂天安土受命安分)' 열두 자를 써 주었다.《白湖全書 卷34 雜著 楓岳錄》.

이인상李麟祥, 「유태백산기遊太白山記」, 『능호집凌壺集』[9]

번역문

나는 퇴어退漁 김공金公[10]을 따라서 태백산太白山을 구경하였다. 안동安東과 순흥順興 등 여러 고을을 거쳐 구불구불 100리를 가서 봉화奉化에 이르렀는데, 모두 태백산의 기슭이다. 처음으로 산에 들어가 각화사覺華寺에서 묵었는데 절은 봉화에서 50리 떨어져 있다.

아침에 일어나 두 개의 견여肩輿를 정돈시키고 승려 9~10명을 선발하였다. 사람들은 모두 겹옷 한 벌을 입었는데도, 모두 얼어 죽을까 봐 걱정하였다. 이날 산 아래에는 여전히 따스하였다, 5리를 올라가서 사각史閣을 구경하였는데 하늘이 비로소 밝아왔다. 처음으로 상대산上帶山 중봉中峰으로 향하였다.

산은 갈수록 위태로워지고 길은 갈수록 가늘어졌다. 축 늘어진 전나무와 우람하게 솟은 떡갈나무가 마치 귀신처럼 서 있다. 바람과 불에 꺼꾸러져 있는 나무가 언덕에 옆으로 누워 길을 끊고 눈이 쌓여서 형체가 흐릿하다. 서 있는 나무들은 바야흐로 억센 바람과 싸우느라 그 소리가 허공에 가득하다. 동쪽에서 진동하면 휘잉휘잉 서쪽에서 메아리를 친다. 어두컴컴하게 그늘이 졌다가 갑자기 번쩍하기를 그치지 않고 그리한다. 따라오는 사람들이 모두 추위에 얼어 서 있기에 썩은 나무를 꺾어다가 불을 피워 몸을 덥히게 하였다.

다시 눈을 밝으며 산등성의 길을 만들었다. 끈을 견여의 앞과 뒤에 묶고, 골짝에 줄을 매어서 매달린 상태로 나아갔다. 바라보이는 곳이 멀어질

---

9 심경호, 『산문기행, 조선의 선비 산길을 가다』, 이가서, 2007 참조.
10 김공(金公): 김진상(金鎭商)을 가리킨다.

수록 흰 눈도 점점 깊어지고 바람도 점점 매서워지며 숲의 나무는 점점 짧아진다.

상대산上帶山에 오르자 나무라고는 한 치 한 자 길이의 것조차 없고 다만 바람만 있을 뿐이다. 사방 백 리에 산이 모두 흰 눈빛이어서 마치 뭇 용들이 피를 흘리며 싸우는 듯도 하고, 만 필의 말이 내달려 돌진하는 듯도 하다. 안개 속에 보일락 말락 하다가 사라져 없어지고, 어두컴컴하다가 활짝 열리기도 하면서 번쩍번쩍 반짝반짝 희디희고 맑디맑게 빛의 기운이 허공에 가득하다. 따라오는 사람들이 미친 듯이 외치면서 발을 구른다.

동쪽을 바라보니 바다색이 구름과 같고 둥실 뜬구름과 하나가 되었다. 세 개의 봉우리가 마치 안개 속의 돛배처럼 춤추며 날아서 구름 속에 콸콸 흐르고 바다와 뒤섞인 것은 울릉도鬱陵島다. 올망졸망 또렷또렷하게 머리를 숙이고 빙 둘러 열 지어 있으면서 함부로 나대지 않는 것은 일흔 고을의 산이다. 뚝 자른 듯이 앞에 막아서서 마치 지방의 목민관이[四岳] 제후를 인솔하여 조회하는 듯한 것은 청량산淸涼山이다. 서북쪽은 구름과 안개가 참담하여, 시선이 닿는 데까지 아무것도 보이지 않는다. 오직 하나의 산이 순전히 바위로 이루어져서, 묶어 세운 것이 칼과 도끼와 같다.

마침내 동북쪽으로 길을 잡아나가 천왕당天王堂으로 향하였다. 해가 지고 달이 나와 다만 산꼭대기의 나무만 보일 따름이다. 높이는 고작 서너 자에 불과하고 일만 줄기가 우그러져, 하늘하늘 기생하고 있다. 울퉁불퉁해서 기기하고 고고하며 너울너울하면서 아래옷을 잡아끌고 소매를 찢는다. 억셈이 쇠와 같아서 몸을 구부려 가게 만든다. 뿌리를 꼭꼭 싸맨 듯 뒤덮은 눈은 사람의 무릎까지 빠지게 만들고 바람이 불면 휘날린다. 북방에서부터 불어오는 바람은 하늘을 어둡게 만들고 땅을 찢어서 우르릉 우레 소리를 내고 뒤흔들기를 바다처럼 한다. 거대한 나무는 울부짖으며 분노하고 작은 나무는 슬피 운다. 중이 넘어졌다 다시 일어나면 눈이 등을 누른다. 견여를 운반하는 어려움은 마치 급한 여울을 배로 거슬러 올라가는 것과 같다.

중이 "나무는 천 년을 살 수 있는데, 오랜 세월 눈이 쌓여 있습니다. 대개 산의 등성이는 더욱 북쪽에 가까워서 상대산과는 기후가 다릅니다. 바람이 극도로 장대하며 나무는 극도로 괴이하고, 눈이 더욱 녹지 않습니다." 라고 말한다.

천왕당天王堂에 이르렀을 때는 대략 인정人定[11] 때였으며, 겨우 60리를 왔다. 서쪽 건물[西堂]에는 석불石佛이 있고, 동쪽 건물[東堂]에는 나무 인형[木偶]가 있으니, 이른바 천왕天王이다. 다시 나무를 태워서 한기를 덜었다. 앞으로 나아가 점사店舍[12]를 찾았다. 달빛은 음침하고 어두운데, 북두성이 마침 떠서는 구름 사이로 새어 나와 숲에 걸려 있다. 서너 리를 가자 달이 다시 밝아지고 사방의 산들이 온화하고, 하늘의 빛은 씻은 듯하다. 나는 길게 시를 읊조려 마지않았는데 하늘을 찌를 듯하고 바람을 타는 기상이었다. 소도리점素逃里店[13]에 이르자 밤은 이미 삼경三更이었다. 모두 20리를 걸었다.

주막을 운영하는 남후영南後榮이 와서 인사했다. 외모는 순후하고 말이 진솔했다. 태백산의 형상과 경치 좋은 곳에 대해 자세히 말해주길 "태백산은 세 개의 도로, 열두 고을에 걸쳐 있습니다. 동북에서부터 관동에 예속해 있는 고을로는 강릉·삼척·울진·평해·영월·정선이고, 삼척의 소

---

11 인정(人定): 밤에 통행을 금지하기 위해 종을 치던 일, 대략 사람들이 잠드는 시각인 밤 10시.
12 점사(店舍): 주막.
13 소도리점(素逃里店): 소도동.

나무는 관으로 쓰기에 적당하며 산삼은 품질이 우수합니다. 남쪽으로 영남의 각 고을을 이루는 곳으로는 안동·봉화·순흥·영주·풍기입니다. 봉화는 사각史閣이 있어 중요하며, 부석사는 남쪽에서 유명한 곳인데, 실제로는 순흥順興 지역에 있습니다. 호서의 네 개 고을은 영춘永春을 첫머리로 시작되는데, 영춘은 실로 서쪽 줄기에 있습니다. 태백산의 봉우리로 높은 곳은 천의天衣·상대上帶·장산壯山·함박솜朴입니다. 물로는 황지黃池·공연孔淵·오십천五十川이 있으며, 신은 천왕신天王神·황지연못 신[黃池之神]입니다. 속어로 모란牧丹을 함박솜朴이라 합니다. 이 산이 가장 아름답습니다. 소뢰현素未峴에서 바라봐야 좋습니다. 장산壯山은 북쪽은 순전히 흙이고 남쪽은 순전히 바위로 보물이 납니다. 황지물은 늘지도 줄지도 않고, 공연에는 용이 있습니다. 하천은 한 줄기뿐이지만 오십 구비를 건너야 합니다. 그 밖의 오지인 세상과 단절된 땅에 대해서는 굳이 말하지 않겠습니다."라고 말했다.

다음날 남생南生과 함께 점사店舍 문을 나섰다. 바람이 맹렬하고 눈발이 일어나며, 들판의 쌓인 눈이 모두 일어나 구름과 안개로 뒤엉켜 천지사방이 아득해서 걸음이 한 자밖에 떨어지지 않았는데도 말이 통하지 않는다. 20리를 가서 황지 주변에 이르자 비로소 갰다. 사방 끝을 둘러보니 들판이 10리인데 못이 가운데에 고여 있다. 실로 전체 산의 한가운데다. 함박치朴峙가 서쪽에 있다.

연못의 넓이는 고작 반 이랑 정도이고 모습은 박에 구멍을 뚫어둔 것 같아서 속은 널찍하고 바깥은 오그라들어 있으며, 지동地動은 세 장이다. 둥근 연못은 겨울이 아니면 걸어서 가까이 가려고 하는 자들이 없다. 샘물은 산의 배 위에서부터 솟구쳐 나와 쌓이고, 색은 칠흑 같고 시리기는 얼음 같다. 대개 어룡이 거처하지 않는 곳인데도 예로부터 예측할 수 없다. 만일 그 물을 움직이는 일이 있다면 바람의 괴변이 한 해 내내 계속되어 사람들이 편안할 수가 없다. 아마도 신명한 신이 있어 겨울에도 얼음이 얼지 않고 가뭄에도 줄어들지 않으며 장맛비에도 보태지는 것이 없는 듯하다. 정성定性과 정도定度가 있기 때문일 것이다. 물이 남쪽으로 넘쳐흘러 공연孔淵까지 물결치며 흘러간다. 첩첩 산을 뚫고 지나는 것이 100리이고, 바다로 흘러가는 것이 1,000리이니, 그 물흐름이 대단히 길다.

마침내 남생南生과 헤어졌다. 곧바로 소뢰현素耒峴에서 공연孔淵으로 향했다. 머리를 돌려 모란봉牧丹峰을 바라보니, 현란하게 조각한 듯한 형상이 꽃과 같다. 웅대하지는 않지만 아름답고 오묘하여 이 산의 면목을 일변시킨다. 그렇기 때문에 기이하다.

20리를 가서 소석봉小石峰을 지났다. 홀로 수십 장 높이로 솟아나서 갑옷과 투구를 걸친 모습을 한 것은 철암鐵巖이다. 또 10리를 가서 방허촌方墟村에서 잤다. 길옆은 대부분 오렵송五鬣松으로 대나무처럼 죽죽 뻗어 있다. 위쪽의 가지는 한데 모여 덮개를 이루었으며, 시내의 양 기슭을 끼고 늘어서 있다. 이윽고 채색 구름이 서쪽에서 일어나 소나무 숲을 은은하게 비치니 아른아른 빛나는 것이 자개 같기도 하고 무지개 같기도 한데 시간이 지나도록 없어지지 않았다. 산은 너무나 높고 석양빛은 아래에 있으면서 그 빛이 거꾸로 위로 닿아서 현란한 형상을 이룬다. 양쪽 절벽의 돌은 마치 고기와 용의 등 비늘 같아 가지런히 촘촘하게 우뚝 솟아서 서로 견제하는 듯하다. 물은 공연孔淵에서 합친다고 한다.

다음날 하천을 따라 연못 아래로 내려갔다. 십여 장쯤 되는 석벽이 서 있다. 깎아 세운 듯한 푸른 절벽에 중간중간 붉은색이 있다. 가운데 열려 있는 커다란 구멍은 성문과 같다. 황지 연못 물이 수십 리를 달리듯 흘러와서 콸콸 솟아 나오는데 문에서 떨어지지 않고 돌면서 깊은 못을 만들어

놓으니 황지와 같다. 문을 나오면 왼쪽에서 물과 합류한다. 물결을 키우고 남쪽으로 힘차게 나아간 것은 낙동강洛東江이 되어 바다로 들어간다.

대개 태백의 볼거리는 공연孔淵에 이르러 기이함을 다한다. 일행이 그 문에 들어가 얼음 위로 걸어 들어가 위를 올려다보았다. 서쪽에는 하늘빛을 들이고 동쪽에는 찬란한 해를 받아들이는데, 바람은 세차고 얼음은 견고하며 돌은 무너질 듯 위태롭다. 갑자기 산비둘기 몇십 마리가 퍼득거리며 날아 나와 날갯짓 소리가 날카로웠다. 살을 에는 추위와 두려움도 깨닫지 못할 정도이나 오래 있을 수가 없었다. 마을 사람들이 말하길, 옛날부터 전해오는 말에 황지의 물은 옛날에 산 뒤로 해서 남쪽으로 흘러갔는데 용이 이 굴을 깨고 열어서 물이 그 길을 고쳤고, 물의 바닥에는 용이 엎드려 있다고 하는데 이치가 혹 그런 것 같다. 50리를 더 가서 홍제암洪濟菴에서 잤다. 또 60리를 가서 봉화에 도착했다. 길은 모두 겹겹의 고개에 험하였다.

태백산은 작은 흙이 쌓여 크게 되었으므로 깊이를 헤아릴 수 없고, 차차 높아져서 100리에 달하므로 공덕을 드러내지 않는다. 마치 대인大人이 내면의 덕[中德]을 지닌 것과 같다. 유람한 지 삼 일되어 되돌아 산에서 나오니 얼떨떨하여 세상과 동떨어져 있는 듯하다.

원문

余隨退漁金公觀太白山。歷安東順興諸郡。邐迤百餘里至奉化。皆山之麓也。始入山宿覺華寺。寺距奉化五十里。晨起整二肩輿。點僧徒九十人。人皆複衣一襲。而皆憂凍死。是日山下猶和暖矣。上五里觀史閣。天始明。始向上帶山之中峰也。嶺轉危路轉微。骱髊之檜。傴蹇之檞。植立如鬼。其顚倒於風火者。橫岡截路。而雪積模糊。植者方鬪勁風。其聲滿空。振動于東。勃鬱而西應。陰晦倏閃。無有窮已。從人皆

僵立。命拉朽吹火以熨之。復踏雪開嶺脊。繩系輿前後。縋絙懸而進。望處漸遠。雪漸深風漸烈。林木漸短。及登上帶。便無尺寸之木。而只有風矣。四顧百里。山皆雪色。如羣龍之血戰。如萬馬之馳突。煙中隱見滅沒。冥晦闔闢。熒熒晃晃。晶晶皓皓。光氣滿空。從人又狂呼足蹈焉。東望海色同雲。浮霄爲一。而三峰飛舞如霧中帆。滾于雲而混于海者。鬱陵島也。緝緝明明。低首環列。而不敢肆者。七十州之山也。嶄然當其前。有如四岳之率諸侯朝覲者。清凉山也。西北則雲霧慘悽。極目無所覩。唯有一山純石成。束立如劍斧。遂從東北取路。向天王堂。日落月出。但見嶺巓之木。高纔數尺而蹙萬節。裊以寄生。臃腫奇古。婆娑牽裙裂袖。其剛如鐵。令人僂而行。封根之雪沒人膝。見風而飛。風自北方來者。天昏地裂。轟雷而蕩海如也。巨木吼怒。小木哀鳴。僧顚復起。雪壓其背。運輿之難。如急灘之上舟也。僧曰木猶千歲耳。萬古積雪。蓋嶺背尤近北。與上帶異候。故其風極壯。而其木極怪。雪愈不消云。至天王堂。約人定時。而纔行六十里。西堂有石佛。東堂有木偶。所謂天王也。復燒樹救寒。向前尋店舍。月色陰黑。星斗時出。漏雲掛林。行數里月復明。四山穆然。天光如洗。余長吟不已。有凌雲駕風之想。抵素逃里店。夜已三更。凡行二十里。

店人南後榮來見。貌淳而言眞。具道玆山之形勝曰。玆山盤據三路十二州。自東北而隷于關東者曰江陵，三陟，蔚珍，平海，寧越，旌善。三陟之松可以爲槨。其蔘甚良。踰南而爲嶺南諸州者曰。安東，奉化，順興，榮川，豐基。奉化以史閣爲重。浮石之寺名于南土。實在順興。湖西之四郡。始奇於永春。永春實爲西支。其峰之高者曰天衣，上帶，壯山，含朴也。其水曰黃池，孔淵，五十川也。其神曰天王，黃池之神也。俚言呼牧丹曰含朴。玆山甚姸。宜望於素未峴。壯山純土於北純石於南。有寶産焉。

池水不加減。淵有龍焉。川只一派而涉五十曲。其他幽奧絕世之地。不必言云。翌朝偕南生出店門。風猛雪作。原野之積雪。俱起滾爲雲霧。六極蒼茫。尺步不通語。行二十里到黃池上始霽。環顧四邊。野平十里。而池滙于中。實一山之中。含朴峙其西矣。其廣纔半畝。其形如匏穿穴。中寬而外縮。地動三丈者周池。非冬月無敢有履而近者。泉自腹上湧積。色如漆而冽如氷。蓋魚龍之所不宅。而終古無測之者也。苟有動其水者。風怪一歲。人不得寧。意者有明神。冬而不冰。旱不竭。潦雨不受益。其有定性定度矣。泛濫于南。濤于孔淵。穿重嶺者百里。朝海者千里。其流澤亦長矣。遂別南生。徑從素耒峴向孔淵。回望牧丹峰。絢爛刻雕如花。不雄大而妍妙。一變玆山之面目。所以爲奇也。行二十里。過小石峰。孤起數十丈。如胄鍪狀者曰鐵巖。又行十里。宿方壚村。路邊皆五鬣松。其直如筠。上枝葱然成蓋。夾水兩崖而立。已而彩雲起于西。隱暎于松林。陸離璀璨。如貝如虹。移時不變。蓋山極峻而落暉在下。倒光上薄而爲光怪耳。兩崖之石。如魚龍之脊鱗。齒齒突起。有若交制者。其水合於孔淵云。翌日沿流抵淵下。有石壁立十餘丈。蒼碧巉削。而間以赭色。中開巨穴如城門。黃池水駛流數十里。滾滾湧出。不離于門。而滙爲深潭如黃池。出乎門而合水于左。大其瀾。勇赴于南者。爲洛東江入于海。蓋太白之觀。至於孔淵而極其奇焉。一行入其門。履氷而仰觀焉。西納天光。東受旭日。風壯氷堅而石危欲崩。忽有山鳩數十。翩翩飛出。羽聲劃然。不覺凜然怵魄。不可以久留矣。土人曰世傳黃池水。舊從山後南流。有龍破開此穴。而水改其道。水之底龍其伏焉。理或然也。行五十里宿洪濟菴。又行六十里抵奉化。路皆重嶺險絕。蓋太白山積土成大。其深莫測。漸高百里。不示其功。如有大人之中德也。游纔三日。而返而出山。便茫然如隔世矣。

강주호姜周祜 · 강주우姜周祐, 「유태백산록遊太白山錄」, 『옥천연방고玉泉聯芳稿』[14]

번역

나는 어려서부터 유천柳川 강선생姜先生의 문하에서 글을 배웠다. 선생님의 집은 태백산 정상까지 떨어진 것이 팔구십 리 되었다. 늘 머리를 들고 쳐다보면서 한번 구경하기를 원하였으나, 어리석고 게으른데 빠져서 뜻을 이루지 못하였다.

무신戊申, 1799 봄에 백록白麓 선생과 함께 태학太學에서 공부한 친척의 노인 정산定山 어르신-필교必敎-이 같은 방에서 있었다. 나에게 태백의 황지黃池와 천천穿川에 대하여 물었다. 나는 무릎을 꿇고 말하기를, "소자는 아직 보지 못하였습니다."라고 하니, 정산定山 어르신이 말하길 "선비가 산수의 즐거움을 알지 못하면 또한 속됨을 면치 못하네."라고 하였다. 나는 심히 부끄러웠다. 돌아와 백록白麓 선생과 함께 의논하여 가서 보기로 하였지만 피차 사연이 많아서 이루지 못하고, 지금까지 소원한 것이 수십 년이 되었다. 지나간 봄에 아들을 잃었으나 이제 상복을 벗고 나니 세상의 재미가 더욱 담담해졌다. 스스로 생각하여 보니 젊을 때는 규범에, 이제는 근심스러운 일로 얽매였다. 세월에 얽히고설키면 이생에 도모할 수 있는 날이 없을까 두려웠다.

사월 을축일乙丑日에 법전法田으로 가기로 뜻을 정하고 온 까닭을 말하니 모두 말하기를 좋다고 하였다. 이에 경오일庚午日에 고기 잡는 사람 송귀득宋貴得을 데리고 입산을 하였다. 춘양春陽부터 강을 따라 물고기를 잡으면

---

14 『국역 옥천연방고(玉泉聯芳稿)』를 참고하였다.

서 십여 리를 가니, 동천洞天은 맑게 열리고 숲속의 계곡은 깊숙하고 그윽하다. 푸른 절벽은 쪼고 간 듯하고, 흰 돌은 구슬이나 수정 같다. 가운데에 평평한 호수가 있어서 작은 배를 띄울 수 있는데, 실제로 처사 포옹抱翁 정양鄭瀁이 세상을 피한 곳으로 밝혀졌다. 동에는 석현石峴, 북에는 선평扇坪이 있다. 사람들이 사는 것은 보기 드무나 흙은 기름지며 샘물은 달콤하여 진실로 은둔한 군자들이 살만한 곳이다.

선평扇坪 북쪽에서 각화사覺華寺로 들어갔다. 여러 산봉우리가 두루 둘렀고 모든 폭포가 에워싸고 울린다. 울긋불긋한 꽃이 산문山門에 낭자하고 말이 비단 장막 가운데를 밟으니 나그네는 축융祝融[15]의 잔치에 취하니 즐길 만했다. 서쪽 요사채로 들어가니 얼마 뒤 어부가 고기 잡은 것을 알린다. 은빛 비늘 하얀 고기가 버들가지에 가득하여 저녁 식사를 돕게 했다.

신미일辛未日에 조반早飯을 먹고 산에 올랐다. 북암北庵으로부터 곧바로 두두령斗斗嶺 낭떠러지 꼭대기로 오르는데, 힘을 다하여 휘어잡고 올라갔다. 올라가서 서성이며 두루 살피니 비로소 쾌적한 맛이 있다. 수십 리쯤 가니 진목정眞木亭이다. 당정堂亭-일명 반당半堂-에 이르자 산속 웅달샘이 솟아나는데 달기는 꿀맛 같다. 마시고 십여 리를 가니 깃발이 있는데 죽현竹峴이다. 이는 옛 흥주興州[16]가 오고 가는 길을 경영하는 곳으로, 이곳에 사이사이 깃대를 세워 여기에서 쉬도록 한 것이다. 지세는 구불구불하고 산죽山竹은 푸르고 빽빽하다. 푸르른 아름다움이 기수의 벼랑[17]에서 홀로 아름다움을 오로지 하지 않으니 군자는 여기에서 흥을 일으키기에 족하다.

---

15 축융(祝融): 화신(火神)으로 남방(南方)과 여름철을 맡았다.
16 흥주(興州): 경북 영주.
17 《시경》〈기욱(淇奧)〉에 "저 기수 벼랑을 보니, 푸른 대나무 아름답네.[瞻彼淇奧 綠竹猗猗]"라고 하였다.

산등성이를 따라서 북쪽으로 팔구 리 가니 망경대望京臺다. 대 위에는 돌로 쌓아서 신사神祠를 만들었다. 사당의 아래 지세는 평평하고 둥글어서 수백 명이 앉을 수 있다. 높이는 하늘에 닿고 팔방으로 막힘이 없다. 동쪽으로 푸른 바다를 당기고, 서쪽으로 국도國都를 바라보며, 북쪽으로 장백산長白山을 다하고, 남쪽으로 한라산까지 다한다. 시력이 짧고 얕아서 비록 진면목에 자세하지 않으나 은은하게 비치는 가운데 비슷하다 할 수 있다.

무릇 태백의 둘레는 오륙백 리이다. 사이에 수없이 겹쳐진 경계는 태백의 산기슭이 아니다.[18] 우뚝하게 홀로 서서 완전히 중앙에 있는 것과 같은 것은 여러 산의 영수領袖가 된다. 올라가 바라보는 묘한 곳이 된 것은 진실로 여기에 있다.

산은 높고 기온은 차갑다. 추위와 더위가 서로 막힌 사월 보름이라 나무의 싹은 터지기 시작한다. 서쪽 가지는 동쪽으로 굽고 울퉁불퉁 우뚝한 것이 힘써 싸움하는 병사가 물러갔다가 다시 전진하며 죽음에 이르러서도 달아나지 않는 것과 같다. 깊은 숲 큰 골짜기의 긴 가지가 늘어진 잘 자란 것과 기상의 크기가 같지 않다. 지위가 기상을 변화시키고 생활이 체질을 변화시킨다[19]고 했으니 물物과 사람이 어찌해서 다르겠는가? 술병을 기울여 술잔에 가득 채웠다.

---

18 원문에는 '非太白之餘麓'로 되어 있으나 '非不太白之餘麓'이어야 할 것 같다. '태백의 산기슭이 아닌 것이 없다.'가 문맥상 어울린다.

19 사람이 환경에 따라 달라지는 것을 의미하는데, 여기서는 긍정적인 방향으로 변화한 것을 말한다. 맹자가 제(齊)나라 왕자의 의젓한 풍채를 멀리서 바라보고는 "지위가 기상을 변화시키고 생활이 체질을 변화시킨다.[居移氣 養移體]"라고 탄식한 말이 《맹자》 진심 상(盡心上)에 나온다.

동쪽 낭떠러지를 따라 일 리쯤 내려가니 석불石佛과 음사淫祠가 있다. 서북쪽은 높이 솟고 동남쪽은 낮고 넓다. 손길을 마주 잡고 둘러앉은 것이 기세가 힘이 넘치는 용龍 같다. 땅을 보는 자가 명당으로 생각하는 곳인가? 사방의 무녀巫女가 많이 모여 신에게 빌면서 밥을 떠서 주니 산새들이 모두 먹지 못한다. 명산에 미혹되게 기도하는 것은 하늘이 낸 물건을 사납게 멸하는 것이니[20] 어찌 금하지 않는가?

낮에 길을 인도하여 주는 중이 종이에 밥을 싸주기에 각자 가지를 꺾어서 먹었다. 또 동쪽으로 이십 리를 내려가니 소도촌所道村이다. 사방의 산들이 높이 솟아 위압적이며 나뭇가지는 늘어져 얽혔다. 가운데에 물이 솟아나는 못이 있는데, 넓이가 수 묘쯤 되고 깊이는 헤아릴 수 없다. 물빛은 매우 맑으나 밑바닥을 볼 수 없고, 또한 노는 고기도 없다. 음침하고 깊숙하며 차가워 가까이할 수 없다. 사람이 말하기를 "이 못에 돌을 던지면 비바람이 일고 신용神龍의 변화가 있습니다."라고 한다. 시험 삼아 돌을 던지니 크게 소리가 나지만 용의 변화가 없다. 날이 저물어서 박응복朴應福의 집에서 쉬었다. 드릅 나물과 가을의 갓김치가 또한 별미다.

임신일壬申日. 아침에 말을 타기 시작했다. 북쪽으로 물을 따라 육칠 리 가자 혈동穴洞이 있다. 대개 작약芍藥-우리 말은 함박咸白이다.[21] 한 가지가 남쪽으로 절벽을 만들었는데 바위가 갈라져 동굴을 만들고 강물이 나온다. 높이는 서너 길쯤 되고 넓이는 십여 보쯤 된다. 수심 또한 몇 척이다. 물의 근원이 멀어 어디서부터 땅속으로 스며들어 흐르는지 알지 못한다. 석굴의 네 벽은 온통 옥

---

20 《서경(書經)》 주서(周書) 무성(武成)에 "지금 상왕 수는 무도하여 하늘이 낸 물건들을 사납게 멸하고, 백성들을 해치고 학대한다.[今商王受無道 暴殄天物 害虐蒸民]" 한 데서 온 말이다.
21 작약(芍藥)은 미나리아재빗과에 속는 여러해살이풀(다년생 초본식물)이다. 꽃이 크고 탐스러워서 '함박꽃'이라고도 한다.

색이다. 이상한 형상과 괴상한 모양의 옥이 강가에 떨어져 있는데 돌고드름이 아닌 것이 없다. 걸어서 강물을 따라가 물의 근원을 찾으려 했는데 오륙 십 보 지나지 않아 곧 캄캄해졌다. 갑자기 세상에 앞으로 나갈 형세가 없어 불을 가지고 깊이 들어가고 싶었으나 사룡蛇龍의 해가 두려워서 즉시 돌아 나왔다.

사람이 말하기를 "전에 불을 들고 들어간 자가 있었는데 수십 리쯤 들어가자 백사장이 있었습니다."라고 하였다. 또한 말하기를 "한 사람이 망령되이 깊은 곳을 탐색하려는 뜻이 있어 많은 먹을 것과 촛불을 가지고 더욱 깊이 들어갔습니다. 며칠이 지났는지 알지 못하고 밥은 다 먹고 아프고 주려서 일어날 수도 없었습니다. 석벽을 어루만지다가 한 덩어리 떡을 얻어 배부르게 먹고 정신이 맑아졌기에, 먹다가 남은 것을 가지고 나와서 보니 한 덩어리 구슬이었습니다."라고 하였다. 또 말하기를 "때때로 간혹 나뭇잎과 꽃이 떠내려왔습니다."라고 말하였다.

아! 이는 못의 용[池龍]이 변화하는 이야기 종류를 말한 것이다. 물이 땅속으로 스며들어 흐르는 것을 제수濟水라 하는데, 고사古史에 실려있다. 이 물이 땅속으로 스며들어 흐르는 것이 어찌 괴이할 수 있겠는가마는, 근거가 없고 허황한 말이 많다. 동굴 앞에 큰 너럭바위가 있는데 흰 것이 구슬 같다. 백록 선생이 말하길, "이 흰 너럭바위에 앉아서 시와 술이 없는 것이 괜찮은가?"라고 하면서 아이를 불러 술을 따르게 하였다.

다시 소도所道의 길을 따라 황지潢池에 도착하였다. 대개 황지 마을은 진실로 태백의 중심되는 곳이다. 수많은 진지와 성난 기운이 여기에 이르러 풀어지고, 낮고 작은 산이 들 빛이 있다. 이른바 황지潢池란 넓은 들판 가운데에 모인 물이 불과 일묘一畝[22]이고, 사방에는 나무가 없으며 못가 차진 진

---

22 일묘(一畝): 아주 작은 넓이를 말한다.

흙에 초목이 자라고 있는데 특별히 볼만한 것이 없다.

　명성이 실정을 앞섬을 한탄스럽고 낙동강이 계통을 잃음을 한스럽게 여긴다. 사적으로 슬퍼하여 '낙동강의 근원은 태백에서 나오는데 남으로 멀리 달려서 하나의 도道를 둘러싼다. 영남이 인재의 부고府庫라 예부터 칭해지는 것은 실제로 이 강의 맑고 고운 기운 때문이다. 스스로 흘러나온 근원이 어찌 평지의 한 웅덩이 물로 이름을 거짓으로 꾸며댈 수 있겠는가? 반드시 근원이 고요하고, 흐름이 활발한 연후에야 그것에 합당할 수 있을 것이다. 이제 혈동穴洞의 물은 근원이 북으로부터 나오는데 헤아릴 수 없고, 남쪽을 향하여 흐르는데 맑고 넓게 흐른다. 흘러나와 석영石英이 아닌 것이 없고, 신비하고 기이한 둘레가 한 나라에서는 둘이 없으므로 낙동강이 스스로 나온 원류가 됨은 매우 분명하다.'라고 생각했다. 혹자가 말하길, "일세의 사람도 옛날부터 지금까지 전해져왔는데, 하루아침에 고쳐 바꾼다면 또한 분수에 넘치는 외람함이 아닌가."라고 하였다. 나는 말하기를, "산수는 사람과 달라서 착한 말에 기뻐하지 아니하고 악한 말로 성내지 않는다. 이는 바로 합치되는 것이 우리가 평론하는 바와 같다. 이제 산수로써 사람을 미루어 말한다면, 사람에게 실질이 없는 자는 혹 당시의 세상을 속여도 백세 동안 가리기 어렵고, 아름다움이 있는 자는 간혹 일세에는 숨겨져도 만세에 이름을 떨친다. 지금 혈동穴洞의 물은 옛날에 가려졌지만, 지금 드러났으니 어찌 이치가 아니겠는가?"라고 하였다.

　강을 따라 십오 리쯤 내려가니 문금탄文金灘이다. 기암괴석이 가로로 뻗어 물속 방아 찧는 곳에 절구를 만들고, 마모된 곳은 무늬를 이루어 찬란한 관복[23] 같기도 하고 은빛 통나무 같기도 하며 붉은 조개껍데기처럼 영

23　금화(金華)는 벼슬하는 사람의 찬란한 관복을 뜻한다.

롱하다. 언덕의 풀은 마르지 않고 나무는 살아서 빛난다. 뛰어나게 아름답고 화려하며 진귀하고 보기 드문 것이 외따로 떨어져 있어 사람이 알지 못하니 애석하구나! 어부에게 고기를 잡게 했다.

오 리쯤 가니 저산猪山이다. 푸른 절벽은 깎아 세운 듯하고 돌 언덕은 강과 맞닿았다. 강산의 뛰어난 경치는 정자를 짓기에 적합하다. 또 삼 리를 가니 장생촌長生村[24]이다. 긴 강이 낭떠러지 절벽을 에워싸고 구불구불한 땅은 점점 평평하여 촌락이 이루어진 모양이 자못 인간 세상의 기미가 있다. 박성득朴聖得의 집에서 잤다.

계유일癸酉日에 천천穿川에 도착하였다. 돌산은 우뚝한데 동쪽에서 남쪽을 가로막았다. 큰 강은 폭포가 되어 곧게 산의 허리에서 쏟아진다. 번개처럼 빠르게 때리는 것은 천둥과 우레 같다. 돌풍과 함께 내리는 비는 부글거리며 끓어오르고 산악은 기운을 빼앗는다. 비록 철문에 견고한 빗장이라도 감당할 만한 것이 없다. 석문을 뚫어 통하는 기세는 견고하다. 석문을 휘어잡고 올라가 엎드려서 가운데를 보니 놀란 물결은 비로소 잔잔해지며 깊고 넓은 모양이라 깊이를 헤아릴 수 없고 바닥도 엿볼 수 없다. 다만 날아가는 새가 벌레를 삼키려고 출입을 하며, 물고기와 자라가 비늘을 번쩍거리면서 뜨기도 하고 가라앉기도 하는 것이 보일 뿐이다. 해는 비치지 않고 물안개는 일어나 으슥하고 어둑하여 정신은 멍하였다. 밝은 것은 용궁龍宮과 귀부鬼府여서 멀리서 볼 수 있지만 가까이 갈 수 없다. 바위 표면에 이름을 썼다.

연하동烟霞洞을 지나고 직령直嶺을 넘었다. 이잠리梨岑里에 이르러 점심을 먹었다. 강을 따라 일 리쯤 가니 돌 언덕이 강을 가로질렀다. 좌우로 기이

24　장생촌(長生村): 태백시 장성동의 옛이름이다.

한 바위와 이상한 돌이 표현할 수 없다. 지세는 저산猪山과 같다. 그러면서도 석봉石峯은 하늘을 찌르며 푸른 절벽이 깎은 듯 서 있어서 더욱 뛰어나다. 강을 따라 올라가며 물고기를 잡았다. 신성新城[25]에 도착을 하니 동천洞天이 차츰 열려서 자못 들 빛이 있다. 달바위[月巖][26] 바로 앞에는 별바위[辰巖][27]가 뒤를 누르고, 가운데에는 산기슭이 가로 놓여 물을 막았으므로 산 위에 맺힌 형국이라 할만하다.

시골 사람 박첨지朴僉知의 집에서 자는데 방생자方生者가 와서 함께 잠을 잤다. 아침에 만령晩嶺[28]과 불골령佛骨嶺을 넘어서 마방점馬房店에 이르렀다. 그 사이가 삼십 리이며 고목과 여러 가지의 풀이 무성하여 하늘을 막았고, 산의 웅덩이와 폭포가 성내 울면서 땅을 울렸다. 호랑이와 표범을 경계하고 사룡蛇龍이 두려워서 사람이 다시 올 뜻을 끊게 한다. 낮에 주막에서 쉬고 크고 작은 고개를 넘었다. 관석촌官石村에 와서 친척이며 매부의 집-김호金鎬의 집-을 방문했다. 오랜 세월 쌓인 회포로 눈물을 흘리고 울다가 잠자리에 들었다. 산나물과 해물 고기를 내놓는데 정성이 손에 잡힐 듯하다.

을해일乙亥日에 법전法田을 지나 원둔遠屯에서 잤다. 병자일丙子日에 집에 도착하였다.

아! 우리나라의 산천의 승경은 실로 천하의 으뜸이다. 북에는 백두가 있고 동에는 금강이 있으며 남에는 한라가 있는데, 오직 이 태백은 금강과 한라의 가운데 산악이다. 바다와 육지가 성하게 열리고 천지의 영기가 풍

---

25 신성(新城): 대현2리인 것 같다.
26 달바위[月巖]: 달바위봉을 가리킨다.
27 별바위[辰巖]: 진대봉을 가리킨다.
28 청옥산에 있는 넛재를 가리킨다.

부하게 성하다. 삼과 복령의 특이한 풀이 나고 용지龍池의 폭포가 잠긴 향기를 드러낸다. 흘러나오는 강물이 땅속으로 스며들어 흐르며 석영이 생산된다. 많은 봉우리와 산기슭이 울창하며 높고, 영천靈泉과 특이한 물은 콸콸 빠르게 흐르니 이루 다 기술할 수 없다. 대개 각화사覺華寺의 외곽을 겹성과 결문結門으로 두루 둘러싼 것은 국사를 소중히 보관하기에 합당하다. 망경대望京臺의 웅장함은 동남을 눌러서 바다가 기강으로 삼으니 실로 동국의 곤륜산崑崙山이다. 하늘은 옥문을 열고 강은 근원이 없는 데서 나오니 혈동穴洞의 기이한 경관을 보지 않을 수가 없다. 평지에서 솟는 샘이 흐르지 않고 흥건하게 괴어 있는 것이 반무半畝인데 황지潢池가 이름을 떨치니 어찌해서 실질이 없는 것일까?

천천穿川이 한 나라에 널리 알려진 것은 진실로 헛되지 않다. 문탄文灘은 땅이 외져서 명성이 없으니 또한 슬프다. 저산猪山, 장생長生의 푸른 벽, 이잠梨岑과 신성新城의 기이한 바위, 동점銅店의 강을 누름, 방허方墟의 산을 둘러쌈, 모두가 하늘이 아끼고 땅이 감춘 신선 집이 있는 땅이다. 한 가지 한스럽기는 땅이 북극에 가까워서 오곡이 생산되지 않아 산골 사람들이 먹는 것은 귀리와 메밀 종류에 지나지 않다는 것이다. 그래서 절을 세우는 스님은 드물고 정자를 짓는 선비도 없어서 여러 날 구경하면서 한데서 거처하고 풀밭에 잠을 자는 어려움을 면할 수 없었다. 이것이 이름난 선비와 뛰어난 학자가 와서 노니는 것이 없는 까닭이니 전하여질 수 있는 기록이 끝내 드문 것이다.

아! 안동安東의 청량산淸凉山과 순흥順興의 소백산小白山은 태백산에 비하면 어린아이 희롱 정도인데, 모든 노선생老先生들이 두 산에 대해서는 봉우리를 따라서 이름 짓고 기록하였다. 태백에 대해서는 놓아두고 기록하지 않아서 중니仲尼와 같은 존재를 구차하게 전하는 것이 없으면 어찌 어진 뜻이겠는가? 진실로 두 산은 관청의 곁에 있고 도로가 가까워 구경하기 쉽다. 사신의 왕래가 끊이질 않고 유람객이 올라 구경하며 바라보면서 제영題詠하고 수창唱酬한다. 봉우리와 계곡은 아름다운 이름을 얻게 되었고, 시냇물과 돌에도 아름다운 호를 주었다. 옛사람이 말한 이름이 특별히 드러난 것은 어쩌면 그 사람 때문이라는 것이 이것이다.

태백太白은 면적이 강원도와 경상도 양 도의 경계를 걸터앉았다. 관청과의 거리는 수백여 리이고, 또한 머무르고 쉴 수 있는 사찰과 정자는 없다. 돌아보건대 타금명옥拖金鳴玉[29]의 선비가 어떻게 이곳에 들어오겠는가? 이 곳이 산은 옛 이름을 따르고 물은 새로운 이름이 없는 까닭은 높은 사람들과 학자들의 품제品題 하거나 기술記述이 없어져서인가? 찾을 수 없다. 비록 그러하나 사람은 알아주지 않아도 산은 성내지 않으니, 알아주지 않아도 성내지 않는 것이 진실로 군자이다. 그러나 알 수 있는데도 알아주지 않는 것은 누구의 부끄러움인가?

나는 가난한 곳에 사는 쓸모없는 선비로 촌구석의 미천한 사람이다. 늙어서도 경학을 연구하면서 송자宋子의 시절을 항상 근심하였다. 반세기 동안 불우한 환경으로 한공韓公의 눈물에 자주 젖었고, 몸을 맡길 땅이 없어서 산어귀에 발걸음을 들여놓았다.[30] 어찌 족히 이 산의 경중輕重이 되겠는가? 나는 이 산이 문헌으로 전해지는 것이 없음을 슬퍼하여 위와 같이 본 바를 낱낱이 서술하고 기록하였다. 뒤에 보는 분은 또한 이 글로 느낀 바

---

29 타금명옥(拖金鳴玉): 우주 타금(紆朱拖金) : 붉은 관복을 입고 금띠를 띤 것을 말하는 것으로, 고관이 됨을 이름. 승초 명옥(乘軺鳴玉) : 수레를 타고가면 장식한 마구(馬具)가 울리게 되는 것. 곧 부귀를 누리고 있는 것.
30 가보산경(假步山局)은 산어귀에 발걸음을 들여놓는다는 뜻으로, 변덕스럽게 들락거리는 것을 의미한다.

가 있으면, 길이 험하고 먼 것을 꺼리지 말고 깊이 찾아서 끝까지 보면서 반드시 이름을 짓고 호를 주는 것이 있을 것이고, 이 산이 적막에 이르지 않게 할 것이다. 어찌 행운이 아니겠는가?

숭정崇禎 삼갑자三甲子, 1804년 4월 일 옥천玉泉 병든 늙은이 짓다.

원문

余自幼遊柳川姜先生門下 先生之宅距太白頂上可八九十里 每擧首瞻仰有一見之願 而庸懶汨沒未能矣 戊申春與白麓先生同遊太學 有宗老定山丈-必敎-與之同房 問余以太白之黃池穿川 余跪曰 小子未及見也 定山丈曰 士之不識山水之樂亦未免俗矣 余甚愧之 歸與白麓先生謀往見之 而緣彼此多故未能 遂願于今數十年矣 去年春喪子 今已除縗 於世味益澹然矣 自想少時汨沒科臼 今又以憂故繳繞時月 則竊恐此生無可圖之日矣

四月乙丑決意往法田 備陳其所以來之意 僉曰可 乃以庚午日入山率漁手宋貴得 自春陽沿江而釣魚行十餘里 洞天開朗 林壑窈窕 蒼壁如琢如磨 白石如珠如晶 中有平湖可以容小舟 實明處士鄭抱翁濊 避世之所也 東有石峴北有扇坪 人居稀濶土沃泉甘 眞隱君子可居之地也 自扇坪北入覺華寺 群巒周匝衆瀑環鳴 千紅萬綠狼藉 山門馬踏錦障之中客醉祝融之宴可樂也 遂入西寮 俄而漁手告功 銀鱗玉尺滿貫柳枝 使助夕供

辛未早飯上山 自北庵直上斗斗嶺 懸崖絶頂極力躋攀而上 旣上盤桓周省則始有快適之味矣 行數十里許 有眞木亭 至堂亭-一名牛堂-山泉湧出 其甘如蜜飮已卽行十餘里 有旗竹峴 此卽古興州營往來之路 而使介之竪幟於此憩息於此者也 地勢逶迤 山竹蔥密 靑靑猗猗 不獨專美 於淇澳 而君子於此足可以起興也

夫循山脊而北八九里得望京臺 臺上築石爲神祠 祠之下地勢平圓 可坐數

百人 而其高干霄 八方無碍 東挹滄海 西望國都 北盡長白 南極漢拏 目力短淺 雖不詳其眞面 而亦可髣像於隱映之中也 夫以太白之周回五六百里 其間萬疊千重 疇非太白之餘麓 而若其歸然 特立宛在中央 爲諸岳之領袖 爲登望之妙處者 寔在於是矣 山氣高寒 寒暑隔閡 四月之望 木芽始坼 西枝東屈 擁腫昂莊 有如力戰之士 旣退復進 至死不去 而其與深林巨壑 落落長養者 氣象大不侔矣 居移氣養移體物與人 何以異也 遂傾壺滿酌

　循東崖而下一里許 有石佛淫祠 西北高聳 東南低谿拱揖環抱 氣勢苾蘢 其亦相地者之所爲歟 四方巫女水萃雲集禱神 散飯山禽不能盡食 淫慾名山暴殄天物 何不禁之也

　日午指路僧以紙裸飯進之 各自折枝而食 又東下二十里 有所道村 四山高壓樹木樛結中有自湧池 廣可數畝 深不可測 水色至淸而不見底 亦無游魚陰邃氣凜不可狎玩 人言此池投石則風雨忽起 有神龍之變 試以石投之則穹然作聲 亦無龍變 日昃宿朴應福家 木頭菜秋芥菹 亦其異味

　壬申朝始乘馬 由北沿江六七里 有穴洞 蓋芍藥-諺釋咸白-一枝南起陡絶 巖坼成窟 江水出焉 高可三四丈 廣可十餘步 水深亦數尺 而其源流之遠 則不知其自何伏流也 石窟四壁俱是玉色 而奇形怪樣之玉 落在江畔者 無非石鍾乳也 遂步沿江水 欲尋源流則不過五六十步而便作黑 窣世界無可前進之勢 意欲把火 深入而恐有蛇龍之害 因卽還出

　人言前有把火而入者 行數十里許 有白沙場 又言一人妄有窮探之志 多持食物 燃燭愈深愈入 不知閱幾許日 而飯盡病飢 不能起 手撫石壁得一塊餠飽喫 精神爽然 因持其喫餘之物 而出見則乃一塊玉也 又言時或有菜葉花蘂之泛來云 噫噫 此亦所道池龍變之說之類也 水之潛行伏流者謂之濟水 而載之古史 此水之伏流有何可怪而有許多荒誕之說也 穴前有大盤巖 白如玉 白麓先生曰 坐此白玉盤無詩酒可乎 呼僮酌酒

更由所道路 到潢池 蓋潢池之洞 實太白之當心處 而萬壘怒氣至是釋然 殘山短麓 頗有野色 所謂潢池者在廣坪之中 貯水不過一畞 四無樹木 池畔黏泥生草木別無可觀 遂歎聲聞之過情 又恨洛江之失系 私自慨然曰 洛江之源出自太白 南馳遙遙環包一道 嶺南之古稱人才府庫者 實由於此江 明麗之氣則其所自出之祖 豈可以平地一泓水 冒稱乎必也 其源之靜心 其流之活潑然後可以當之

而今此穴洞之水 其源自北而莫測 其流向南而清澈 因流轉出無非石英 而其神異奇環 一國無雙 則其爲洛江所自出之祖明甚矣 或曰一世之人 古來相傳于今一朝改易 不亦僭而越乎 余曰 山水異於人 善言不喜 惡言不怒 此正合如吾者之所可評論也 今以山水推之於人 則人之無實者 或欺其當世而難掩 百世人之有美者 或湮於一世而揚於萬世 今穴洞水之蔽於古而顯於今者 豈無其理也哉

遂沿江而下十五里許 有文金灘 奇巖怪石橫亘 水中春搏處 成曰磨憂處 成文 金華銀樸 紫貝玲瓏 岸草爲之不枯 林木爲之生輝 惜乎奇麗珍怪之潛藏僻處 人莫之知也 令漁手鉤魚 行五里許 有猪山 蒼壁削立 石阜衝江 江山之勝足合搆亭 又過三里 有長生村 長江環抱崖壁 逶迤地勢稍平 村落成樣 頗有人世氣味 宿朴聖得家

癸酉到穿川 石山磈礧 自東遮南 大江成瀑直射山腰 疾如飛電 擊如震霆 雷雨沸騰 山岳奪氣 雖鐵門牢關無可抵當者 石門之通穿 其勢固然也 攀緣石門俯視其中 則驚浪始定 頮溶沆瀁 莫測其浹 莫窺其底 但見飛鳥吞虫 而出入魚黿茸麟 而浮沈天日莫照水霧 溁泙冥冥蒙蒙 神魂怡悅 明是龍宮鬼府 可遠觀 而不可近也 遂題名石面

過烟霞洞 踰直嶺 至梨岑里 午飯 沿江下一里許 有石阜橫江 左右奇巖異石不可勝 旣地勢若猪山 然而石峯之衝霄 蒼壁之削立 尤有勝焉 遂泝江釣

魚 至新城洞天 稍開頗有野色 月巖當前 辰巖鎭後 中有殘麓橫迤遮水 可謂山上結局

宿村氓朴僉知家 有方生者來 與之同宿 朝踰晚嶺佛骨嶺 至馬房店 其間爲三十里 而老樹叢卉翁鬱蔽天 山湫石瀑怒吼動地 虎豹之戒 蛇龍之畏 令人絶再來之意焉 午憩店舍 由大小嶺至官石村 訪族叔妹家-金鎬家-積年阻懷泣涕 止宿山菜海饌情意可掬 乙亥由法田宿遠屯 丙子至于家矣

嗚呼 我東山川之勝 實冠天下 北有白頭 東有金剛 南有漢拏 而惟此太白爲金剛漢拏之中岳 水陸所湊開 六合之靈氣豐蔚所盛 貢蔘苓之異草 龍池瀑瀑而沈香出焉 漏江伏流而石英産焉 千峯萬麓之鬱弟嶢屼 靈泉異水之潆洄汨瀁 有不可勝 旣而其大槪則覺華寺之郊郭周匝重城結門者允合 國史之寶藏矣 望京臺之雄鎭 東南以海爲紀者 實爲東國之崑崙矣 天開玉門江出無源則穴洞之奇景 不可不觀也 平地湧泉渟滀半畝 則黃池之擅名 何其無實也

穿川之膾炙一國誠不虛也 文灘之地僻 無名亦可哀也 其餘猪山長生之蒼壁 梨岑新城之奇巖 銅店之壓江 方墟之環山 皆可爲天慳地秘 仙庄之地而獨恨 夫地近北極 五穀不生峽 人所食不過耳车木麥之類 故僧罕建寺 士無搆亭而累日遊觀 殆未免露處草宿之患矣 此所以名碩之來遊者 絶無而紀述之可傳者終鮮矣

嗚呼 安東之淸凉 順興之小白 比太白兒戲耳 而諸老先生於二山 則隨峰創名有志 有錄於太白則置而不錄 沒沒無傳 是仲尼豈賢之意哉 誠以二山則處在官府之傍道路 便近遊觀 甚易使价之往來 陸續遊人之登覽相望 題詠於斯唱酬於斯 峰壑以得佳名川石以之錫美號 古人所謂其名特著以其人者是也若太白者幅員跨江慶兩道之境 距官府數百餘里 且無寺刹亭宇之可留可憇則顧彼拖金鳴玉之士 何由而入此境乎 此所以山仍舊號水無新名 而高人學士之品題記述泯乎 不可尋矣 雖然人不知而山不慍 不知而不慍者 是誠君子

而可知而不知者是誰之恥

如吾篳門腐儒窮巷賤品白首 窮經恒泣宋子之秋 半世落拓頻沾韓公之淚 托身無地假步山局 而又何足爲此山之輕重哉 余旣悲此山之無文獻之傳 而姑歷敍所見錄 其所述如右後之覽者 亦能有感於斯文 不憚險遠窮搜極觀則必有創名錫號 而俾此山不至寂寞者矣 豈不幸哉

崇禎三甲子四月日 玉泉病叟書

송병선宋秉璿, 「**유교남기**遊嶠南記-봉화부터 태백산에 들어가는 기록 [自奉化入太白山記]-」, 『**연재집**淵齋集』

번역문

갑술甲戌. 태백을 향해서 출발했다. 마침 각화사 중 성휴性休를 만나는데 그가 앞에서 인도했다. 한치寒峙를 넘어 안동安東 춘양현春陽縣에 도착했다. 이곳은 소라국召羅國[31]의 옛터이다. 사방이 산으로 둘러싸고 큰 시내가 가운데로 흐른다. 샘물은 달고 흙은 비옥하다. 남사고南師古가 말한 십승十勝의 땅 중 이곳이 제일이라 한다. 도연서원道淵書院[32] 옛터를 지나 석현石峴을 넘었다. 옆에 정포옹鄭抱翁의 옛터가 있다. 물을 따라 깊이 들어가니 양쪽 언덕에 진달래꽃이 한창 폈다. 마음이 무척 즐거웠다. 각화사覺華寺에 이르

---

31 소라국(召羅國): 삼한시대의 부족 국가 이름. 경상북도 봉화군(奉化郡) 법전면(法田面) 소천리(召川里·韶川里) 지역에 있었다. 옛 소라부곡(召羅部曲) 일대를 중심으로 하여 있었던 소국으로, 뒤에 신라에 병합되었다가 고려 때 소라 부곡이 되었다.

32 도연서원(道淵書院): 경상북도 봉화군 춘양면 서동리에 있는 서원으로, 한강(寒岡) 정구(鄭逑)와 미수(眉叟) 허목(許穆), 번암(樊巖) 채제공(蔡濟恭) 등의 제사를 모시던 곳이다. 1693년(숙종 19) 건립되었다. 조선 중기 문신 겸 학자인 정구(1543~1620)와 허목(1595~1682), 조선 후기의 문신인 채제공(1720~1799)의 제사를 모셔오다가 1858년(고종 5)에 국령(國令)으로 철폐되었다.

러 남녀籃輿를 타고 10리쯤 올라갔다. 비탈길은 가파르고 숲은 울창하다. 가다 쉬다 하다가 사고史庫로 들어갔다. 위아래 두 개의 건물인데 위는 선첩璿牒33을 보관하고 아래는 금궤金櫃34를 보관했다. 돌담으로 둘러싸고 뭇 산이 팔짱을 끼듯 있다. 온갖 신령한 것이 호위하니 하늘이 베푼 험한 곳이다. 벌려 놓은 것은 적상산사고赤裳山史庫에 미치지 못한다. 절로 돌아와 옛 전적을 열람하였다. 가운데 석실石室에 명록名錄이 있는데 앞에 서약봉徐藥峯35의 이름이 있고, 봉곡鳳谷36 선조先祖는 검열檢閱로 이름이 있다. 숙종 병인丙寅 9월에 명을 받아 포쇄를 하였다.

을해乙亥. 망경대望京臺로 올라가려고 하니 강선장姜善長과 희원羲元이 쫓았다. 곧바로 산마루로 올라갔다. 형세는 매우 험준하여 거의 가마를 타지 못하였다. 두두령斗斗嶺에 이르니 낭떠러지다. 정상에 오르고 오르니 하늘을 만지는 것 같다. 수십 리를 가서 당정棠亭에 이르니 삼척 땅이다. 따르는 사람이 밥을 주어 요기하였다. 또 곧바로 4~5리를 오르니 참대[苦竹]가 길을 끼고 있다. 나무는 울창하고 골짜기의 눈이 왕왕 쌓여있다. 두두령斗斗嶺부터 연이어 큰길의 옛 흔적이 있다. 중이 말하길 신라 때 관리가 통행하던 길이라 한다. 차근차근 가기 어렵다. 이내 망경대 머리[臺巔]에 이르렀다. 돌을 쌓아 신사神祠를 만들었다. 신사 앞은 평평하며 둥글어서 수백 사람이 앉을 수 있다. 높이는 곧바로 구름까지 닿고 사방 천 리 눈에 보이는

---

33 선첩(璿牒): 왕의 사적을 적은 문서, 선원 보첩(璿源譜牒).
34 금궤(金櫃): 금궤는 국가에서 귀중한 서적들을 간직해 두던 서궤(書匱)로 한(漢)나라 태사령(太史令) 사마천(司馬遷)이 일찍이 석실 금궤(石室金匱)의 서적들을 모두 참고하여 《사기(史記)》를 편찬했다고 한다.
35 서약봉(徐藥峯): 약봉(藥峯)은 서성(徐渻)의 호.
36 봉곡(鳳谷): 송주석(宋疇錫, 1650~1692)의 호다. 송시열(宋時烈)의 손자이며, 송기태(宋基泰)의 아들이다.

것이 막힘 없다. 소백小白, 문수文殊, 학가鶴駕, 팔공八公, 오대五臺, 치악雉岳 등 여러 산이 엎드려 인사를 한다. 거의 병사들이 장군에게 명을 듣는 것 같다. 바라볼 수 있는 물은 동해다. 구름 가에 푸르다. 남쪽 오랑캐 땅도 가리켜 지목할 수 있다. 굽어보고 우러러보며 좌우로 둘러보자 황홀한 것이 허공을 걸터앉은 것 같아 손으로 별을 딸 수 있을 것 같다. 이윽고 바람이 숲을 흔들고 해가 지자 드디어 술병을 기울여 잔을 가득 채웠다.

동쪽으로 몇 리 내려오니 석불石佛과 음사淫祠가 있다. 그윽한 깊은 계곡 가운데를 가노라니 고목과 푸른 등나무가 하늘과 해를 가린다. 산에서 내려와 머리를 돌리니 쓸쓸히 다하지 못한 생각이 든다. 비록 다시 오르고자 하지만 구름사다리로 올라갈 수 있는 것이 아니다. 믿을 만 하구나. 상달上達은 진실로 어렵고 윤하淪下는 가장 쉽다는 말이여. 대개 이 산은 웅장하게 서린 것이 이삼 백 리이고, 천만 겹친 것이 수 놓은 듯이 겹치고 별처럼 줄지었다. 단정하고 두터우며 중후하다. 덕 있는 사람의 기상이 있어서 지리산과 우열을 논할 수 있으나, 그윽한 정취는 혹 뛰어난 것이 있는 것 같다.

소도촌所道村[37]에 이르니 사방의 산이 고압적이다. 물은 절로 솟으니 깊어서 잴 수 없다. 색은 맑고 노니는 물고기가 없다. 서쪽으로 꺾어져 육칠 리를 가니 혈동穴洞이다. 작약봉芍藥峯 한 갈래가 남쪽으로 절벽을 만들었다. 바위가 갈라지며 굴을 이뤘는데 높이 솟은 것이 성문 같다. 물이 이 속에서 나온다. 동굴 벽은 기괴하고 오색이 떨어져 물가에 있는데 종유석 아닌 것이 없다. 수십 보 들어가니 캄캄한 것이 나아갈 수 없다. 사람이 말하길 일찍이 불을 갖고 들어간 자가 있었는데 수십 리쯤 가자 백사장이 있

37　소도촌(所道村): 태백시 소도동 일대를 가리킨다.

고 끝내 근원을 찾을 수 없었고, 매번 가을이 들 무렵에 시래기가 왕왕 떠내려온다고 한다. 물이 땅속으로 스며들어 흐르는 것을 제濟라고 하니 옛 역사에 실려있다. 이 물이 잠겨 흐르는 것이 어찌 괴이한 것이 있으랴. 앞에 펼쳐진 너럭바위는 색이 매우 깨끗하다. 앉아 쉬면서 준순주逡巡酒[38]를 마셨다.

흐르는 물을 따라 십 오리를 내려가서 황지黃池를 만났다. 못은 평지에 있다. 넓이는 여러 무畝가 된다. 맑고 파래서 밑을 볼 수 없다. 가뭄과 장마에도 더하거나 줄어들지 않는다. 황씨 성을 가진 사람의 옛터여서 이름을 얻었다고 한다. 땅은 태백의 가슴에 자리 잡고 있어 만 겹 노기怒氣가 이곳에 이르러 풀어진다. 낮고 작은 산은 자못 들판의 색이 있다.

못의 하류는 여러 골짜기의 물이 모여 산을 뚫고 나가니 천천穿川이라 한다. 이는 낙동강의 발원지다. 돌산이 동쪽으로부터 남쪽을 가로막고 강물은 폭포를 이룬다. 곧바로 산의 허리를 뚫으니 빠르기가 번개 같고 치는 것은 벼락같아 멀리 볼 수 있으나 가까이할 수 없다. 아래에 도호桃湖가 있다. 산과 물이 앉고 돌아가는 것이 태극의 모양과 같다. 또한 하나의 기이한 경관이다. 황지부터 서쪽으로 크고 작은 조항鳥項을 넘었다. 봉궁석문封弓石門이 있는데, 자시子時 밤중에 스스로 열리고 닫히니 참으로 별세계로, 무릉도원과 같아 사람이 그곳을 찾은 자가 없다고 한다. 이 말은 황당무계하다. 또 해염지海鹽池가 있다고 한다. 또한 믿을 수 없다.

---

38 준순주(逡巡酒) : 신선이 잠깐 사이에 빚는다는 술이다. 한유(韓愈)의 질손(姪孫) 중에 상(湘)이란 이가 있었는데, 한유가 일찍이 그에게 학문에 힘쓰라고 하자, 상이 웃으면서 "준순주를 만들 줄도 알거니와, 경각화도 피울 수가 있답니다.[解造逡巡酒, 能開頃刻花.]"라는 시구를 지어서 보여 준 고사가 있다.《太平廣記 詩人玉屑 卷20 方外》.

금문탄金文灘의 기이함과 고움, 저산猪山과 이잠黎岑의 아름다운 승경 또한 함께 완상할 만하지만 찾아가 보지 못하고 곧바로 사길령士吉嶺[39]을 넘었다. 달빛 아래 도심道深에 이르러 청량산淸凉山으로 향했다.

원문

自奉化入太白山記

　　甲戌。發向太白。適逢覺華僧性休前導。而踰寒峙。到安東春陽縣。此召羅國故墟。而四山周匝。大川中流。泉甘土肥。南師古所稱十勝之地。此爲第一云。歷道淵書院舊址。越石峴。傍有鄭抱翁古基。溯流深入。兩岸杜鵑花盛開。意甚樂之。到覺華寺。以籃輿擔上十許里。嶝途峻急。林木森陰。且行且休。轉入史庫。上下兩閣。上奉璿牒。下秘金櫃。繚以石垣。羣巒扶拱。百靈擁護。亦一天設之險。而其所排布。不及於赤裳矣。還寺閱覽舊蹟。中有石室銜名錄。首題徐藥峯。而鳳谷先祖以檢閱。肅廟丙寅九月。承命曝曬也。乙亥。將上望京臺。姜君善長羲元 從行。直上山脊。勢甚險峻。太半不可輿。到斗斗嶺。懸崖絶頂。登登若摩天。行數十里。到棠亭。是三陟地也。從者獻飯療飢。又直上四五里。苦竹挾路。樹木叢鬱。堅雪往往堆積。自斗斗嶺。連有大路舊痕。僧言羅時官行通路云。寸寸艱進。乃抵臺巓。築石爲神祠。祠前平圓。可坐數百人。而其高直可以干雲霄。四方千里。極目無碍。小白,

---

39　강원도와 경상도를 잇는 옛 고갯길이다. 태백시 소도동 혈리의 정거리에서 천평으로 넘어가는 고개로, 옛날 강원도에서 경상도 춘양 지역으로 가는 중요한 교통로였다. 이 고갯길에는 산령각과 함께 국수당이 있으며, 신수로 모시는 엄나무가 있다. 조선 후기에 보부상들이 이 고개를 넘어 다니면서 안전을 기원하고 상업의 번창을 위해 산령각을 짓고 매년 음력 사월 보름에 정성껏 제사를 지냈다고 한다.

文殊, 鶴駕, 八公, 五臺, 雉岳諸山。拱揖俯伏。殆若卒伍之聽命於主將。水之可望者東海。雲際蒼然。南夷之域。亦可指點。俯仰顧眄。怳惚若跨虛空。而手可摘星辰也。已而天風振林。日車西側。遂傾壺滿酌。從東而降數里。有石佛淫祠。窈然行深谷中。古木蒼藤。亘蔽天日。下山回首。悄然有不盡之思。雖欲復登。而非雲梯可攀。信乎上達之甚難。而淪下之最易也。蓋此山雄盤數三百里。千萬重疊。繡錯而星列。其端厚凝重。有有德人氣像。可與智異論其伯仲。而幽邃之趣。似或有勝焉。到所道村。四山高壓。水有自湧。而深不可測。厥色澄清。亦無游魚。西折而行六七里。有穴洞。芍藥峯一支。南起陡絶。巖坯成竇。穹然如閭。水從這裏出。竇壁奇怪。有五色落在水邊。無非石鍾乳。入數十步。昏黑不可進。人言嘗有把火而入者。行數十里許。有白沙場。而終不得窮其源。每當秋初。菁葉往往浮來。夫水之伏流。謂之濟而載在古史。此水之潛行。何怪之有。前鋪盤石。色甚潔白。坐憩巡酒。循流而下十五里。得黃池。池在平地。廣可數畝。澄碧不見底。旱潦無增減。是黃姓人舊址。故因以得名云。地據太白之當心處。而萬疊怒氣。到此釋然。殘山短麓。頗有野色。池之下流。會衆壑水。穿山而出。名曰穿川。是爲洛江發源也。石山自東遮南。江水成瀑。直射山腰。疾如飛電。擊如震霆。可遠觀而不可以近也。下有桃湖。山水抱廻。如太極狀。亦一奇觀也。自黃池。西踰大小鳥項。有封弓石門。子夜自爲開闔。誠一別界。如武陵桃源。而人無有覓之者。則此說殆涉荒誕。而又有海鹽池云。亦不可信也。金文灘之奇麗。豬山棃岑之佳勝。亦可供玩。而未能窮探。直踰士吉嶺。乘月而抵道深。轉向淸涼山。

태백 여행기

윤선거尹宣擧, 「파동기행巴東紀行-갑인甲辰」[40], 『노서유고魯西遺稿』

번역문

4월 14일 아침에 출발하여 덕전촌德前村 계곡 사이에서 말에게 꼴을 먹였다. 돌 색깔이 모두 다섯 종류인데 모양이 매우 기이했다. 동국여지승람에서 척주陟州에서 마노석이 난다고 했는네, 바로 이곳을 말한다고 한다. 해질 녘에 느릅령[楡嶺][41]의 남쪽 가지를 넘었다. 일행을 나누어 옥만玉萬 등을 보낸 곧바로 황지黃池로 향하도록 했다. 영월에서의 행차가 당도하면 우리 행차의 소식을 알려주라고 시켰다. 고개를 넘으면 서쪽과 남쪽의 양 갈래다. 서쪽은 황지를 향하고, 남쪽은 천천穿川으로 향한다.

오십천五十川은 쌍 우물[雙井]에서 발원한다. 우물은 절벽에 매달려 있고, 흐르는 것은 폭포와 같다. 옛날 월돈각사月頓覺寺[42]는 북쪽 계곡 속에 있었는데, 하늘 기둥 같은 하나의 석봉이 보인다. 계곡 입구를 막아서 있으니

---

40 1664년 형 尹舜擧와 함께 關東 일대를 유람한 기행일기이다.
41 느릅령[楡嶺]): 태백시 황지와 삼척시 도계읍 사이에 연결하는 옛 고갯길로 예전에 이 근동으로 느릅나무가 많아 붙여진 지명.
42 월돈각사(月頓覺寺): 강원도 삼척시 도계읍 흥전리에 있는 사찰터. 유물 가운데 석탑, 석등, 배례석 등은 9세기 후반 양식 전형을 보여 주며, 귀부는 신라 말 고려 초 시기에 해당한다. 특히 석탑은 신라식 석탑이지만 기단부가 2층이 아닌 3층인 삼중기단석탑으로, 그 예가 드물어 주목된다. 탑과 금당 배치는 단탑가람배치(單塔伽藍配置)이다. 절터에서 지금까지 조사된 유물들로 보아 흥전리 사지가 신라 말 고려 초 태백산의 북쪽 문화권에서 가장 크고 중요한 사찰이었음을 알 수 있다.

절의 안산案山이 된다. 민간에 전하는 말로 절의 중이 쌍정에서 물을 길어 부처를 공양했다고 하는데 황당무계한 말이다.

느릅령 꼭대기에 백석이나 수확된다는 땅[百石地]이 있는데, 옥원沃原과 빙곡氷谷의 위로 길이 여기까지 도달한다. 일찍이 안숙晏叔과 함께 빙곡氷谷을 보려 했던 이유는 백석땅[百石地]을 보려고 했었기 때문이다. 백석이란 이름은 평평한 들판이라 농사지을 수 있는 논이 백석이란 것인데, 지금 지세를 보니 못은 있으나 냇물의 근원은 없다. 가물면 건조하고 물은 차가워서 부쳐 먹을 만한 좋은 땅이 아니다. 안숙이 착각한 것 같다.

저녁에 철암鐵岩에서 잤다. 오십천 골짜기로 들어오면서부터 30리에 한 마을이 있고, 한두 집에 불과했다. 철암 사람들은 초가집에 살았는데 큰 산 깊은 계곡 사이에서 끼어 있다. 곰과 범이 사는 곳이고 새와 맹수도 피하는 곳인데도 스스로 삶을 살아갈 뿐 그 외는 원하지 않는 다. 만물의 속성이 땅을 편안히 여기는 것을 여기서 볼 수 있다.

4월 15일 아침 일찍 출발하여 동점銅店에서 아침을 먹고 천천穿川을 구경했다. 황지의 물이 삼십 리를 흘러왔는데 작은 돌산 하나가 계곡 입구를 가로막고 우뚝 서서 막아섰고, 내외가 철벽같이 백길 낭떠러지로 깎아질렀으나 냇물이 흐르며 곧바로 뚫었다. 마치 도끼로 찍은 것과 같다. 깊고 검어 마치 용이 숨어 있는 연못 같다. 앞뒤로 장관이며 총석정叢石亭과도 같지 않다. 만약 기이하고 장대한 것을 논한다면 천천과 같은 것이 없을 것이다.

오후에 물을 거슬러 올라 열 번이나 냇물을 건너 황지로 올라가다가 길이 너무 험해 천천으로 되돌아왔다. 철암의 상묘물上妙物 앞을 지나니 길이 아주 평탄하다. 수맥水脈을 보기 위해 곧바로 냇물의 근원을 따라 올라갔다. 저녁나절쯤 마침내 황지에 도착했다. 영월의 행차는 어제 도착하여 아침에 방외굴方外窟로 향했다.

황지 위쪽으로 촌락이 있는데 경주에서 온 이기李杞의 형제는 다섯 사람이다. 이곳이 살만하다는 말을 듣고 집안을 다 데리고 와서 산 지가 10년이 되었다. 대개 황지는 앞 들판에 물을 댈 수 있기 때문에 논농사가 가능하지만, 산 위라 서리가 빨리 내려 벼가 채 익지도 않았는데 낭패를 보기 때문에 장차 남쪽 고향으로 돌아가려 한다고 한다.

　대개 황지의 지형을 살펴보면 동서로 길고 남북으로 짧다. 주변을 돌면 수십 리쯤 되고 평평한 땅으로 되어 있다. 태백산이 동쪽으로 뻗은 곳을 대박산이라 부르는데, 봉우리 아래에 황지 연못이 솟아난다. 연못의 가로 세로 폭과 넓이는 수 칸 정도이고 맑고 푸른 것이 깊은 연못이다. 연못 속에 돌과 바위가 쌓여 있고 연못 밖은 평지다. 안으로 돌이 쌓여 있어 진실로 기이하다. 가끔 연못 가운데 색이 누렇기 때문에, 이것으로 황지라고 한다. 연못물이 솟아올라 바로 시내를 이루어 흐른다. 아래위 연못과 방외굴의 물이 합쳐져서 큰 하천이 되고 천천穿川으로 들어간다. 이것이 바로 낙동강의 근원이다. 아래위 연못은 황지 동쪽에 있다. 용연龍淵은 아래위 이 층으로 되어 있으며, 물이 연못 가운데서 솟아 나와 시냇물을 이루고 있어 진짜 볼만하다. 물이 연못 속에서 솟아 나와 시냇물을 이루고 있어 진짜 볼만하다. 날이 저물어서 찾아가 보지 못했다. 방외굴方外窟은 황지 서쪽에 있다. 굴은 평창군 대화리의 것에 비해 좀 더 깊다. 큰 내가 굴 안에서 흘러나오니 또한 신기하다.

　찾을 수 없던 우리 조선국 조상의 능을 황지 위 언덕 하나를 가리키면서 연하산煙霞山을 안산으로 삼았으니, 형세가 주변과 두루 이어지고 맞닿아 있어 심히 풍수의 안목에 마땅하다고 한다. 저녁에 방외촌方外村으로 가서 형님과 같이 잤다. 조카 김취려金就礪가 모시고 왔다.

　4월 16일 삼척 사람 김립金立 등이 하직 인사를 하고 돌아갔다. 삼척 사또가 세 사람과 말 두 마리로 우리 일행을 송별했는데, 지금 영월에서 온 행차를 만나 비로소 돌아가도록 했다. 각기覺機도 이곳에서 헤어졌다. 각기는 열심히 나를 따라다녔는데, 헤어질 때 한 마디를 청하기에 글을 써서 줬다. 서로 도道와 합치되는 것 같았다. 아침에 방외굴方外窟을 지나 하방치何方峙를 넘었다. 낮이 되어서 업평장業平莊에서 말을 먹였다. 장산치壯山峙를 넘어 은장암隱藏岩, 골동암鶻同岩[43], 봉전촌蓬田村을 지나 청전촌淸川村에서 잤다.

원문

○十四日朝發。秣于德前村溪間。石色皆五。狀甚奇異。輿志陟州產碼磶者。卽此地云。晡踰楡峙之南枝。分送玉萬等。直向黃池。蓋聞越行之當到。俾告余行消息焉。踰峙西南兩枝。西則向黃池。南則向穿川。五十川源發於雙井。井懸於絶崖。溜如瀑狀。舊月頓覺寺在北谷中。見一石峯如天柱者。當谷口爲寺之案山。諺言寺僧汲於雙井而供佛云。蓋誣語也。楡峙之上。有百石地者。沃原氷谷之上游路達于玆。曾與晏叔期觀氷谷者。爲觀百石地故也。百石之名。爲其平原可作水田百石地。而今觀地勢。則有停潴而無川源。旱則乾。水則冷。非可食之良田也。晏聞似錯愕。夕宿于鐵岩。自入五十川洞。一舍一村。不過一二家。鐵岩民居一草屋。介在於大山深谷中。熊虎之所窟。鳥獸之所避。而猶自生生。不願其外。物性之安土。此可見矣。

○十五日早發。朝飯于銅店。觀穿川。黃池之水流三十里。一小石山橫峙谷口。內外鐵壁削立百仞。而川流直穿。若用斧破。深泓邃黑。有似藏龍之淵。蓋前後壯觀。無如叢石亭。而若論奇壯。則又莫如穿川

---

43 골동암(鶻同岩): 영월군 상동읍에 있는 꼴두바위.

矣。午後溯流十渡。上于黃池。路甚崎嶇。自穿川還。由鐵岩之上妙物之前。則路極平夷。而爲觀水脈。直溯川源。向夕方達于黃池。越行昨到。朝向方外窟矣。黃池上有村。乃自慶州來李杞兄弟者五人。聞此地可居。捲家來居者十年。蓋爲黃池灌于前郊。則可作水田。而山上早霜。禾稻未熟。狼狽將歸于南云矣。蓋觀黃池之坪。東西長而南北短。周回可數十里。作一平陸。太白山東枝名大朴峯之下。黃池出焉。池之延廣廑數間。而澄碧爲深淵。淵中岩石交積。外則平原。內有積石。眞可異也。有時池中色黃故名以是云。池水涌出。卽成川而注。與上下淵，方外窟之流。合爲大川。歸于穿川。是乃洛東江之源也。上下淵者。在黃池之東。龍淵有上下二層。水自淵中涌出成川。極可觀也。而日暮未及尋往。方外窟者。在黃池之西。窟比於大和差深。而大川從窟中流出。亦可奇也。國朝先陵之不得尋者。指黃池上一山丘。以煙霞山爲案。形勢之周遭。甚宜於風水之眼云。夕往陪宿于方外村。金甥就礪奉行而來矣。

○十六日。陟人金立等辭歸。陟令以三人兩馬送我行。今遇越行。始許其歸。覺機亦從此辭。機也辛勤隨我。臨別請得一言。書以贈之。兼奉相如道契。朝過方外窟。逾何方峙。晝秣于業平莊。逾壯山峙。歷隱藏岩，鴨同岩，蓬田村。夕宿淸川村。

이시선 李時善, 「관동록 關東錄」, 『송월재집 松月齋集』

번역문

9월 14일(을미). 삼척 三陟에 들어가 두타산 頭陀山을 바라보았다. 내가 들으니 산의 안이 볼만하나 오대산 五臺山만 못하고, 다만 열 아름되는 움직이는 돌이 병진년 지진에 아래로 떨어졌다는데, 내 힘으로는 들어가 볼 겨를이 없다. 삼척의 진주관眞珠觀·죽서루竹西樓·연근당燕謹堂은 백 척 높이의 시내 바위 위에 있고, 서북쪽의 시냇물이 백 리나 아득히 흘러서 이르며, 왼쪽에는 관청과 민가가 있다. 죽서루를 읊은 시가 80여 수고, 연근당과 진주관에도 시가 있다. 시내를 오십 번이나 끊어서 올라가 방향을 바꿔 깊은 골짜기로 들어갔다. 나는 베를 가지고 있지만 아직 팔지 못했고 전대에는 진주가 들어있다. 궁벽한 골짜기에서는 시골 마을에서 식사하여 내 곧은 성품을 해치고, 말도 더이상 나아가지 못하여 도중에 지체하게 되었으니, 더욱 궁벽한 질곡을 당한 셈이다.

2일 후인 9월 17일. 유령楡嶺을 넘어 오십천五十川의 근원을 끝까지 살펴본 후 남쪽으로 태백의 줄기를 보았다. 구름이 흩어지고 안개가 쌓였으며 골짜기마다 물결을 이루고 산마다 봉우리를 내밀고 있다. 산의 형세는 바로 푸른 파도가 용솟음쳐서 치달리다가 저 멀리 우리나라의 다섯 도道를 뒤덮는 듯하였으니, 금강산의 현손玄孫은 그 원기가 장엄하다고 할 수 있다.

9월 18일. 천천穿川의 안팎을 보니, 뚫린 것은 산 중턱의 큰 바위다. 안쪽으로 물이 지나는 바위와 근처의 뚫린 곳은 좁고도 길며, 깊어서 어두운 듯하였다. 내려다보니 두려웠다. 그 옆에 사는 사람이 말하기를 "먼 조상이 시내에서 그물을 잃어버려, 그물을 찾기 위해 깊이 들어갔더니 암흑과 같았고, 별천지가 있었는데 노인이 살고 있었습니다."라고 했다. 내가 일찍이 태백산을 유람할 적에 장엄한 황지潢池는 작지만 바닥이 보이지 않고 도도하게 흘러가지만 이런 경우를 보지 못했는데, 지금 보고 옛날에 들었던 생각을 바꾸게 되었다. 말이 피곤하여 사흘 쉬었으니, 바로 9월 21일(임인)이다.

이번 행차에서는 많이 넘어졌으니 아직 궁벽한 질곡을 면하지 못했다. 그러나 산과 바다의 정취를 겸하여 실컷 보았으며, 묵은 병은 또한 돌아온

지 채 하루도 지나지 않아 질곡이 되었지만, 다소나마 해소되었다. 만약 나의 유람을 이끌 자가 있다면 나는 다시 유람하기를 사양하지 않고 미진했던 곳을 다 볼 것이다. 대개 산의 기이함을 보는 것은 바다의 성대함을 보는 것만 못하고, 바다의 성대함을 보는 것은 하늘의 둥글고 맑고 무궁무진함을 보는 것만 못하다. 하늘에 해·달·별이 매달려 있고 거기에 구름·바람·우레를 더했지만, 이 세 가지는 외물이다.

이를 구하면 얻는 것도 있고 잃는 것도 있으니, 비록 그것을 얻더라도 실상을 보지 못하고 먼저 외물에 구애되어 쉬이 얽매이게 된다. 오직 마음에 있는 천유天遊만이 이와 다르다. 쉼 없는 정성을 체득하고 자연의 도를 따르며 무궁無窮의 세계에서 노닌다면, 외물에 응하더라도 자취가 남지 않음이 지극할 것이다. 다음으로 펼쳐진 자취에서 노닐며 자기 자신에게로 돌이키면 얻는 바가 있을 것이다. 훌륭한 유람의 실상을 어찌 외물에서 구하겠는가.

원문

乙未入三陟。望見頭陀山。我聞山內可觀。非如五臺。而但十抱動石。丙辰地震墜下。吾力未遑入也。三陟之眞珠觀, 竹西樓, 燕謹堂。處百尺川巖上。西北川水百里沼沼至。左有官府民居。樓詠八十。堂觀亦有之。絶川五十而上。轉入深谷。我抱布未賣。槖垂眞珠。窮峽食於村害直性。而馬益不前。濡滯中路。益見窮柽也。越二日戊戌。踰楡嶺。既窮五十川之源。而南見太白之脉。雲散霧積。谷谷成流。山山擧頭。山勢正如溟波洶湧奔馳。遠覆三韓之五道。金剛之玄孫。可謂元氣壯矣。己亥見穿川內外。則所穿者山腰大巖。內面水經巖及近穿處。狹而長。深如墨。頗可畏。其傍居人。言其遠祖失網于川。尋網深入如墨。別有天地。而老人居。吾嘗遊太白時。壯潢池之小而無底。流出滔滔。而未見此。今見

之破舊聞矣. 息馬困越三日乃達. 九月二十一日壬寅也. 此行多躓. 未免窮桎. 而兼飽山海之趣. 宿疾又無一日作桎. 可少解. 如有攜我行者. 吾不辭重遊. 得盡其未盡矣. 夫觀山之奇. 不如觀海之盛. 觀海之盛. 不如觀天之圓淨無盡. 而繫之以三光. 益之以雲物風雷. 然三者外物也. 求之有得有失. 而雖有得之. 不見物先局於物. 而易有累. 惟心有天遊異於斯. 體無息之誠. 順自然之道. 以遊無窮. 應物無迹. 至矣. 其次遊於陳迹. 反諸己有所得. 其好遊之實. 安可外求哉.

이보李簠, 「유황지기遊黃池記」, 『경옥선생유집景玉先生遺集』

번역문

황지黃池는 태백산 가운데에 있으며 영남 제일의 명승지다. 내가 사는 곳[44]에서 떨어진 곳이 200리도 안 되는 가까운 곳이다. 전에 일찍이 유이겸柳爾謙과 유람을 약속했던 적이 있었으나 병이 시기하는 바람에 가지 못했다. 올해 이른 봄, 내가 유이겸의 집에 놀러 가서 술을 먹다가 황지에 놀러 가기로 했던 약속에 말이 미쳤다. 유이겸이 말하길, "이제 우리도 늙었다. 일이 년만 더 지나면 근력도 더욱 쇠퇴해지고 다리도 더욱 피로해질 것이니 어떻게 할 것인가."라고 했다. 이달 보름에 떠나자고 했다. 나도 좋다고 하고는 오언절구로 약속을 단단히 하였다.

때가 되니 유이겸은 한 쌍 짚신을 수리하고 며칠 동안 숙박하면서 먹을 곡식을 찧었다. 나를 찾아와 가자고 하였다. 나도 행장을 꾸리고 이와 같이 하여 드디어 출발했다. 이걸李傑과 이중완李重完 두 사람이 같이 가기를

---

44 이보(李簠)가 사는 곳은 안동 예안면 계곡리다.

청하였다. 집 뒤의 고개를 넘다 정상에서 잠시 쉬었다. 멀리 태백산을 바라보니 은은히 구름 낀 하늘 사이로 비껴있다. 내가 태백산을 가리키며 말했다. "황지는 바로 저 속에 있네. 사람의 발길이 아직 닿지 않았는데, 혼이 먼저 가게 하는구나."라고 말했다. 고감동高甘洞을 거쳐 마전령麻田嶺을 지났다. 오후 4시가 되어 용혈사龍穴寺에 다다랐다. 마침 권익호權益湖 어른과 훈련訓鍊 배만裵晚이 먼저 와 있다. 벽 사이에 있던 옛날 내가 지었던 졸렬한 시를 가지고 유이겸에게 차운하기를 요구하고, 함께 두루 관람했다. 용혈사는 청량산淸凉山 동쪽에 있다. 깎아지른 벽이 뒤에 모였고 붉은 절벽이 앞을 막아섰다. 천어봉天魚峯은 땅에서 솟아 구름으로 들어갔고 사면은 깎아 이루어졌다. 높이가 수천 장이나 되니 장관이다.

　다음 날 아침 절의 중이 연포軟泡[45]를 공양해서 일행이 모두 배불리 먹었다. 훈련 배만의 매를 부려서 길가는 중에 꿩을 잡았다. 면로촌眠鷺村에 이르러 잤다. 훈련 배만이 꿩 여섯 마리로 주방의 먹을거리를 보탰다. 아침에 훈련 배만과 이별하고 얼음판 위로 앞에 있는 강을 건넜다. 길은 강과 서로 묶여 띠처럼 두르고 가다가 가라연加羅淵 하류에 다다랐다. 얼음이 녹아 흘러 건널 수가 없었는데 외나무다리가 강 위로 비껴있어 겨우 발을 디딜 정도였고, 높이는 한 장 정도였다. 나와 유이겸이 옷을 걷어 올리고 건너가는데 마음과 혼이 함께 전전하였다. 소천촌小川村으로 들어갔다. 깨진 담장과 남아있는 주춧돌로 보아 사라진 고을의 터는 식별할 수 있다. 점점 북으로 여정을 옮겨가니 이지걸李地傑의 옛집이다. 지걸과 나는 오랜 친구다. 재작년 겨울 전염병으로 자리에서 일어나질 못했다. 지금 거처를 지나게 되어 참혹하다. 절구 한 수를 지어서 애도의 뜻을 나타냈다.

45　연포(軟泡): 얇게 썬 두부 꼬치를 기름에 지진 다음 닭국에 넣어 끓인 음식.

꺾어져서 북쪽으로 동네를 몇 리쯤 들어가니 점차 편하게 하나의 경계를 이뤘으니 이는 돌아가신 목재木齋 홍공洪公의 옛 별장이다. 공이 살아계실 때 매번 나에게 이 별장의 경치를 자랑하면서 나에게 같이 묵고 싶다고 하더니 지금 이렇게 되었다. 올려다보고 내려다보고 하니 감회가 인다. 고선촌高鮮村 앞에 도착했다. 개울에서 말을 쉬게 했다. 홍제암洪濟庵을 향하고자 하였으나 찾아갈 수가 없다. 길을 묻다가 마침 외출 나왔다가 돌아가는 홍제암 중을 만났기에 안내하게 했다. 시내와 계곡은 깊고 나무는 빽빽했다. 가끔 천 길이나 되는 노송이 보였고 돌을 포개 석축을 쌓았는데, 중이 "이곳은 황장봉黃膓封[46]입니다."라고 알려준다.

약간 어둑할 때 절에 도착했으니, 곧 태백산 남쪽 기슭이다. 뒷산 봉우리가 하늘을 만들고 두 계곡이 빙 둘러 팔로 안은 듯하니 경계가 무척 그윽하다. 절에 있던 중이 나그네가 오는 것을 보고 신자의 예를 행하는 것이 자못 엄숙하다. 요사채는 아주 커서 7~80명이 살 만하다. 가운데에다 불단을 설치해 놓고 사방의 벽면에 감실을 만들었는데, 금색과 푸른색으로 조각과 장식한 것이 기교를 최고조로 발휘했다.

새벽이 되자 절 앞 골짜기를 경유하여 다시 꺾어서 북쪽으로 갔다. 양 협곡은 묶어놓은 듯 말 한 마리만 겨우 지날 수 있다. 드디어 이적선李謫仙의 "산은 얼굴 바로 앞에서 우뚝 솟고[山從人面起], 구름은 말머리 옆에서 피어나네[雲傍馬頭生]."를 읊었다. 경치와 시구절이 절묘하게 부합됨을 감탄하며 십여 리를 갔다. 점차 급경사 때문에 말발굽이 심히 높아지면서 종복이 밑을 걸어가는 것이 느껴졌다. 때때로 말머리 위로 나타나더니 갑자기 눈

---

46 황장봉(黃膓封): 황장은 황장목(黃膓木) 즉, 재관(梓棺)을 만드는 질 좋은 소나무를 가리키며, 황장봉산은 그 소나무를 기르기 위하여 벌채를 금한 산을 말한다.

앞에 광활하고 밝은 광경이 펼쳐지더니 몸은 이미 산 윗부분에 있다. 바위가 우뚝 솟아있어 나는 배를 붙이고 올라가면서 유이겸에게 같이 오르자고 하였더니 지쳐서 풀 속에 누워서 입으로 근체시 한 수를 읊는다. 한 연에 가로되, "병든 늙은이 풀밭에 누우니 지친 다리 편안하고, 시 짓는 늙은이 바위에 오르니 멀리 눈동자 달리네."라고 했다. 내가 "사실을 묘사한 말이군."라고 했다.

드디어 산등성이를 타기 시작했다. 산등성이가 다하자 비스듬히 완만하게 내려갔다. 그늘진 계곡은 그윽하고 어둡다. 얼음과 눈은 우뚝 산처럼 쌓여 솟았고 수목은 울창하게 서 있다. 얽혀있는 나뭇가지는 빽빽하여 햇볕이 들어올 수가 없고 차가운 기운은 쌀쌀하게 불어서 뼛속을 파고든다. 산기슭으로 내려오니 자못 널찍하고 평탄하면서 햇볕은 밝게 빛났다. 상긋한 것이 다른 세상 같다.

남쪽으로 산 정상을 보니 돌 봉우리 세 개가 있는데, 기세가 하늘에 닿을 정도이다. 이름하여 달바위[月巖]라고 한다. 모양은 마치 충원忠原의 월악산月岳山이나 한양의 삼각산三角山과 비슷하지만 빼어나며 기이하고 우뚝 솟은 것은 여기가 낫다. 북쪽을 향하는데 한 바위 봉우리가 솟아있어 월암月巖과 마주 보고 서 있다. 높이는 조금 작지만 자못 기이하고 장대하다. 이름하여 징암徵巖이라고 한다. 두 바위 사이는 넓은 토지가 수백 묘쯤 된다. 토지들 모두가 물을 끌어대기가 편하고 토지는 무척 비옥하여 중인中人 수십 집의 재산에 맞먹을 정도가 될 수 있으나, 지금은 다 황무지가 되었다. 내가 두 이 씨를 돌아보며 말하길 "너희들은 어찌 이리로 이사 와서 공짜 밭을 갈지 않는가?"고 했더니, 두 이 씨가 "예, 예." 한다.

나는 말 위에서 기氣가 고르지 않아 몸이 매우 춥고 떨렸다. 급히 산을 벗어나 민가에 들렀다. 끓는 물을 찾아 추위를 녹였다. 주인은 메밀밥을 내왔다. 따르는 자가 배불리 먹자마자 바로 길을 찾아 천천穿川으로 향했다. 해는 이미 정오를 지났다. 지역 사람들을 끼고 길을 안내받으며 도착하니 석양은 이미 산 아래로 떨어졌다. 냇가 옆에는 민가가 4~5채 있다. 두 이 씨와 따르는 자를 먼저 들어가 관사館舍를 정하게 했다. 우리 두 사람은 급히 걸어서 천천穿川 안팎을 살폈다. 마침 컴컴하게 어두워져서 상세히 볼 수 없었다. 관사館舍로 돌아와 바로 잤다. 나는 밤 중에 열이 나더니 신음까지 하면서 매우 아팠다. 유이겸이 말하길, "자네 병이 심한 상태여서 내일 황지로 간다면 더욱 위중해질걸세. 어찌 여기서 집으로 돌아가지 않겠는가?" 하였다. 나는 대꾸를 하지 않았다.

새벽이 되자 문득 건강이 좀 회복됐다는 것을 느꼈다. 천천穿川으로 가서 마음껏 구경했다. 황지에서 흘러오는 하천은 태백산 동쪽의 수많은 계곡물을 받아서 이곳에서 모인다. 산이 가로막아 단절시켰는데 아래로 흐르는 물이 커다란 구멍을 뚫어 만들었고, 시내는 구멍 안으로 흘러 지나간다. 구멍의 넓이는 십 보 정도이고 높이는 수십 장쯤 된다. 활같이 길게 굽은 모양으로 넓은 집을 하나 지었다. 구멍 안팎으로 수심은 바닥을 알 수 없다. 구멍 위와 좌우는 모두 암석이다. 치솟은 절벽을 말로 표현할 수 없다.

때는 하천 얼음이 아직 단단하였으므로 빙판 위를 걸어서 구멍 안쪽으로 들어가니 마치 유리로 만든 전각으로 들어가는 것 같다. 말하는 소리는 동굴과 상응하는 것이 금석金石에서 나오는 것 같다. 빙판 위에는 커다란 나무가 가로로 누워있다. 내가 채찍으로 두드리니 둥둥둥 뇌문雷門[47]의 큰 북 같았으니 모두 동굴이 도운 바다. 동굴 동쪽 벽 귀퉁이에는 굴이 있

---

47 뇌문(雷門): 회계(會稽)의 성문(城門)을 가리키는데, 뇌문 위에 걸린 북은 소리가 커서 낙양(洛陽)까지 들릴 정도였다고 한다.

는데, 텅 빈 것이 입을 벌린 것 같다. 어두워 헤아릴 수 없는데, 사람들은 이 굴은 위로 산 정상과 통한다고 한다. 두 사람이 말하기를, 천지간 조화의 흔적이 이와 같이 기괴하니 거령巨靈[48]이 활짝 연 것이 아니겠는가. 우임금이 뚫은 굴인 용문龍門을 알지 못하지만, 이 동굴과 비교했을 때 어떠한가. 보는 것이 끝나자 산 안쪽으로 물을 거슬러 황지로 가려고 했는데, 동네 사람들이 말하기를 산 안쪽 길은 험하고 얼음이 미끄러우니 평평한 것만 못합니다. 산 바깥쪽 평탄한 길로 가서 쉽게 갈 수 있다고 한다.

소야곡蘇野谷을 지나 십여 리를 가서 철암촌鐵巖村에 도착하였다. 시골집 40여 가구가 물고기 비늘처럼 산의 넓적다리에 해당하는 곳을 베고 있다. 곡식은 마당에 가득 차고 말과 소는 들판에 널려있다. 어렴풋이 무릉도원이라는 생각이 들었다. 길을 꺾어서 동쪽으로 가다가 나시 꺾어서 시쪽으로 갔다. 손이령孫伊嶺을 넘었는데, 고개는 심하게 높거나 험하지 않다. 고개를 내려가니 휑하니 평평한 땅을 이루었으니 이른바 황지 들판이다. 황지黃池를 찾으려고 했는데, 길을 안내해 주는 자가 없어 잘못하여 북쪽 골짜기에서 십여 리를 더 갔지만 황지를 찾지 못했다. 내가 웃으며 말하길, "이번 걸음은 속된 여행객이 연못의 신령에게 거부당한 것이 아닌가?"라고 했다. 날이 저물었기에 본적사 골짜기 민가에서 잠자리를 빌렸다.

아침에 일어나자 밥을 재촉하여 먹고 앞길을 찾아 되돌아가서 비로소 연못을 찾았다. 연못은 손이령孫伊嶺 아래 평평한 들판 가운데에 있다. 땅이 갈라져서 된 것으로 둘레는 수십 보가 되고 깊이는 한 길이 안 된다. 연못 물은 깊게 고여 맑아 머리카락을 비출 수 있다. 물이 넘쳐 큰 도랑을 이루어 흘러가는데 유속이 내달리듯 급하다. 큰 나무 4~5개가 연못 속에 잠

---

48 거령(巨靈): 황하의 신.

겨 있고 역력히 셀 수 있다. 내가 말하길, "전에 들으니 나무가 물속에 잠겨서 천 년이 지나면 침향沈香이 된다고 한다. 이 나무들이 침향이 되지 않는다고 어찌 알겠는가."라고 했다. 날씨는 추위가 심하지만 연못 전체에 얼음 한 조각 없고 따뜻한 기운이 넘치듯 피어 올라온다. 동네 사람들이 하는 말이 연못물은 겨울엔 따뜻하고 여름에 시원하다고 하니 역시 기이하다. 또 말하길 연못물이 때때로 흐리게 변하여 색이 바로 누렇게 되는데, 세상 사람들은 신룡神龍이 용궁을 청소하는 때라고 한다. 나는 말하길, "연못이 황黃 자로 이름을 얻은 것은 필시 이 때문이다. 용이 산다는 것을 어찌 의심하겠는가."라고 했다.

　연못 동쪽으로 열 걸음쯤에 작은 연못이 있다. 넓이는 반 묘畝 정도이고 깊이는 어두워 굽어볼 수 없다. 두 연못 가운데에 오래된 나무 한 그루가 있는데 종이돈이 많이 걸려있으니 바로 동네 사람들이 영험을 비는 곳이다. 서로 함께 걸음을 옮겨서 연못을 두루 둘러보니 사방이 다 평평한 땅이고, 서쪽으로 갈수록 경사가 급한 언덕이다. 언덕 위도 역시 평평한 땅이다. 토지는 비옥하여 다 농사지어 먹을 만하다.

　작약봉芍藥峯은 서북쪽에 웅장하게 솟아 진산鎭山이 되니, 이것이 태백산 제일 봉이다. 좌우 날개로 나뉘어 동서를 둘러싸서 하나의 큰 구획을 이룬다. 남쪽으로 천천穿川에 이르러 두 날개가 합해지는데 터지거나 찌그러진 곳이 없다. 연못의 물은 여기까지 이르러 산을 뚫고 지나가니 이곳이 낙동강 상류가 된다. 진산鎭山에서 천천穿川까지 거리를 헤아리니 5~60쯤 되고, 동쪽에서 서쪽까지 거리를 헤아리니 또한 30리보다 못하지 않다.

　그 사이 능선과 기슭이 첩첩이 가리고 막아 개 이빨이 교차되는 것 같으며, 높다랗게 동쪽에서 외롭게 빼어난 봉우리가 연화봉蓮花峯이다. 연화봉의 서쪽은 서하동瑞霞洞인데, 이곳이 이 지역 내에서 가장 경치가 좋은 곳이다. 연못으로부터 떨어진 것이 십 리도 안 되지만 마을이 그윽하고 깊숙하여 쌓인 기가 빠져나가지 않는다. 세상에는 임금의 조상 능묘가 있는 곳이라 전하지만 세대가 요원하여 아직 장소를 확정하지 못했다. 그렇지만 이 땅이야말로 실로 본조의 풍패豊沛[49]의 마을이니 사람을 모집하여 들어와 살게 하고 군읍의 관청을 설치하여 전주나 함흥 등의 부府와 같이 큰 고을을 만들어야 한다. 반드시 뿌리를 깊게 하고 근본을 후하게 하는 방도가 아닌 것이 아니지만 공허하고 잡초만 자라는 땅으로 버려지게 했으니 또한 훌륭한 조정의 흠이 되지 않겠는가?

　정오가 되었다. 말을 재촉하여 박외동朴外洞[50]으로 향하여 굴암窟巖을 구경했다. 이른바 굴암은 남쪽 굴과 북쪽 굴이 있다. 두 굴은 계곡을 사이에 두고 마주하고 있으며 사이는 불과 수십 보밖에 안 된다. 북쪽 굴은 산자락이 끝나는 곳에 바위가 있는데 갈라져서 큰 동굴이 생겼고 활모양처럼 둥그렇게 집 한 채가 있는 것 같다. 깊이는 헤아릴 수 없다. 한 가닥 맑은 샘물이 끊임없이 흘러나온다. 동굴 안의 돌 색깔은 모두 다 흰색으로 손톱으로 두드리니 부서져 가루가 된다. 먼저 종자들을 깊숙이 들어가게 하고 나는 뒤따라 수십 발자국 갔다. 컴컴하고 축축하여 억지로 들어갈 수 없다고 생각하여 되돌아 나왔다. 세상에 전하기를 어떤 사람은 촛불을 들고 굴 안으로 팔십여 리 들어갔는데 들어가면 들어갈수록 넓어졌으며, 종유석은 어지럽게 달렸고 밝고 흰 것이 옥과 같았는데 모두 다 부드럽고 연해 먹을 수 있지만, 이것을 따서 밖으로 나오면 바로 딱딱한 돌이 된다고 한다. 돌

49　풍패(豊沛): 중국 패현(沛縣)의 풍읍(豊邑)인데 한 고조(漢高祖)의 고향이다. 이후 왕조를 일으킨 제왕의 고향으로 통칭하게 되었다.
50　박외동(朴外洞): 혈암사 주변 마을.

아 나와서 남쪽 굴을 구경했다. 굴 입구는 아주 좁았는데 몸을 구부리지 않으면 들어가기 어렵다. 깊이는 생각하건대 북쪽 굴과 같지만 샘물이 흘러나오지 않는다.

나는 일찍이 왕봉주王鳳洲[51]의 유동정기遊洞庭記를 읽은 적이 있다. 임옥林屋, 양곡暘谷이라는 동굴이 있는데, 그 속에는 푸르고 자줏빛 도는 종유석이 있다. 어떤 것은 침상 같기도 하고 어떤 것은 집채 같기도 하다. 가장 깊은 곳은 격범隔凡이라고 말하는데 나중에 알고 보니 큰 동정호의 복판이었다는 내용이었다. 또 예전에 송宋나라 태사太史 벼슬을 한 경교염景攽㢘이 영동산靈洞山에 놀러 가서 백운白雲, 자하紫霞, 용설湧雪이라는 동굴 세 개에 들어가서 끝까지 들어갔다가 나왔다는 것을 들었다. 다섯 개 동굴의 뛰어남은 드디어 세상에 알려졌지만 지금 이 동굴은 기이한 경치가 반드시 다섯 동굴보다 못하지 않을 것이다. 지나가는 사람은 발이 오그라들어서 감히 들여다보지도 못하고, 들여다보는 자는 겁에 질려서 감히 들어가지 못한다. 이렇게 절경이 세상에 알려지지 못한 이유는 호기심이 옛 사람보다 못했거나 동굴 또한 호기심 많은 사람을 만나지 못했기 때문일 것이다.

종자들이 마부에게 말해 길을 재촉했다. 계곡물을 따라가다가 박외촌朴外村에 도착하여 잠시 쉬었다. 다시 업평촌業平村[52]으로 향했다. 산길이 오르락내리락 높아졌다 낮아졌다 하고 돌은 어지럽게 널려있어 발을 찌르며, 나무는 옷을 끌어당긴다. 조금씩 조금씩 나아갔다. 해가 지려고 할 때 급하게 신절령新節嶺[53]을 넘었다. 고개가 험하여 말에게 맡길 수 없었으나 다

51　왕봉주(王鳳洲): 봉주는 명나라의 문장가 왕세정(王世貞, 1526~1590)의 호이다.
52　업평촌(業平村): 어평재 인근 마을.
53　신절령(新節嶺): 사길령.

리는 아프고 걷기도 힘들어서 억지로 타고 올라갔다. 고갯마루에 도착하고는 비로소 말에서 내려 걸어 내려갔다. 골짜기로 들어가 머리를 돌려보니 하늘에서 떨어진 것 같았다. 골짜기 입구에서 북쪽을 바라보니 멀리 장산臟山의 한 면이 보이는데 흰 바위가 구름에 쌓여있다. 장산臟山은 태백산에 있는데 가운데를 둥글게 껴안은 것이 사람에게 오장육부가 있는 것 같아서 산에 이름을 붙였다. 피부와 근육은 없고 다 바위가 높기만 하다. 희기는 눈 같아 나무는 감히 자라지 못한다고 한다. 지금 전대 주머니를 늘어뜨리고 돌아가길 재촉하느라 전체를 완전하게 다 구경하지 못하는 것이 마치 주렴에 가려진 채로 미인을 보는 것과 같아서 썩 기분이 좋지 않았다. 저녁에 천평촌川坪村[54]에 투숙하였다.

하늘이 홀연 어두워지더니 금방 눈이라도 펑펑 쏟아질 것 같았다. 동네 사람들이 말하기를 이 산은 해마다 봄이면 큰 눈이 와서 고개를 막아 도로가 불통이 되어서 많이 걱정된다고 한다. 새벽에 일어나 살펴보니 하늘은 씻은 듯 푸르고 별들은 밝고 깨끗하여 처마 끝에 역력하니 너무나 기뻤다.

식사를 재촉하고 일찍 출발하여 고적동苦積洞[55]에 들어가 심원사深源寺 승 해안海眼을 만났다. 심원사는 작약봉芍藥峯 아래에 있는데 해안은 머무른 지 오래되었다고 한다. 중에게 보지 못한 것을 물어봤더니 다른 이야기를 많

---

54 천평리(川坪里): 본래 경상북도 봉화군(奉化郡) 춘양면(春陽面)에 속하였으나 1973년 강원도 영월군 상동읍 천평리로 개편되었다.

55 고적동(苦積洞): 애당리에 있는 골짜기. 골짜기 안에 고직령이 있다. 고직령은 경상북도 봉화군의 춘양면 애당리와 강원도 영월군 상동읍 천평리 사이에 위치한 고개이다. 서북쪽으로는 구룡산(1,344m)과 삼동산(1,078m)으로 이어진다. 춘양면 쪽에서는 서벽리의 곡내 골짜기나 여기묘(女妓墓, 현지에서는 예기묘라고 함)에서 넘을 수 있으나 고개가 매우 높고 가파르다. 지명은 '고개가 높고 곧은 지리적 환경'에서 유래하였다. 『조선지지자료』에는 고직령(高直嶺)에 언문으로 '고직이'라고 병기되어 있다. 『조선지형도』에는 고칙령(高則嶺)이라고 표기되어 있다.

이 해주었다. 이동할 때가 되어 중과 헤어지고 출발했다. 고갯길은 굽이굽이 도는 것이 수백 굽이이다. 말을 타기도 하고 걷기도 하여 도심촌道心村에 도착했다. 훈련訓鍊 권후중權厚重을 방문하여 그곳에서 잤다.

 다음날 각화사覺華寺를 향해 갔다. 피곤해서 잠시 졸았다. 정오쯤에 춘양春陽에 도착했다. 친구들 모두 모여 밤에 한바탕 이야기꽃을 피웠다. 다음날 각자 갈 길로 갈라져서 출발했다. 유이겸은 봉성鳳城으로 향하고 나는 재산才山에서 집으로 돌아왔다. 여행은 총 14일이고 시를 약간 지었는데 유이겸이 지은 시는 많았다.

 다음과 같은 찬을 지었다. 태백산太白山은 백두산白頭山을 시조로 삼는다. 백두산에서 금강산, 오대산에서 태백산으로 이어왔다. 태백산은 웅장하게 서려 있는 곳까지 수천 리나 되며, 영남의 진산이다. 나라 안에 흩어져 있는 산기슭이 서북쪽으로는 한강을 경계로 하고, 동쪽으로는 창해에 닿았고, 남쪽으로 변한弁韓 지방에서 끝나니 실로 크고도 멀리까지 이어졌다고 말할 수 있다. 영남지방은 태백산에서 가장 가까운 관계로 기운을 받은 것을 더욱 독점하였으니 사람 중에 인재가 모이는 것이 마땅하고, 도덕군자이며 재주가 뛰어난 자가 계속 이어서 다른 곳이 비할 곳이 아니다.

 내가 황지를 구경함에 미쳐 상쾌하여 나를 잊은 듯 하였다. 황지는 영남의 제일 북쪽의 놀 장소이다. 명승고적을 이야기하고 생산 물품을 이야기하자면 다 황지로 귀착된다. 양 연못, 두 곳의 굴, 천천 둥지와 같이 곳은 영험하고 기이하며 특색있고 절묘한 곳이어서 중국에서 구해도 비견할 만한 것은 드물다. 사대부 선비들이 평소에 말하는 것이 마땅하다. 나무로 말하면 소나무, 잣나무, 전나무, 향나무, 박달나무, 결 고운 가래나무, 벽오동과 개오동, 자작나무, 옻나무, 배나무, 밤나무, 산뽕나무, 해송이 있다.

산나물 약초 종류로는 인삼, 백출, 적출, 당귀, 천궁, 청옥, 자옥, 마제, 산개, 붉은 지초, 석이버섯, 송이버섯 등이 있다. 짐승으로는 곰, 호랑이, 사슴, 돼지, 양, 고라니, 여우, 토끼, 오소리, 살쾡이 등이 있다. 물고기는 흰쏘가리, 은어, 누어, 여항어, 죽엽 등이 있다. 바다에서 백 리 정도 떨어져 가까우며, 소금의 넉넉함으로 유익하다. 천 길 높이의 이름난 재목들은 고을에서 취하더라도 다 쓸 수가 없을 정도이니 부자 되는 터전이라고 할 수 있다. 그러니 우리나라 각종 지리지와 기타 기록들을 다 살펴봐도 모두 칭찬하여 말한 데가 없다. 왜인가? 황지는 예로부터 전쟁의 피해를 보지 않았으며 또 수백 년간 사람이 살지 않은 비어있는 땅이었으니 천지의 순한 기운이 온전하다. 내가 어떻게 하면 그 사이에서 몇 개의 서까래들을 엮어 속세를 멀리하고 깨끗한 경지에서 살아갈 수 있을까?

원문

黃池。在太白山中。爲嶺南第一勝。蓋去余寓所不二 百而近。前是。嘗與柳爾謙約遊。而病故妨之。不果。今 春首。余訪爾謙於其家。酒間語及焉。謙曰。吾儕今老 矣。更後一二歲。則其若筋益衰腳益疲何。盍以月之 旣望往。余諾之。因以卅字律牢結其約。至期。謙理一 雙不借宿數日春。過余而將之。余束裝亦如之。遂發。李生傑 重完二人請隨同。踰家後嶺。至頂少歇。遙望 太白山。隱隱橫抹於雲天間。余指之曰。黃池正在彼 中。令人足未到而魂先往也。由高甘洞。過麻田嶺。日 加申。抵龍穴寺。適權丈益湖裴訓鍊晩先在。壁間。有 舊題拙詩。要謙次之。因與周覽。蓋寺在淸涼山東。峭 壁攅後。丹崖前擁。天魚峯拔地入雲。四面削成。高可 數千丈。信壯觀也。翊朝寺僧。供軟泡。一坐頓飽飯 已。呼訓鍊臂鷹。道間擊雉。至眠鷺村。止宿。訓鍊以六雉 助行厨。

朝別訓鍊。氷渡前江。與江相摻。帶而行抵加 羅淵下流。流澌不可渡。有略彴横江面。僅容足而高丈餘。余與謙攝衣步過。心魂俱。轉入小川村。破垣 殘礎。縣基猶可識別。稍北。乃李生地傑舊居也。地傑 與余有舊。前年冬染瘟不起。今過其居。爲之慘然。吟 一絶以志哀。折而北入洞府數里許。稍迥然作一境 界。卽故木齋洪公舊庄也。公在也時。每誇余以此庄 之勝。欲要余同居。今其已矣。爲之俛仰興懷。到高鮮 村前。臨溪歇馬。欲向洪濟庵而無適。問路。適遇庵僧 之自外還者。使之前導。溪洞深邃。樹木蒙密。往往見 古松千章。累石築其根。僧指云。此黃腸封也。薄暮。到 寺。乃太白南麓也。後峯造天。兩溪環抱。境甚幽复。寺僧見客來。修檀越禮頗肅。僧寮甚闊大。可接七八十人。中設佛榻。四面作龕。金碧雕飾。殫極人巧。黎明。由 寺前洞。更折而北。兩峽如束。僅容一馬。遂吟李謫仙 山從人面起。雲傍馬頭生之句。歎其妙契。行十數里。漸覺馬蹄甚高。而僕夫履底。時時出馬首上。忽目境曠朗。身已絕頂矣。有巖斗起。余遂捫腹而上。要謙同 陟。則謙倦臥草間。口吟近體一首。其一聯曰。病翁藉 草便酸腳。詩老登巖聘遠眸。余曰。記實語也。遂跨山 脊。脊盡。邐迤而下。陰壑幽暗。冰雪嵯峨。樹木森立。摻 枝不受日光。寒氣颯颯然透人肥骨。下抵山趾。頗寬開平坦。而天日朗然。爽若別界南見山頂。有石峰三 朵。勢逼霄漢。名曰月巖。狀如忠原之月岳。漢山之三 角。而秀拔奇峭過之。向北有一石峯。與月巖對立。其 高少遜。而亦頗奇壯。號曰徵巖。兩巖間。曠土計數百 畝。皆便於引灌。土甚豐腴。可爲中人數十家産。而今 皆荒蕪。余顧兩李曰。君輩何不於此移家耕無價田 乎。兩李唯唯。余於馬上。氣不平體甚寒縮。急投山外 民家。覓湯水解寒。主人進蕎麥飯。從者致飽。卽取路 向穿川。日已過午。挾村人導路至。則夕暉已沉山矣。傍川。有民居

四五家。先使兩生及從者入定館舍。吾二人急步觀穿川内外。時昏黑不能詳。遂還館就寢。余中夜熱動。吟楚甚苦。謙曰。君殆病矣。明向黃池。恐益添重。盍從此還家。余不答。至曉。頓覺蘇健。遂往穿川縱觀之。蓋川之自黃池來者。受太白東衆壑之流。合注於此。而有山橫截。下流穿作一大竇川。從竇中流過。竇廣近十步。高可數十丈。穹窿然作一广屋。竇内外。水深無底。竇上及左右。皆巖石。嶙峋岸崿。不可名狀。時川冰尚堅。遂涉冰入竇中。如入琉璃殿。語聲與竇相應。若出金石。冰上有一大木橫臥。余以鞭叩之。闐闐然如雷門大鼓。皆竇之所助也。竇東壁隅。有穴。呀然搓口。黯昧不測。人謂此穴上通山頂云。二人相謂曰。天地間。造化之迹。若此奇恠。無乃巨靈之所劈開耶。不知龍門禹穴之勝。視此竇何如也。觀已。欲從山内沂川。向黃池。村人云。山内路險冰滑。不如平從山外坦道。可以易至。遂由蘇野谷。行十餘里。抵鐵巖村。村居四十餘家。鱗鱗焉。枕山之股。禾穀盈場。牛馬布野。依稀然有武陵桃源想。折而東。更折而西。踰孫伊嶺。嶺不甚高峻。下嶺。則曠然作一平陸。所謂黃池野也。欲尋黃池。無指路者。誤從北洞而行可十許里。不得其所。余笑曰。無乃此行有俗客爲池靈所拒耶。時已向暮。遂借宿本寺谷民家。朝起促飯。尋前路而返。始得池。池在孫伊嶺下平野之中。地坼而成。周回可數十步。其深不可以尋丈計。泉水泓淳澄澈。可以鑑髮。溢爲大渠。流甚悍駛。有大木四五沈在池心。歷歷可數。余曰嘗聞木之沈水者。過千年。則爲沈香。安知此木之不爲沈香也。時寒甚而渾池無片冰。溫氣盎盎然坌起。村人云。池水冬溫夏冷。亦異哉。又云池水有時變濁。其色正黃。世云神龍滌宮時也。余曰。池之得名以黃。必以此也。其爲蛟龍之所宅何疑。池東十步許。有小池。廣可半畝。亦深黑不敢俯視。中兩池。有老樹一株。

多掛紙錢。乃村人乞靈處也。相與布武。周覽池。四面皆平陸。而稍西爲陡岸。岸上亦爲平陸。土地膏沃。皆可耕食。蓋苟藥峯雄峙於西北爲鎭山。乃太白第一峯也。分左右翼。東西環抱。成一大局。南至穿川。兩翼相合。無綻缺處。池水至此。穿山而過。是爲洛江上流。從鎭山至穿川。計里可五六十。自東抵西。計里亦不下一舍。其間。山之支麓。重重遮攔。如犬牙相交。而嵬然獨秀於東者。爲蓮花峯。峯之西爲瑞霞洞。洞乃局內最勝處也。距池僅十里。洞府幽邃。畜氣不洩。世傳國陵所在。而世代寖遠。未知其所。然。此地實聖朝豐沛之鄕。則募民入居。設置郡邑。使與全咸等府。同爲一大都會。未必非深根厚本之道。而作一空虛荒蕪之地。無亦聖朝之欠典耶。日加午。促馬向朴外洞。觀窟巖。所謂窟巖者。有南窟北窟兩窟。隔溪相對。間不過數十武。蓋北窟於山趾盡處有巖。坼成大竇。窿然如一屋子。其深不可測。清泉一道。泱泱流出。窟內石色。皆白以瓜搯之。霏霏成屑。先使從者深入。余隨之行數十武。昏黑沮洳。度不可強入乃返。世傳有人秉燭八十餘里。愈入愈寬。石乳亂垂。瑩白如玉。皆柔軟可啖。而摘之出外。卽成堅石云。轉觀南窟。窟口甚隘。非僂身則難入。其深想如北窟。而但無泉水流出矣。余嘗讀王鳳洲遊洞庭記。有林屋暘谷兩窟。諸有靑紫石乳。若床若堂者。而最深處曰隔凡。其究在太湖中央云。又聞宋太史景攷濂遊靈洞山。入白雲紫霞湧雪三窟。極其底而返。五窟之勝。遂聞於天下。今此窟其奇勝。必不讓於五窟。而過者足縮而不敢窺。窺者氣慴而不敢入。使勝蹟未顯於世。抑人之好奇不及於古。而窟亦不遇矣。從者告駄促程。緣澗而行。抵朴外村。少憩。轉向業平村。峽路低昂高下。亂石枳足。樹木鉤衣。分寸而進。日欲銜山。急踰新築嶺。嶺峻度不任馬。而腳疲艱步。強騎而上。至嶺。始捨馬步下。入峽回首。如從

天上落矣。由峽口 北望。遙見臟山一面。白石參雲。臟山者。在太白環抱中。如人之有五臟。故名山。無皮肉。皆石骨峻。皓白如雪。樹木不敢生云。今以槖垂歸促。不得飽觀全體。如隔簾而見美人。殊未快意。暮投川平村。天忽陰晦。雪意甚豪。村人曰。此山。每於春月。大雪塞嶺。道路不通。甚憂之。曉起視之。天宇碧淨如浣。星宿皎潔。歷歷簷角。喜甚。促飯早發。入苦積洞。遇深源寺僧。海眼。深源寺者。在苟藥峯下。海眼者。駐錫已久云。因叩僧以所不及見。多有異聞。移時別僧。起程。嶺路盤回數百曲。或騎或步。至道心村。訪權訓鍊厚重。止宿。翌日。向覺華寺。倦睡半餉。午下春陽。親友皆會。因作夜話。明發分路。謙向鳳城。余從才山還家。首尾凡十四日。得詩略干首。謙詩爲多。贊曰。太白之山。祖於白頭。自白頭而金剛。而五臺而太白。太白雄蟠數千里。爲嶺南鎭山。支麓之散布域中者。西北界漢水。東際滄海。南盡卞韓。可謂大且遠矣。嶺南最近太白。受氣尤專。宜其鍾英於人。而爲道德才傑者。接踵繼武。有非他路之所可比擬也。及余觀黃池。爲之爽然自失。黃池爲領南上游。談名勝語物產者。皆歸之。如兩池兩窟穿川等處。其靈奇絶特。求之中國。亦鮮有其比。宜學士大夫雅言之也。木有 松栢杉檜香檀文梓梧櫃椴漆梨栗乘柘海松。草有 人蔘二朮當歸川芎青玉紫玉馬蹄山芥紫芝石茸 松菌。獸有熊虎鹿豕羊獐狐兎貉狸。魚有銀鱖銀口鱸魚餘項竹葉。去海百里而近。又益之以塩醯之饒。千尋之名材。如取諸府而用無盡。可謂資富之地也。然。而考之東國方輿書。及他記傳。咸無所稱道。何也。黃池。自古不被兵。且爲數百年曠土。天地之淳氣。全矣。吾安得縛數椽其間。遠塵世而捿淡泊也哉。

강재항姜再恒, 「황지기黃池記」, 『입재유고立齋遺稿』

번역문

기해년[56] 7월 17일, 나는 장차 황지黃池에 가려고 저녁이 되어 집을 나섰다. 동북쪽으로 큰 고개를 넘고 북쪽으로 춘양현春陽縣을 지났다. 물을 건너 각화사覺華寺를 거쳐 남서쪽으로 도심촌道深村을 지나고, 북쪽으로 암소바위골[雌牛巖洞]로 들어갔다. 산 위에 푸른 소나무가 울울창창하다. 우인虞人[57]이 금표를 설치해 놓고 황장 목재를 기르는 곳이라 한다. 10여 리를 가다가 비를 만나서 도롱이를 입고 소공산召公山에 도착했다. 비가 그치고 나니 긴 무지개가 고개를 숙이고 산속의 샘물을 마시고 있는 듯하다. 무지개는 눈이 부시도록 빛이 났고 하늘 밖에까지 높이 꽂혀 있어 계단을 밟고 하늘에 오를 수 있을 것 같다. 곰넘이재[熊踰嶺][58]를 넘는데 위험하고 오르기 힘들다. 고개를 내려와 천평마을[川坪村]에서 잤다.

7월 18일 새벽에 길을 떠나 10여 리를 간 후, 동북쪽으로 조도령鳥道嶺[59]을 넘었다. 더욱 높고 험하다. 곰넘이재에 비해 배나 힘들 뿐만이 아니다. 세상 사람들이 이 길은 너무나 험하여 중국 무공武功의 태백산 조도鳥道라 할지라도 이보다 더 험하지 않을 것이라 하여 조도鳥道라는 이름이 생겼다고 한다.

---

56 기해년: 1719년.
57 우인(虞人): 잡인(雜人)이 드나드는 것을 막기 위하여 지키는 사람.
58 곰넘이재[熊踰嶺]: 경상도에서 강원도로 가는 중요한 길목이며, 태백산 천제를 지내러 가는 관리들의 발길이 끊이지 않았던 고개다.
59 조도령(鳥道嶺): 사길령(四吉嶺), 태백산 북쪽 백두대간 등마루에 위치, 옛날 경상도로 통하던 고갯길이었다. 삼국시대에는 태백산 꼭대기로 나 있는 천령(天嶺) 길을 통해 왕래하였으나 길이 높고 험하여 고려시대에 와서는 지금의 사길령으로 새로 길을 내면서 새길령이라 했다. 사길령은 교통의 요지로 이곳을 지나는 상인들이 무사안전을 위해 고갯마루에 산령각을 짓고 태백산령께 제례를 올렸으며, 지금까지 매년 음력 4월15일이 되면 산령제를 통해 마을의 안녕을 빌며 제사하고 있다.

고개의 서북쪽에 장산牡山이라는 산이 있는데, 장산臟山이라고도 한다. 태백산 복판에 있는 것이 사람으로 치면 내장이 있는 것과 같아서 장산臟山이라고 한다. 산의 돌은 다 구리와 철이 섞여 있어 특히 괴이하고 특이하다. 사람이 장부의 심장인, 이 산의 돌과 같은 것보다 더한 것을 가질 수 없는가? 뜻을 취한 것이 또한 정밀하다고 말할 수 있구나! 때마침 비가 오던 날씨가 개었다. 해는 바다 위로 뜨고 산 아래 구름 기운이 넓고 아득하며, 이리저리 달린다. 옷자락을 펄럭이게 하고 발밑으로 깔리기도 한다. 잠깐 사이에 수만 번 변하니 모습은 더욱 기이하고 웅장하다.

동북쪽으로 박외촌博隈村에 도착했다. 산에는 태백신사太白神祠가 있는데 복을 비는 사람들이 날마다 와서 둥둥거리며 치는 북, 장구 소리가 밤낮으로 끊이질 않는다고 한다. 구멍바위[孔巖]⁶⁰에 도착했다. 바위는 바로 굴이다. 계곡에 임하여 굴이 입을 벌린 것이 이상한 짐승이 입을 벌린 것 같다. 입술과 이빨이 번쩍 들려있는 것 같고 흐르는 물이 그 속에서 흘러나오는데 무척 맑고 빠르다. 흐르는 물을 따라 굴 안으로 들어가니 자못 크고 넓어서 네 마리 말이 끄는 마차도 받아들일 수 있다. 양쪽 벽은 분 칠을 한 것 같고 들어갈수록 깊어지고 어두워져 끝까지 갈 수 없다. 세상에 전하길 이 물은 영월 상동에서부터 땅속으로 흐르다가 이곳에서 나오는 것이라고 한다. 굴의 남쪽에는 또 한 개 굴이 있는데 좁아서 들어갈 수 없다. 동쪽으로 구분천九分遷을 건너서 동북으로 황지黃池에 도착했다. 큰 들판이 탁 트여있고 평지의 수풀은 푸른빛을 띤다. 엄연히 하나의 별천지를 이루었다.

서북쪽으로 큰 언덕이 있는데 역시 평평하고 트였다. 또한 습지이기 때문에 물이 많이 난다. 언덕에서 서쪽으로 금대봉金臺峰, 천의봉天倚峰, 크고

---

60 구멍바위[孔巖]: 혈암사 동굴.

작은 작약봉芍藥峰이 있다. 동쪽으로는 연화봉蓮花峯이 우뚝 솟았다. 둘레는 마치 성곽 위에 있는 들쑥날쑥한 성가퀴 같다. 동남쪽으로 징암澄巖과 월암月巖[61]이 구름 밖으로 우뚝 솟아난 것이 하늘을 바친 기둥 같다.

황지黃池를 찾으니 비탈 아래에 있다. 동쪽은 좁고 북쪽은 넓으며 겨우 3~4장丈 정도 된다. 세로도 역시 이와 같다. 물은 맑고 깊으며 깨끗하고 그윽하다. 맑아서 머리카락을 비출 수 있을 정도고, 깊이는 헤아릴 수 없다. 남쪽에 또 조그만 못이 있는데 소황지小黃池다. 맑기와 깊이는 대황지大黃池에 비할 만하지만 크기는 겨우 4분의 1 정도다. 물이 넘쳐서 동쪽으로 흘러 연화봉蓮花峰 아래에 이르러 산 동쪽의 여러 물과 합쳐서 남쪽으로 내달리다가 동쪽으로 꺾어서 천천穿川으로 흘러서 나간다고 한다. 산에는 인삼人蔘이 나고 물에는 여항餘項 죽엽竹葉 등의 물고기들이 많다고 한다.

서남쪽으로 서하동瑞霞洞으로 들어가니 작약봉芍藥峰 아래다. 세상에서 전하기를 태조의 5세 조상께서 완산完山에서 와서 이곳에서 집터를 보셨다고 한다. 하지만 아직 터를 정확히 알 수 없다. 또 전하길 능침이 그 위에 있다고 하는데 역시 알 수가 없다. 그러나 동국여지에는 능침은 노동蘆洞에 있다고 기록하였는데, 노동은 이곳에서 몇백 여리나 떨어져 있다. 간교한 백성이 말을 견강부회하여 조정의 교지를 바란 것이다. 우리 임금이 조상을 추모하는 정성을 펼 수 없게 하는 것이니 개탄할 일이다. 후현後峴을 넘어 본적동本寂洞에서 잤다.

7월 19일, 새벽에 출발하여 황지黃池 앞 개울을 건너 노령弩嶺[62]을 넘어 동남쪽으로 철암銕巖을 지났다. 동쪽으로 편의령便宜嶺을 넘어서 계곡을 따라

---

61 월암(月巖): 태백산(1,567)이나 청옥산(1,277)을 오르면 북쪽 방향으로 진안의 마이산처럼 두 귀를 쫑긋거리면서 시야를 사로잡는 바위산을 볼 수 있는데 그 산이 바로 달바위봉이다.
62 노령(弩嶺): 弩는 '쇠뇌', 쇠뇌재가 송이재로 변한 것으로 보인다.

갔다. 계곡의 물은 맑고 얕았다. 붉은 비늘의 고기가 헤엄치는 것이 인상적이다. 다시 하나의 고개를 넘었다. 자지산紫芝山 아래에서 남쪽으로 가서 한 고개를 오르니 동쪽으로 동점銅店이 보인다. 남쪽으로 꺾었다가 서쪽으로 돌아서 산을 따라갔다. 멀리 바라보니 구멍이 텅 빈 것이 하늘 문을 연 것처럼 보인다. 은은히 우레가 수백 보 밖에 울리니 곧 천천穿川이다.

급히 가서 보니 험하고 기이하며 진귀하여 형상을 묘사할 수 없다. 황지의 물이 연화봉蓮花峰 아래로 흘러 산 동쪽의 여러 물과 모두 합쳐지니 이른바 구십구천九十九川이다. 동쪽으로 흘러 여기까지 왔지만 북에서 남으로 뻗은 산이 아래로 흐르는 물을 가로막아 나갈 수 없자 산허리를 뚫어서 흘러갔다. 그래서 천천穿川이라고 한다. 옛날 물길은 산을 돌아서 남쪽으로 흘러가다 동쪽으로 꺾이면서 북쪽으로 흘렀지만, 지금은 진흙으로 메워져 변경할 수 없다. 양쪽 언덕의 돌벽은 마주 보고 솟았는데 높이가 각각 10여 장이며, 이것을 석문石門이라 부른다.

물 밑의 돌은 다 우뚝 솟아 물과 부딪친다. 폭포가 된 것이 이 층이고 높이는 각각 한 키가 조금씩 넘는다. 화난 듯 소리치며 엷은 물안개를 뿜어내고 소리는 천지를 울린다. 물은 아래로 떨어진 후 비로소 모여서 머무르다가 구멍 안으로 들어가서 흐른다. 양 벽에 의해 갇혀서 물길은 매우 좁고 깊어서 바닥이 없다고 한다. 구멍 높이는 십여 장이고 넓이는 4분의 1정도이다. 물이 들어가는 곳에서 물이 나오는 곳까지 동서로 몇십 보 된다. 이곳에서 골짜기를 나오면 낙동강의 상류가 된다고 한다. 유람객들은 종종 얼어 견고해진 것을 밟고 구멍 안으로 들어가는데, 더욱 기이한 구경거리가 많다. 곧바로 동쪽으로 가면 구멍이 산 정상과 통한다고 한다. 비둘기와 참새 수십 무리가 그 속에서 서식하는데, 오가면서 날며 춤추는 것이 인상적이다. 다시 구멍 위로 올라 절벽에 붙어 앉아서 아래로 폭포를 바라보니 현기증이 나서 볼 수 없다. 구멍 위에 겨우 발 하나를 놓을 수 있는 잔도棧道로부터 남북으로 왕래할 수 있는데 한번 넘어지면 바로 천 길 구덩이로 떨어지게 되니 겁이 났다.

일찍이 우임금이 용문龍門을 뚫어 여량呂梁으로 물길을 터서 황하 물을 남쪽으로 흐르도록 했다고 들었으니, 용문은 기주冀州인 경사京師 땅의 서쪽에 있는 강이다. 이야기는 『서경』「우공禹貢」편에 보이는데, 이곳은 우임금의 발자취가 닿은 곳은 아니다. 뚫어 소통한 것은 어느 시대에 한 것인가? 어떤 사람은 말하길 응용應龍[63]이 부딪친 것이고 하는데, 그 일은 증험할 수 없다. 나는 여기 와서 실로 보고는 실로 느낀 바가 있으니, 무엇인가.

자회子會[64] 이래 지금까지 7만여 년이 지났다. 그간에 문인 재사들이 많았지만 생각해보면 태백산의 절경을 찾고 세상에 알리지 않았다. 나는 진실로 태백인太白人이다. 산 아래에 살면서 이곳에서 30년을 지냈지만, 오히려 황지黃池와 석문石門을 보고 이 산의 뛰어난 것을 다할 수 없었다. 지금에 와서야 봤지만, 아직도 작약봉芍藥峰 정상을 올라 동으로 큰 바다에 임할 수 없었다. 물로는 용추龍湫, 계곡은 정암整庵, 사찰로는 불영사佛影寺, 누각으로는 죽서루竹西樓를 다 볼 수 없었다. 이렇게 소홀하고 거치니, 어찌 산의 경중輕重을 논하고 산을 알아주는 친구라고 할 수 있겠는가. 그러나 산에 갔다 온 날에 대하여 기록이 없을 수 없다. 천천穿川부터 이후의 일은 곧 내가 천천부터 옛 자취를 찾아서 돌아가 자지산紫芝山 아래서 잤다.

7월 20일, 황지로 돌아와서 비 때문에 7~8일 지체했다.

---

63 응룡(應龍): 중국의 신화에 나오는 날개 달린 용인데, 용이 오백 년 또는 천 년이 지나면 날개를 얻어 응룡이 된다고 한다.
64 자회(子會) : 12회(十二會)의 첫 회가 자회(子會)이다. 12지(十二支)의 칭호에 따라 자회, 축회(丑會)로부터 해회(亥會)까지 12회가 있. 하늘이 자회에서 열린다고 한다.

7월 26일, 황지를 출발하여 천평川坪에서 잤다.

7월 27일, 고적령高積嶺을 넘어 집으로 돌아왔다. 고적령은 조도鳥道에 비해 위험한 것이 배가 된다. 높이도 또한 그와 같다. 대개 산의 승경을 논할 때, 대인과 군자처럼 도가 온전하고 덕이 갖추어져서, 능히 그것에 대해 능히 이름하지 못한다. 혹은 기이함이 없다고 말한다. 이것이 어찌 말을 아는 자이겠는가. 나는 기록한다.

원문

己亥秋七月戊子。余將往黃池。當晚離庭。東北踰大峴。北過春陽縣。涉水過覺華寺。南西過道深村。北入雌牛巖洞。山上靑松欝茂。盖虞人設禁育黃膓材云。行十餘里。遇雨襪袴。行至召公山。雨止有長虹下飮山泉。其光眩曜。高揷天外。殆可階而升也。踰熊踰嶺。危險不可躋。下嶺宿川坪村。己丑晨。發行十餘里。東北踰鳥道嶺。盆高險。比熊踰不啻倍之。世傳此道甚險。雖武功太白之鳥道。不是過也。故名鳥道云。嶺西北有山名壯山。或曰臟山。以其在太白中央。如人之有臟故名臟山。山石皆雜銅鐵。桀然詭特。人不得上丈夫心腸。有如此山石者否。其取義亦可謂精也夫。時天雨新霽。日出海上。嶺下雲氣浩渺。百道交馳。或拂衣裾。或在履底。須臾萬變。意態尤奇壯。東北抵博隈村。山有太白神祠。祝禱者日至。坎坎有鼓缶聲。晝夜不絶云。至孔巖。巖卽窟也。臨溪有穴呀然。若異獸張口。齒唇若掀然。有流水出於其中。甚淸駛。卽沿流而入。頗宏敞。可容駟馬車。兩壁如粉塗。漸入漸深而漸昏黑。不可窮。世傳此水自寧越上東伏流。出於此云。窟之南。亦有一窟。狹不能入。東渡九分遷。東北抵黃池。大野曠然。平楚蒼然。儼然成一洞府。西北有大坂亦平曠。而沮洳多水出。自坂以西。則金臺天倚大小芍藥。而其東則蓮花峯雄峙。而周遭若城郭之堞焉。東

南澄巖月巖。秀出雲表。若擎天之柱焉。尋所謂黃池者在坂下。東小北廣。僅三四丈。縱亦如之。清深淨幽。清可鑑髮。而深不可測。其南又有小池曰小黃池。清深可比大黃池。而大僅四之一。溢而東流。至蓮花峰下。會山東諸水。南奔東折。出穿川云。山出人蔘。水多餘項竹葉之鱗云。西南入瑞霞洞。在芍藥峰下。世傳我聖祖五世祖。自完山來。胥宇於此云。而未能的其地。又傳有陵寢在其上。亦不可知。然興地記陵寢在蘆洞。蘆洞距此幾百餘里。而奸民傅會其言。希朝廷旨。使我聖上追遠之誠不得伸。可勝歎哉。踰後峴。宿本寂洞。庚寅。晨發渡黃池前川。踰弩嶺東南過銕巖。東踰便宜嶺沿溪行。溪流清淺。紫鱗游泳可念。復踰一峴。從紫芝山下。南行登一峴。東望銅店。南折西轉。循山而行。望見有竇洞然。若闢天關然。殷殷有震雷聲。在數百步外。卽穿川也。急往觀之。其險奇瓌特。殆不可名狀。而黃池之水流至蓮花峰下。盡合山東諸水。所謂九十九川也。東流至此。而有山自北而南。橫截下流。水不得出。遂穿以過山腹。故謂之穿川。其故道當循山而南。東折北流。而今淤塞不可變。兩岸石壁相對而起。高各十餘丈。是謂石門。水底石皆崇竦。與水相激盪。爲瀑者凡二層。高各丈餘。吼怒噴薄。聲震天地。水下瀑始停潴。入竇中行。水爲兩壁所束不甚廣。而深則無底云。竇高十餘丈。廣四之一。而自水入處。至水出處。東西幾數十步。自此出峽爲洛水上游云。游人往往乘氷堅入竇中。尤多奇觀。而直東有穴通於山頂云。有鳩雀數十隊棲其中。往來翔舞可念。還登竇上。據壁而坐。下臨瀑水。目眩不可俯。從竇上有棧道僅容一跡。以通南北而一跌。便墜千仞坑塹。可怕也已。嘗聞禹鑿龍門疏呂梁。導河南注。卽冀州帝都之西河也。其事見於禹貢。此非禹跡所及。而其疏鑿防於何代歟。或曰有應龍觸之。其事不足徵。余於此實有所感焉。何哉。自子會以來。至今七萬有餘載。其間文人才子不爲不多。而顧不能探此山

之形勝。以傳於世。而余實太白人。居此山下三十年於此矣。猶未能窺黃池觀石門。以盡此山之勝。今雖來觀。而亦不能登芍藥絶頂。東臨大海。且水之爲龍湫。洞之爲整庵。寺之爲佛影。樓之爲竹西。又不能遍覩。其鹵莽如是。此何足爲山之輕重而稱知己也哉。然其所出入月日。不可無記。而自穿川以後之事。則余自穿川。卽尋舊跡。還宿紫芝山下。辛卯。還黃池。滯雨七八日。丁酉。離黃池宿川坪。戊戌。踰高積嶺還庭。高積比鳥道。危險又倍之。高亦如之。槪論山之勝。如大人君子道全德備。人不能名焉者也。或謂無奇。是豈知言者哉。久之記。

김재락金在洛, 「유태백산기遊太白山記」[65], 『양몽재집養蒙齋集』[66]

번역문

바닷가 여러 산은 기이한 것이 많은데, 서쪽의 태백산이 특히 빼어나다. 지난날 우리 퇴계退溪 이황 선생이 일찍이 태백산을 유람하였고, 청량산淸凉山 또한 바닷가 여러 산과 같았다. 내가 약관 때부터 이러한 이야기를 듣고 한 번 가보려고 했지만 가보지 못했다. 기묘년(1809)에 삼종재三從弟 경락景洛, 정락挺洛을 데리고 북쪽의 일월산日月山[67] 아래를 지나며 열흘 동안 유람하다가, 발길을 돌려 노곡魯谷[68]에 도착하였다. 노곡은 태백산과 80리

---

65 「유태백산기(遊太白山記)」: 기묘년(1809)에 김재락(1798~1860)이 태백산을 유람하고 기록한 기문.
66 『양몽재집(養蒙齋集)』: 조선 후기의 학자 김재락(金在洛)의 시문집이다. 김재락의 자는 대숙(大淑), 호는 양몽재(養蒙齋), 본관은 월성(月城)이다. 김재락은 종백(宗伯)의 아들이며, 어머니는 곡강최씨(曲江崔氏)로 종(琮)의 딸이다.
67 일월산(日月山): 경상북도 영양군 일월면과 청기면에 걸쳐 있는 산.
68 노곡(魯谷): 현종3년(1662) 허목이 지은 척주지에 노곡(蘆谷)이라 기록되어 있는 것을 보면 그 당시 혹은 그 이전부터 사용되었다는 것을 알 수 있다.

나 떨어진 먼 곳이다.

이에 노곡에 사는 박복朴福을 재촉하여 먼저 황지黃池에 도착하게 했다. 여기서 도화동桃花洞까지는 아직 30리가 남았는데 산은 험준한 바위투성이에 잡초만 무성하였다. 이에 칡덩굴을 잡고 올라 숲속을 헤치며 나아가니 산까치와 새들만 무리 지어 있을 뿐이다. 지나는 곳마다 벼랑 기슭의 집은 허물어졌고 시내 구비의 움집에는 아무도 살지 않았다. 깜짝 놀라서 박복을 돌아보며 "이곳에는 누가 살았었고, 왜 폐허가 되었는가?"라고 물으니, 박복이 "임신년(1812)에 평안도에서 난리를 피해 도망쳐온 사람들이 가마를 타고 등짐을 지고 줄을 이어 깊숙이 들어와 이곳에 살았는데, 그사이에 살았는지 죽었는지 저도 자세히 알지는 못합니다."라고 하였다. 내가 한숨을 쉬며 말하길, "산이 사람을 잘못되게 하는 것이 아니라, 사람이 스스로 잘못할 뿐이다."라고 하였다. 다시 남쪽의 여러 산을 바라보니 태백산과 소백산 사이에 봉우리가 올망졸망 다투며 모여있는데, 청량산은 더욱 기이하고 빼어났다.

산자락에 걸린 해가 지려고 하여 연기를 따라서 가장 깊숙한 곳에 도착하니 박복이 "이곳이 도화동[69]입니다."라고 하였다. 곧바로 띠 집을 보고 가서 문을 두드리니 배씨裵氏라고 자신을 소개한 주인은 나이가 70이 넘었고, 베옷에 칡넝쿨로 만든 두건을 썼는데, 소탈하고 깨끗한 모습에 속된 기미가 없었다. 지나온 산속 생활을 물으니, 배씨가 "이곳은 험난하지만 전염병이 전혀 없어서 자손들이 병에 걸리지 않습니다. 잘 모르겠습니다만 무릉도원이 여기보다 낫겠습니까?"라고 하고는, 얼마 후 산나물과 기장밥으로 산중 진미를 맛보여주었다. 이날 밤은 어젯밤부터 낀 안개가 기둥

---

69 삼척시 복두산이 위치하는 동활이라는 지명은 도화가 와전되어 만들어진 것이라고 한다.

사이로 스며들고 관솔 불빛이 벽에 비치는데 뽕나무를 물어보고 삼을 이 야기하며 한가로운 마음으로 자적自適하였으니, 지난날 정자程子가 호산鄂 山을 유람하며 읊은 시의 서문에 "구름 낀 산들을 실컷 보고서 평소에 품은 뜻 맘껏 누리네[厭飫雲山 以償素志]."라고 한 것이 이것이다.

저 태백산을 살펴보면 할아버지는 금강산이고 아버지는 오대산이니 삼대 三代에 더욱 빼어나다. 동쪽으로 바다를 베개 삼고, 북쪽으로 용문산龍門山을 당기며, 일월산이 남쪽 기슭이 되고, 조교鳥嶠는 서쪽의 백호白虎가 되며, 낙 동洛東의 여러 산이 서너 겹의 안산案山이 된다. 진실로 우리나라에서 하늘을 지탱하는 산이 되었으니, 아! 우리나라의 국사國史를 봉안奉安하는 곳이로다.

원문

海上諸山多奇 西有太白者尤秀出 昔我退溪李先生 嘗遊賞於此 而清凉亦 其諸山也 僕自弱冠歆聞 而一赴未果 歲己卯 與三從弟景洛挺洛 北過日月山 下 遊賞浹旬 而轉到魯谷 此去太白 復八十里而遠也 乃促魯谷人朴福者 前到 黃池 未及桃花洞三十里 山積巖危 菜莽無際 於是拚葛䕷登 飛逕穿林而進 鴉 鵲啼群而已 所經之處 砯崖破屋 溪曲簏舍 一無居者 愕然顧謂朴福曰 此誰居 誰虛 福曰 壬申西路逃腥之人 轎負相續 深入居此 其間存沒 福亦未詳 余噫嘻 曰 山非誤人 人自誤許者耳 復南望諸山 則爲峰於兩白之間 而拳拳爭集者 清 凉尤爲奇秀也 山日低申 隨烟至最邃處 福曰 是桃花洞 仍見茅屋而往敲之 有 主人自言裵氏者 年踰七十 麻衣葛巾 淡灑無埃 酒歷叩山中故事 裵曰 此地險 阻 疫癘絶無 兒孫無病 未知桃源有加於此耶 頃之剪菲炊黍 以效山味 而是夜 宿露出楹 松火照壁 問桑說麻 閒意自適 昔程子 有鄂山詩序曰 厭飫雲山 以償 素志是也 觀夫太白 祖金剛 宗五臺 三轉而秀 東枕鰲海 北控龍門 日月爲南麓 鳥嶠爲西虎 洛東諸山 爲三四重案 實是東溟柱天之物 而粤吾國史所封之地也

유정문柳鼎文, 「**태백산지로기**太白山指路記」[70], 『**수정재집**壽靜齋集』

번역문

을사乙巳. 유교由橋에 이르렀다.

병오丙午. 태백에 들어갔다. 주인인 송서옹松西翁은 병이 나서 함께 하지 못했다. 문서文瑞와 함께 걸어서 대소현大小峴과 불곡치佛骨峙를 지났다. 40리가 모두 깊은 숲과 험한 골짜기다. 차츰 월암月巖으로 가서 앞을 보니 구름이 바로 서쪽 햇살을 받아 빛나는 것 같으니 더욱 기이하다. 징암澄巖이 고개를 마주하고 서쪽에 있다. 색이 점차 검푸르게 변하는 것은 해를 등지기 때문이다. 신성新城에 이르러 술을 사서 조금 쉬었다. 널찍하게 열린 것이 살만하다. 유천곶촌楡串村에서 잤다.

정미丁未. 백천동栢川洞을 거슬러 올라갔다. 깎아 세운 듯한 절벽과 차가운 못이 감돌다 합치고 어긋나는 것이 끝을 알 수 없다. 깊은 숲속을 가니 물소리와 새소리에 더욱 멍하며 그윽하다. 유주柳州가 말한 으슥하다는 말이 맞는 곳이다. 한 곳에 이르니 문서文瑞가 이곳은 송서옹松西翁이 터를 잡은 곳이라 한다. 절벽의 기세가 더욱 장엄하니 서로 머뭇머뭇하며 갈 수 없다. 한참 있다가 앞으로 가서 총옥봉叢玉峯[71]에 이르렀다. 다시 물을 따라 내려가 동쪽으로 유천楡串을 지났다. 이화동梨花洞에 이르니 신성新城의 물이 흘러와서 모이는 곳이다. 물은 더욱 많아지고 돌은 더욱 희고 장대한 것이 기괴하고 천태만상이다. 나무는 더욱 적은 것이 텅 빈 것 같다. 대개 기이하고 화려한 것이 백천栢川보다 뛰어났으나 그윽하게 뛰어남[幽絶]은 도

---

70 「태백산지로기(太白山指路記)」: 1828년에 백운동서원(白雲洞書院) 주인 강운(姜橒)의 초대로 간 태백산 유람의 시말을 기록한 것이다.

71 총옥봉(叢玉峯): 조록바위봉을 가리킨다.

리어 미치지 못하다. 장단점을 서로 보완해주니, 요컨대 백중지세이다.

문서文瑞는 장차 이곳에 집을 지으려 먼저 돌을 무더기로 쌓았다. 내가 농담 삼아 문서文瑞에게 말하길 "지금 사람은 옛사람의 역량이 없으니, 또한 졸렬한 계책이네. 하물며 송서옹松西翁의 연약한 힘임에랴. 다만 입으로 짓는 죄업일까 두렵네. 대개 마음속으로 완성을 이룹게 여겨 빨리 할 것이네." 문서文瑞가 그것 때문에 웃었다. 외나무다리를 건너 두 절벽 사이를 지났다. 겨우 지나가는 것을 허용할 정도여서 무너져 깔릴까 두려웠다. 작은 시내는 졸졸 흐르니 들을 만하였다. 갑자기 개 짖는 소리가 특이하게 아득히 들렸다. 고깃배가 나를 부르는 것 같다. 꺾어져 서쪽으로 가다가 북쪽으로 화령花嶺[72]을 넘으니 척주陟州 땅이다.

수내촌水內村[73]에서 용계湧溪를 봤다. 시내를 따라가다 동쪽으로 몇 리를 가니 천천穿川이다. 세상에서 오직 용문龍門이 비교할 만하다고 생각했다. 그러나 저것은 사람의 힘으로 깎은 것이고, 비록 우임금이라도 또한 사람의 힘이다. 형세는 위로부터 뚫어 잘라낸 것이다. 어찌 중간부터 뚫려 통과하는 것 같겠는가. 천연이며 장관인 것은 천하에 다시 이런 경관이 없다. 때마침 가물어 물이 반이나 줄었다. 기이한 변화를 다 하지 못한 것을 병통으로 여겼으나, 나는 홀로 말하길 "오늘의 일은 돌이 주인이고, 물은 다음이다. 물이 줄어든 것을 보고 더욱 돌이 우뚝하고 크며 아름다운 것을 본 것이다. 웅장하고 심오하며 휘날리는 형세가 어찌 기이한 변화의 뛰어남 아니겠는가." 문서文瑞가 말하길 이곳서 30리 떨어진 곳이 황지이며 강원도라 하였다. 또 몇십 리 가면 망경대望京臺 정상이고, 또 몇십 리 가면 각

72　화령(花嶺): 대현리 평촌골과 태백 스피드웨이 사이에 있던 고갯길.
73　수내촌(水內村): 태백시 구문소동 물내이골을 말한다.

화사覺華寺와 석실石室이 보관되어 있다고 한다. 나는 이미 관광이 끝나서 이곳에서 머물러야 한다. 다른 날 송옹松翁과 함께 감상하는 것을 기다리니 더욱 흐뭇했다. 강을 따라 동북쪽으로 가 여러 차례 물을 건너 석문石門에서 자니 안척安陟의 경계다.

무신戊申. 석포石浦로 나왔다. 산은 완만하고 물은 천천히 흘러 살만하고 농사지을 만하다. 참으로 복된 땅[福地]이다. 왼쪽에 큰 시내가 있는데, 반야곡般若谷으로부터 흘러온다. 앞에 강과 합쳐지는데 합쳐지기 전에 기이한 풍경을 한 번 보여주는데 수석水石이 뛰어나다. 대개 석포는 골짜기면서 들판이다. 이곳은 또한 강이면서 시내다. 집이 있는지 몰랐는데 정자가 있으니 정치를 누가 하는가. 비를 맞으며 차령車嶺을 넘어 홍제암洪濟菴에서 잤다.

기유己酉 유교由橋로 되돌아왔다. 주인은 굳이 책을 들고 각화산覺華山으로 들어가 십 일 동안 정좌靜坐하려 했다. 그러나 나그네의 마음이 바쁜 걸 살피고 가지 못하였다. 이번 행차는 참으로 한번 동분서주한 것이고, 책을 끌어안고 구름에 눕는 것은 큰 실사實事이다. 우리가 허무한 곳으로 달리다가 겨우 실질 경계로 도달한 것은, 곧 물러남을 생각한 것이다. 후일의 경계로 삼을 수 있다. 그러므로 아울러 글을 쓰고, 또한 사옹松翁에게 감사를 드린다.

원문

乙巳抵由橋。丙午入太白。主人松西翁病不偕。同文瑞步由大小峴佛骨峙。四十里。皆深林絶峽。稍行月巖見前。如雲正受西日暈射尤奇。澄巖對峙在西。色稍遜覺微懸。背日故也。至新城賖酒少憩。開曠可居。宿楡串村。丁未泝栢川洞。峭壁寒潭。迴合錯迕。如不可窮。行深林中。水聲鳥語。益窅然以幽。柳州所謂奧之宜者也。至一處。文瑞言此爲松西擬卜之地。壁勢尤壯。相與躑躅不能去。良久前行至叢玉峯。更

沿而東過楡串。至梨花洞。新城之水來會。水益大石益白而壯。詭怪萬狀。樹又益寡。覺曠如也。益奇麗遠過栢川。幽絶卻不及。短長相補。要是伯仲間也。文瑞又將營築於此。先石以蕝之。余戲謂文瑞曰今人無古人力量。吾人亦拙計。況松翁綿力乎。恐只是口業耳。益心利其成而故以是速之也。文瑞爲之一笑。徑度畧彴行兩崖間。僅容挨過。恐崩壓。小礀淙淙可聽。忽聞鳴吠聲殊杳然。欲漁舟我也。折而西。北踰花嶺。陜州地也。水內村看湧溪。循之而東數里得穿川。思天下惟龍門差可相比。然彼以人力鑿之。雖禹亦人力也。勢須從上鑿斷去。又豈若從中穿過之爲, 天且壯也。則天下更無此觀也。時枯旱水瘠太半。或病其不能盡奇變。余獨謂今日之事。石爲主水爲次。觀水落而益見石穹窿巨麗。雄深揮霍之勢。庸詎非奇變之尤乎。文瑞言此去三十里黃池江源也。又幾十里而望京臺絶頂也。又幾十里而覺華寺石室所葆也。吾已觀止矣。且當留此。以備他日與松翁共賞。爲尤愜也。乃沿江東北累渡宿石門。安陟界也。戊申出石浦。山舒水緩。可宅可田。眞福地也。左有大溪。自般若谷而來。與江襟于前。未襟而輒呈奇一遭。水石絶佳。葢石浦峽中野。此又江而溪。不知家而亭者政誰也。帶雨踰車嶺宿洪濟菴。己酉還由橋。主人固要攜書入覺華山中。靜坐十日。顧久客心忙。未能肯也。此來眞是一回浪走。抱書臥雲。大是實事。而吾輩一味騖虛。才到實處。便思退轉。足爲後戒。故幷書之。亦以謝松翁也。

태백산사고 기문

1692년, 이세귀李世龜**,「유사군록**遊四郡錄**」**[74]**,『양와집**養窩集**』**

번역문

15일 병자甲子. 장차 태백산각화사太白山覺華寺를 찾아서 동쪽으로 10리를 갔다. 지나다가 안동安東 가마현駕馬峴의 홍이원洪爾遠 집에 들어가 말에게 꼴을 먹였다. 홍씨는 경성사족京城士族인데 일찍이 여주驪州에 살았다. 우생禹生과 동향의 친구다. 서모庶母는 장씨張氏인데 나의 외족外族이다. 이로 인하여 들른 것이다. 홍공洪公은 나이 70여 살로 접대하는 것이 매우 정성스러웠다. 조카 만제萬齊가 와서 인사를 하였다.

또 동쪽으로 20리를 가서 하나의 고개를 넘어 춘양현春陽縣에 이르렀다. 산과 골짜기 안이 갈라져서 들판은 낮고 평평하다. 큰 내가 마을 둘러싸고 흘러간다. 안동의 외창外倉이 있다. 민가가 즐비하여 별세계로 들어가는 것만 같다. 사람이 살고 싶은 마음이 있게 한다. 시내를 따라 북으로 십리를 올라가서 큰 시내를 넘어 석현石峴에 이르니 태백산太白山의 기슭이다. 산길을 가고 가니 그윽한 곳이다. 물은 흐르다 돌에 부딪히니 맑은 날씨에 천둥소리가 귀에 가득하다. 정신이 맑고 뜻은 원대해지는 것을 깨닫지 못하고 "물소리가 완연한 것이 홍류동紅流洞과 비슷하며, 산의 형세 멀리 지

---

74 遊四郡錄: 1692년의 유람기.

달산枳怛山[75]과 구분되네[泉聲宛似紅流洞, 岳勢遙分枳怛山]"라는 구절을 읊었다. 고개 밑 산골 백성 손몽청孫夢淸의 집에서 유숙하였다. 친척들이 조그만 마을을 이루었다. 아우 태일太一과 종제從弟 득청得淸이 모두 와서 인사하는데 정성스러웠다. 산촌의 풍속이 자못 두터웠다.

밤은 고요하고 산은 텅 비었는데 태산太山과 더불어 태백산을 논하였다. 말하길 산맥은 대관령부터 남으로 달리다가 대박산大朴山[76]에 이르러 높이 솟아 가장 높은 정상이 된다. 크게 끊어지며 풀어져서 하방현下方峴[77]이 되고 또 솟아올라 태백산太白山이 된다. 태백산 높은 곳에 올라가서 대박산을 바라보았지만 올라가 바라보지 못했다. 대개 산세는 태백산과 비교하여 더욱 높고 크나 사람의 자취는 일찍이 도달한 적이 없다고 한다. 하방현下方峴의 동쪽은 소외所外다. 소외는 곧 외황지동外黃池洞이다. 외황지의 물은 동에서부터 와서 쏟아진다. 내황지內黃池는 두 개의 근원이 있다. 하나의 근원은 계곡 가운데의 평평한 못에서 솟는다. 속칭 누리수婁里藪라고 한다. 하나의 근원은 대박산大林山의 화전禾田에서 솟는다. 합류하여 남으로 흐르다 외황지의 물과 합쳐져서 유점鍮店으로 흘러내려 석문石門을 뚫고 나간다. 석문石門은 큰 바위가 벽처럼 섰는데 위에 가로지른 바위가 있다. 바라보면 다리와 같은데 이름하여 병항甁項이라 한다. 감상하는 사람은 종종 위

---

75 지달산(枳怛山): 금강산.
76 대박산(大朴山): 함백산은 조선 영조때의 실학자 여암 신경준이 저술한 산경표(山經表)에 대박산(大林山)으로 기록돼 있다.
77 하방현(下方峴): 화방재. 태백시 서쪽 끝에 있는 강원도(江原道) 태백시(太白市) 혈동(穴洞)에 있는 고개로, 국도 제31호선 이 지나가고 고개 정상에서는 414번 지방도가 분기한다. 태백산 북서쪽, 함백산 남서쪽에 있고 백두대간이 통과한다. 고개 정상에는 태백산으로 올라가는 등산로가 있다. 고개로 올라가는 길에는 고원휴게소와(화방재 동쪽 350m 지점, 태백 시가지 방향) 유일사탐방로 입구(화방재 동쪽 890m 지점, 태백 시가지 방향)가 있다.

에 오른다. 물이 병항瓶項을 지나 내려가서 성포成浦와 율동栗同을 지나가고 예안禮安과 안동安東 사이로 나가는데 낙동강의 상류가 된다. 하방현下方峴의 서쪽은 어평동魚萍洞이다. 골짜기의 물이 북으로 쏟아지다 이내 들판을 흐른다. 덕원德原, 사전蛇田, 녹번祿番, 직실直悉을 흘러 통과하여 영월寧越의 큰 들에 이르러 영월의 큰 강과 합쳐진다. 영춘永春으로 흘러내려가 여강驪江의 상류가 된다. 이것이 태백산 산수의 대략이다. 석현石峴의 북쪽은 각화사覺華寺 계곡이다. 각화사 계곡의 북쪽은 도심동道深洞이다. 도심동부터 북쪽으로 고적현高寂峴을 넘고, 고적현으로부터 또 하방현을 넘으면 삼척 길로 간다.

도심동부터 서북쪽으로 도력현道力峴을 넘으면 영월 길로 간다. 서쪽으로 주슬현奏瑟峴을 넘으면 순흥順興 길로 간다. 예부치禮扶峙를 넘으면 안동安東 내성奈城 길로 간다. 순흥부터 북쪽으로 완항현緩項峴을 넘으면 영춘 땅으로 나간다. 완항현緩項峴의 서쪽은 마아현馬兒峴이다. 마아현의 서쪽은 고치현高致峴이다. 모두 순흥부터 영춘 길과 통한다. 고치현의 서쪽은 죽령竹嶺이다. 풍기豊基에서 단양으로 간다. 곧 경상좌도의 큰길이다. 완항현緩項峴이 하로부터 바야흐로 소백산小白山이 된다고 한다.

16일 을축乙丑. 손몽청孫夢淸을 데리고 석현石峴을 넘는데 절벽 길이 매우 험준하다. 바위가 있으며 소나무도 있다. 앞에 큰 시내가 있어 쉴 만하다. 절벽을 내려가 큰 시내를 건넜다. 구불구불 산길을 십 리 가서 각화사 동구에 이르렀다. 나무 그늘을 뚫고 절로 올라갔다. 전염병이 조금 나아졌으나 아직 깨끗하게 낫지 않아 큰 절에 들어가지 않고 오른쪽 연대암蓮臺庵[78]을 찾았다. 길은 절벽이어서 무척 험하다. 말에서 내려 지팡이를 짚고 올

---

78 각화사를 중심으로 동암, 남암(연대암), 북암, 조도암 등 많은 암자가 있었다.

라갔다. 암자 중에게 조반을 짓게 했다. 중 명혜明慧와 더불어 암자 왼쪽 봉우리의 허리쯤을 올라갔다. 사고史庫을 쳐다보니 절벽에 아득하게 있어서 겨우 가리킬 수 있다. 곧 국가의 역사책을 보관하는 곳이다. 각화사를 내려다보니 선방禪房과 불우佛宇가 계곡의 굽이지고 깊숙한 곳에 자리를 잡고 있어 보이지 않는다. 여러 암자가 바위 벼랑에 펼쳐져 있어 드러나기도 하고 숨어 있기도 하다. 대개 이 절은 태백산의 발치 매우 궁벽한 곳에 있다. 골짜기의 형세는 큰 동이를 쪼개서 곁에 세워둔 것 같다. 절부터 봉우리 밑 골짜기 모든 곳이 십 리쯤 되는 것 같다. 높고 험한 절벽이 섰고 계곡 또한 넓게 펼쳐져서 벼랑과 골짜기가 보였다 사라진다. 모두 기울어진 항아리 가운데 있다. 큰 산은 바라볼 수 없다.

　암자로 되돌아와 밥을 먹었다. 암자의 중이 갓김치를 권했다. 매운 기운이 코를 찔러 가벼운 힘[輕筋]을 느끼지 못했다. 갓김치 담그는 법을 물었다. "끓는 물에 조금도 손을 대지 않고, 놋쇠 그릇 안에 산갓을 넣고 담근 다음에 끓이되 소금과 메주를 넣지 않습니다. 그릇 입구를 막아서 새는 기운을 막고 그것을 따뜻한 방에 둡니다. 손님을 보고서도 오래 담갔다가 메를 올릴 때 드릴 수 있고, 먹을 때 묽은 간장과 같이 먹으면 맛은 더욱 맵습니다." 말할 때 조금 이르고 높은 곳이라 얼음과 눈이 아직 풀리지 않아서 푸른 옥과 자줏빛 옥의 나물을 캘 수 없다. 자줏빛 옥은 곧 이른바 자줏빛 영지버섯이다. 태백을 유람할 때 자지紫芝를 맛보지 못하였으니 또한 흠이 되는 일이다. 다음 해를 기다린다. 절 앞으로 걸어 내려가 말을 타고 계곡을 나왔다. 명혜明慧가 전송하려 계곡 입구까지 이르렀다. 큰 시냇가 도심동으로 다시 돌아왔다. 주민 이오십李五十이 산까지 쫓아와 인사를 한다. 배나무 아래서 말을 쉬게 했는데, 술 한 잔을 권한다. 석현石峴을 넘어 청몽夢淸과 작별했다. 춘양현春陽縣으로 돌아오니 모두 20리를 걸었다.

원문

十五日甲子。將尋太白山覺華寺。東行十里。歷入安東駕馬峴洪生爾遠家秣馬。洪是京城士族。曾居驪州。與禹生爲同鄕故舊。其庶母張姓人。乃余外族。因此相過。洪公年今七十餘。出接甚欵。其姪萬齊亦來見矣。又東行二十里。越一峴到春陽縣。峽山中拆。原野低平。大川繞村而流。有安東外倉。閭閻櫛比。如入別世界。令人便有卜居之意矣。緣川北上十里。踰大川到石峴。是太白山麓也。山路去去幽邃。川流甕石。晴雷滿耳。不覺神清意遠。有泉聲宛似紅流洞。岳勢遙分枳怛山之句。留宿峴底山氓孫夢清家。其族黨成小村。其弟太一從弟得清皆來見欵欵。氓俗頗厚矣。夜靜山空。與太山論太白山。其言曰山脉自大關嶺南馳至大朴山。高聳爲最高頂。大斷脫卸爲下方峴。又突起爲太白山。渠上太白山高處。望見大朴山而未得登覽。盖山勢比太白尤爲高大而人跡未嘗到云。下方峴之東爲所外。所外卽外黃池洞。外黃池水自東來注焉。內黃池有兩源。其一源湧出谷中平池。俗號爲婁里藪。其一源出大朴山禾田。合而南流。與外黃池水相合。流下鑐店。穿石門而出。石門者大巖壁立。上有橫石。望之如橋。名爲瓶項。遊賞者往往登其上。水過瓶項而下過成浦曁栗同。出禮安安東之間。爲洛東江上流焉。下方峴之西爲魚萍洞。洞水北注乃野。流過德原、蛇田、祿番、直悉。至寧越大野。合寧越大江。流下永春。爲驪江上流焉。此太白山山水之大致也。石峴之北爲覺華寺洞。覺華洞之北爲道深洞。自道深洞北逾高寂峴。自高寂又逾下方峴。走三陟路也。自道深西北逾道力峴。走寧越路也。西逾奏瑟峴。走順興路也。逾禮扶峙。走安東奈城路也。自順興北逾緩項峴。出永春地。緩項之西爲馬兒峴。馬兒之西爲高致峴。皆自順興通永春路也。高致之西。卽竹嶺也。由豊基走丹陽。乃慶尙左道之大路。自緩項以下。方爲小白山云。

十六日乙丑。率夢淸越石峴。崖路甚峻。有巖有松。前臨大川。可憩而休。下崖涉大川。宛轉山路。行十里至覺華洞口。穿樹陰而上寺。有染疾新歇未淨云。不入大寺。右尋蓮臺庵。路崖甚峻。捨馬杖策而上。令庵僧炊朝飯。與僧明慧登庵左峯腰。仰望史庫。懸崖縹緲。僅可指點。卽國家之藏史處也。俯視覺華。禪房佛宇。盤據一洞隈隩處。無眼界。諸庵子布列巖崖。或露或隱。盖此寺在太白山脚甚偪側。而是洞之形。若剖大甕而側竪之。自寺至峯底洞盡處。似可十里許。而高峻壁立。洞壑亦濶展而崖谷出沒。皆在側甕之中。大山則不可以望也。還到庵攤飯。庵僧饋山芥葅。辛烈之氣觸鼻。不覺輕筋焉。問沉葅之法。作沸湯廑不爛手。納山芥於鍮器中。浸以湯。勿和塩豉。封閉其口。以防泄氣。置諸溫房。見客而淹之。可及進飯。臨食和淸醬則味益辛烈云。仍言時少早。高處氷雪未開。靑玉紫玉之菜。不可以採。紫玉卽所謂紫芝者也。遊太白而未及嘗紫芝。亦一欠事。留待他年矣。步下寺前。騎馬出洞。明慧送至洞口。還到大川邊道深洞。居人李五十山追來見之。歇馬梨樹下。饌酒一盃。越石峴別夢淸。歸至春陽縣。凡行二十里矣。

1709년 신정하申靖夏, 「태백기유太白紀遊」[79], 『서암집恕菴集』

번역문

24일 임술壬戌, 태백사각太白史閣을 향해 출발했다. 이날 일찍 서리가 내려

---

[79] 포쇄를 다녀올 경우, 사관들은 왕래 사이에 있었던 일정과 사건, 상황을 종종 시나 일기 등의 기록으로 남겼다. 숙종 때 검열을 지낸 신정하(申靖夏)는 포쇄 기행문인 「태백기유(太白紀遊)」와 시문 「포사(曝史)」를 남겼다. 「태백기유」에는 1709년(숙종 35) 8월 15일부터 9월 13일까지 봉화 태백산에 있는 사고에서 포쇄한 상황을 생생히 묘사하였다. 이렇듯 각종 문집에 남아 있는 포쇄 기록은 구체적인 포쇄 실상을 이해하는 좋은 자료가 된다.

골짜기 길이 추웠다. 처음 말을 탈 때 겹옷을 입었으나 갑자기 태백의 날씨가 청량하다고 생각했다. 단풍나무 색은 좋으니 생각은 들뗬으나 때마침 골짜기의 밭에서 망가진 이삭과 껍데기를 안고 우는 자를 보니 매우 안타까웠다. 정오가 되기 전에 산 아래에 도착했다. 중들 수십 명이 가마를 들고 기다린다. 각화사覺華寺를 올려다보니 아득히 산허리에 있다. 사각史閣은 각화사의 위에 있다. 골짜기 입구부터 말에서 내려 가마로 갔다. 높은 숲이 길 양옆에 있는데 가지가 무성해 하늘을 볼 수 없다. 시내를 따라 10여 리 갔다. 물방아가 되어 울리는 소리가 매우 구슬펐다. 길이 끝나자 비로소 산문山門이다.

절에는 다른 볼만한 것이 없다. 건물은 50칸에 가깝고 거주하는 중은 수백 명이 넘는다. 주방과 창고, 측간과 욕실, 낭원廊院(건물과 건물을 연결하는 길을 정원처럼 꾸민 건축형식)이 접해있다. 중들은 다른 괴로운 노역이 없다. 산에서 내려가지 않아도 의식에 여유가 있다. 대개 사각史閣을 지켜서 관청이 보호하는 것이 많기 때문이다. 성민性敏이란 자는 시를 모으는 것이 매우 많았다. 이광중李光仲, 이희경李熙卿의 시를 가지고 와서 알현했다. 함께 말하는 것이 좋았다. 밥을 먹은 후 가마로 사각으로 올라가는데 돌길이 위험했다. 두레박을 타고 올라가는 것 같다. 잠시 후 나무 끝에 채색한 서까래가 날개를 펴고 날아가는 듯한 것이 보이니 사각이다. 사각은 담장으로 둘러싸여 있고 담장 동쪽에 한 채 건물이 있으니 연선대蓮儴臺다. 사관史官이 역사책을 포쇄할 때 머무는 곳으로 근무하는 참봉參奉이 늘 있는 곳이다. 수승守僧으로 머물러있는 자와 사각 밖에서 네 번 절하고 자물쇠를 열고 살핀 후 연선대에서 유숙하였다. 연선대 서쪽에 나무를 파서 물을 끌어들여 두 개의 큰 물통에 받는다. 졸졸졸 물소리를 들을 만하다. 밤에 집에 편지를 써서 역졸에게 부쳤다.

25일 계해癸亥. 연선대蓮僊臺에서 포쇄를 하였다. 며칠 동안 날씨가 맑고 기온이 따뜻하며 구름 한 점 없다. 종일 관복을 입고 섬돌에 앉아 책자를 포쇄하였다. 조용하여 사람 소리 없고 때로 날아가는 새가 그림자를 드리울 뿐이다.

26일 갑자甲子. 포쇄를 하였다. 연선대에서 일찍 일어나 남쪽의 여러 산을 바라보니 굽이쳐 흐르는 모양이 파도가 내달리는 것 같다. 청량산 12봉우리의 빼어난 색이 특이하다. 서로 부르는 것 같다. 일찍이 옛 동료 이광중李光仲이 은선대의 이른 아침의 경치를 기록한 것을 보았다. 일찍 일어나 청량산을 보니 구름이 일어나 잠깐 사이에 여러 산의 발치까지 두루 덮어서 바로 은색 바다를 이루니, 일생에 이러한 기이한 볼거리가 없었다고 여겼다. 이광중이 구름의 풍경을 과장한 것이 이와 같았다. 나는 구름이 없어도 기이하다고 생각했다. 조물주가 짐짓 이런 전후의 두 경치를 베풀어서 우리 두 사람에게 제공한 것이다. 생각건대 우연이 아닌 것 같다. 처음에 산으로 들어가 황지黃池를 보려고 했으나 사각史閣과의 거리가 이백여 리가 되어 멀고 산에 범과 늑대가 많아 감히 가지 못하였다. 밤 자리에 이가 많아 눈을 부칠 수 없다. 불로 쫓아냈으나 잠깐 사이에 다시 왔다. 드디어 베개를 버리고 일어나 앉아 중에게 촛불을 잡게 하고 시를 쓰며 밤을 새웠다. 잠을 즐겼기 때문에 특별히 고통스럽다.

27일 을축乙丑. 포쇄를 하였다. 사각 위 누대에 궤짝 36개 넣는 것을 끝냈다. 예전과 같이 봉인하여 표시했다. 아침에 남여籃輿를 타고 정상에 올랐다. 새 소리가 모두 발아래 들린다. 중이 말하길 날씨가 쾌청하면 울릉도를 볼 수 있다고 한다. 이날 구름이 끼어 볼 수 없었다. 잠시 후에 바람이 숲에 부니 큰 나무가 세차게 흔들린다. 종자가 각기 큰 돌을 껴안고 스스로 안정하였다가 바람이 그치기를 기다려 천천히 내려왔다. 금선암金僊

庵에 들렀는데 암자는 절벽 위에 있다. 나무껍질로 덮고 불기운은 없어 거의 사람이 살 곳이 아니다. 중이 허름한 승복을 입고 인사를 한다. 나보다 먼저 방문하여 이곳을 지난 자를 물으니 없다고 한다. 깊숙하다는 것을 알 수 있다. 벽 아래 우물이 있는데, 맑아서 머리털을 비출 수 있다. 중이 말하길 장마가 지나 가물어도 넘치거나 줄어듦이 없다고 하니 기이하다.

돌계단을 따라 5리를 내려왔다. 담쟁이 드리워진 곳을 지나다 가마 위로 손으로 머루를 따서 먹었다. 입으로 들어가니 녹는 것이 달콤하기가 죽 같다. 내가 일찍이 여러 과일을 품평했는데 머루를 다래 위에 두었다. 조카 방昉은 그렇지 않다고 한다. 대개 나는 맛에 대해 맑음[淸]을 취하는데, 방昉은 두터움[厚]을 취한다. 매번 술과 안주를 차려놓은 그릇이 오면 나는 반드시 먼저 과일을 들고 방昉은 고기를 잡으니 대개 입의 성질이 그런 것이다. 방昉이 다래를 놓지 않는 것은 고기 기운이 있기 때문이다. 머루를 따 먹을 때 홀연히 방昉이 예전에 했던 말이 생각났으나 입 안에서 냠냠하는 시끄러운 소리를 깨닫지 못했다. 서운암棲雲庵을 지날 때 컴컴해졌다.

각화사로 내려와 불전佛殿 서쪽 요사채에서 잤다. 등불은 밝고 풍경은 때때로 울린다. 마음이 깨끗해져서 잠을 이룰 수 없다. 예전에 농암農巖 선생의 시를 봤는데 "일어나 향반 있나 물어본다오[自起問香盤]"[80]가 있는데 향반香盤이 어떤 물건인지 알지 못했다. 이 절에서 향반을 봤는데 나무를 깎은 것이 대략 쟁반과 같고 둥글게 깎아내어 오목하다. 새끼 줄을 맨 것 같은 것이 다섯 마디이다. 그 가운데에 향 부스러기를 펼쳐서 불태웠다. 매번 한 마디를 다하니 곧 절의 경쇠가 소리를 낸다. 누워 푸른 연기가 탁자

---

80 김창협, 「이튿날 비로소 덕주사에 올라보니 지대가 높고 그윽하기가 무량사에 비할 정도가 아니었다. 이날 밤 지장보살(地藏菩薩)을 모신 작은 방에서 유숙하는데 두 승이 있어 함께 지냈다. 하산하려 할 적에 천원상인(天遠上人)이 종이를 꺼내어 시를 청하므로 이 시를 써서 주다」, 『농암집』에 실려 있다.

위 불상을 에워싸는 것을 보았다. 한참 지나 향이 다해 연기가 사라지자 새벽종이 이미 울렸다. 이 밤은 마침 졸지 않고 이것을 볼 수 있었으니 또한 기쁜 일이다.

28일 병인丙寅. 일찍 일어나 동선암東僊庵을 방문했다. 바위가 험하여 계단을 밟고 올라갔다. 때마침 소나무 사이로 단풍나무 잎이 붉은 것을 보니 마음을 기쁘게 한다. 절에 도착하니 굉륵宏勒이 종이와 붓을 가지고 와서 시를 구한다. 글을 써서 주길, "그래도 기쁜 것은 만나서 시를 구하니, 나를 보고 관리로 보지 않는구나[猶喜相逢乞詩處。免敎看我作官人]"[81]라고 했다. 중이 말하길 "이것이 무슨 뜻입니까?" 내가 웃으며 말하길 "함께 형해를 잊고 스승을 맺어 방외우가 되고자 하니, 나의 영광이고 편하다"라는 것일세. 중이 웃으며 머리를 끄떡였다.

해가 지자 산에서 내려와 봉화奉化로 돌아왔다. 잠시 길가 한수정寒水亭에 앉았다. 정자는 권씨 성 사람의 소유다. 시내에 임하여 난간을 설치했는데 화려하며 깨끗한 것이 마음에 들었다. 난간 아래 피라미가 밥 던져준 것을 모여서 먹다가 사람의 그림자를 보고 피한다. 낮에 객관客館에 이르러 숙박했다.

원문

二十四日壬戌。發向太白史閣。是日早霜。峽路凄寒。初御裌衣。忽念太白淸凉。楓色正好。意覺飛動。但時於峽田。見抱泣敗穗殘殼者。殊極傷念。未午至山足。緇徒數十人。以肩輿相候。仰視所謂覺華寺者。縹緲在山腰。而史閣又臨覺華之上。自洞門捨馬輿行。高林夾之。

---

[81] 신정하(申靖夏),「又應宏勒上人求詩」,『서암집(恕菴集)』"崖深雨冷木皮屋。歲暮僧淸松葉身。猶喜相逢乞詩處。免敎看我作官人"

枝幹樛。上不見天。循溪十餘里。作水碓。鳴聲甚悲。路盡始得山門。
寺無他勝觀。屋宇近五十楹。居僧逾數百。庖庫廁溷廊院相接。僧輩無
他苦役。足不下山而衣食自裕。蓋爲守史閣。官多庇護故也。有性敏者
收詩甚多。以李光仲，李熙卿詩來謁。與語可愛。飯已。仍以肩輿上史
閣。石路危峻。如附桔橰而上。俄於樹端。見彩桷翬飛。乃史閣也。閣
繚以墻。墻東有一屋。卽蓮儤臺。史官曝史時所住處。而入番參奉之所
常 與守僧留者。遂行四拜於史閣外。啓庫鑰奉審後。留宿儤臺。臺西剞
木引泉。以兩大槽受之。淙淙可聽。夜作家書付郵卒。

二十五日癸亥。行曝晒於蓮儤臺。數日適晴甚。天氣暄暖無片雲。終日
以帽袍坐石砌。繙動册子。寂然無人聲。時有飛禽遺影而已。

二十六日甲子。行曝晒。早起。於儤臺。望之天南諸山。滾滾若波奔
浪裂。清涼十二峰秀色尤異。若可相招。曾見舊僚李光仲記儤臺早景。
以爲朝起望清涼。起一道雲。須臾遍冪諸山脚底。便成銀海。一生無此
奇觀。蓋李誇雲景如此。而余則又以無雲而奇。造物故設此前後兩觀。
以餉吾兩人。意似不偶然也。初欲入山觀黃池。距史閣尙爲二百里而
遠。且以山多虎狼。不敢往。夜席多蚤蝨。不能交睫。燃火驅之。須臾
復至。遂捨枕起坐。使寺僧執燭。題詩達曙。嗜睡者殊有苦色。

二十七日乙丑。行曝晒。畢納三十六樻于閣上樓。封識如舊日。在
辰。以籃輿登絶頂。禽鳥聲。皆在履舃下。僧言日晴可望鬱陵島。而
是日雲陰不見。少頃。風作長林。大木軒輊揚。從者各抱持一大石以自
定。俟風止徐下。歷訪金儤庵。庵構絶壁上。以木皮盖之。煙火冷落。
殆非人境也。有僧曳破衲出肅。訪先余過此者。云無有焉。可知其幽深
也。壁下有井。其清可鑑毛髮。僧言霖旱無溢縮。亦可異也。緣磴而下
五里。行垂蘿中。時從肩輿上。手接蘡薁啖之。入口卽消。其甘若醍

醋然。余嘗評品諸果。以蔞荑置獼猴桃上。家姪昉爭之以爲不然。盖余於味。多取淸者。昉則取厚者。每一杯盤至。余必先進果。而昉亦已據肉。盖口性然也。昉之不捨獼猴桃者。以其有肉氣也。方摘食時。忽念昉疇昔語。不覺於口裏喃喃作罵聲。過棲雲庵。昏黑。下覺華寺。夜宿佛殿西寮。燈火耿然。風鐸時鳴。心淸不能成寐。舊見農巖先生詩。有自起問香盤之語。不知香盤爲何物。於此寺見之。削木略如盤狀。環斲而凹之。若紐繩索者而爲五節。鋪香屑於其中而燒之。每盡一節。輒應以寺磬。臥看靑煙繚繞於榻上佛。良久。香盡煙滅而晨鐘已動矣。是夜適無睡得見此。亦可喜事也。

二十八日丙寅。早起訪東偘庵。山石犖确。拾級而上。時於松間。見楓葉深赤。可悅人意。到寺。寺僧宏勒上人持紙筆求詩。余爲書贈曰。猶喜相逢乞詩處。免敎看我作官人。上人問曰。此爲何意。余笑謂曰。欲共忘形骸。結師爲方外友。以爲吾榮。可無阻乎。上人笑而頷之。日下舂。下山還奉化。少坐路傍寒水亭。亭卽權姓人所有也。臨溪設檻。華潔可愛。檻下鯈魚方會食投飯。見人影避之。午到客舘宿。

강재항姜再恒, 「**태백산기**太白山記-**병서**幷序」, 『**입재유고**立齋遺稿』

번역문

기축년(1709) 가을 7월 4일. 내 나이 스물한 살 때[82] 태백산을 유람하며 국사國史를 보관한 곳을 살펴보려 하였지만, 비 때문에 가지 못하였다. 다

---

82 스물한 살 때[至華]: 꽃다운 나이인 방화지세(芳華之歲)에 이르렀다는 뜻으로 1709년은 갈재황의 나이 21세 되던 해이다.

음 해 가을 9월에 마침내 사고에는 도착했지만, 깊숙이 간직되어 있어 볼 수 없어서 이곳저곳 다니면서 사방을 둘러보다가 마음에 느낀 바를 기록하여 기문으로 삼는다.

국사를 명산에 보관하는 것은 유래가 오래되었다. 신농씨 이전은 내 알지 못하지만, 문자가 만들어진 이후부터는 항상 그러하였다. 우임금은 물길을 트고 땅을 고르게 하고서 국사를 회계산에 보관하였다. 은나라와 주나라의 국사도 모두 명산에 보관하였으며, 한나라 때 『태사공서太史公書』[83]는 부본副本을 경사京師에 보관하였으니, 국사를 명산에 보관하는 것은 유래가 오래되었다.

좌사左史[84]는 언행을 기록하고 우사右史[85]는 사건을 기록한다. 언행은 『상서尙書』가 그것이요, 사건은 『춘추春秋』가 그것이다. 전모典謨[86]의 가르침은 밝기가 해와 별 같아서 진실로 후대 제왕들이 본받는 것이다. 『춘추』의 기록 같은 것은 잘한 것은 상주고 잘못한 것은 벌주며 어진 사람을 등용하고 못난 사람을 물리치며, 난신亂臣을 목 베고 적자賊子를 토벌하여 혼란한 세상을 다스려 바로잡았으니, 실로 전모의 가르침에 부끄러움이 없다.

훗날의 『태사공서太史公書』는 위로는 요임금과 순임금으로부터 아래로는 전한前漢의 경제景帝와 무제武帝에 이르기까지인데, 그 중간에 춘추시대의 일을 가장 자세히 서술하였다. 『사기』의 문장은 간결하고 논함은 깊이가 있으며, 언행을 모으고 사건을 갖추어 아름다운 것은 빠뜨리지 않고 잘못

---

83 『태사공서(太史公書)』: 『사기』의 본래 명칭이다.
84 좌사(左史): 임금의 왼쪽에서 행동을 기록하던 관직.
85 우사(右史): 임금의 오른쪽에서 말을 기록하던 관직.
86 전모(典謨): 『서경(書經)』의 「요전(堯典)」, 「순전(舜典)」과 함께 「대우모(大禹謨)」, 「고요모(皐陶謨)」, 「익직(益稷)」의 각 편을 통틀어 이르는 말.

된 것은 숨기지 않았기 때문에, 양웅揚雄은 태사공이 훌륭한 사관으로서 재능이 있다고 칭송하였고, 이청신李淸臣과 진관秦觀 모두 『춘추』를 잘 계승한 것이라고 여겼는데, 우리나라의 『실록』만 유독 명산에 보관할 수 없단 말인가?

우리 조선은 국초부터 국가나 왕실의 중요한 기록을 명산대곡名山大谷에 보관했는데, 마니산摩尼山, 구월산九月山, 적상산赤裳山이 이것이다. 그 후 여러 임금이 계승하며 가르침이 더욱 많아졌다. 선조宣祖 임금에 이르러 다시 오대산五臺山과 태백산太白山에도 보관하였다. 두 산은 우리나라에서 손꼽히는 명산인데다가 국가나 왕실의 중요 문서를 더하여 보관하게 되었으니 만세의 표준이 될 것이다.

성인의 가없는 근심이 어찌 보통 사람들의 근심과 같겠는가. 그들의 문장은 곧 역사이고 그들의 언행은 곧 여러 임금이 이어 전한 가르침이며, 그들의 사건은 300년의 예악형정禮樂刑政이 거기에서 나온 것이니 후세에 드리운 뜻이 어떠하겠는가?

나는 말한다. 송나라 사람이 "역사는 사건이니, 사건의 옳고 그름을 기록하여 군자에게는 권장함을 알게 하고 소인에게는 두려움을 일게 한다"라고 하였으니, 어찌 옳지 않겠는가? 당우삼대唐虞三代의 예악禮樂과 정벌征伐은 천자로부터 나와서, 여기서 육교六敎가 베풀어지고 팔형八刑이 더해졌다. 봄이 만물을 자라게 하고 가을이 만물을 마르게 하며, 양이 열고 음이 닫는 하늘의 공덕을 따르고 백성들의 품성을 순화시키니. 어진 사람이 복록을 받고 어질지 않은 사람이 벌을 받아 간특한 자가 일어나지 못하게 하였다. 그러므로 칭송하는 소리가 넘쳐흘러 전모典謨의 가르침이 일어나게 되었고, 집필하는 사관史官 또한 모두 문채와 바탕이 조화를 이룬 군자였으며, 그가 성인이 역사를 기록한 방법을 알았기 때문에 기록한 것이 상세하고 포함된 것이 광대하였다.

　지금은 훌륭한 임금이 위에 계시고 현명한 사람들이 조정에 가득하여 아뢰는 것이 모두 좋은 계책이고 논의하는 것이 모두 좋은 방법이므로, 거의 임금과 신하가 격의 없이 토론하던 요순시대에 가까워졌다. 그런데 오히려 은택이 아래에까지 미치지 않고 교화가 열흘을 넘기지 못해서 백성이 알맞은 자리에 있지 못하는 것은 무슨 까닭인가?

　지난날 주나라 왕실이 쇠약해지고 훌륭한 임금이 나타나지 않아서 큰 덕이 지극히 쇠미해지자 공자는 『춘추』를 지어 모든 왕이 바꿀 수 없는 큰 법칙으로 삼았다. 그러므로 맹자는 "『춘추』를 지으시자 난신적자亂臣賊子가 두려워하였다"라고 하였으니, 훗날 역사를 쓰는 사람도 또한 『춘추』에서 배워야 하지 않겠는가? 만약 그러하다면 어찌 『춘추』의 쓸 것은 쓰고 뺄 것은 빼는 뜻을 잡지 않고서 지금에 시행할 수 있겠는가? 가령 성인이 되어 왕도정치를 행하고 중화를 높여 오랑캐를 물리치며, 은나라의 수레를 타고 주나라의 면복을 입으며 하나라의 책력을 쓰고 소악韶樂의 춤을 추며 정나라의 음악을 추방하고 말만 잘하는 사람을 멀리하면, 『춘추』이면서 삼대三代이고 당우唐虞여서 전모典謨의 가르침이 일어남을 거의 지금 세상에서 볼 수 있을 것이니, 어찌 저 한나라 태사공뿐이겠는가?

원문

己丑秋七月癸酉。余至華。將觀于太白。以窺國史所藏。雨不克往。至翌年秋九月辛酉。乃克往石室。秘藏不可抽視。徘徊四望。識其所感於心者。爲之記。

　記曰。史之在名山。其來久矣。神農以前。吾不知已。自書契以來尙矣。禹平水土。而書籍在會稽。殷周之書。皆在名山。在漢則太史公書

其副在京師。史之在名山。其來久矣。左史記言。右史記事。言則書是已。事則春秋是已。典謨之訓。明如日星。固後王之所迪則也。若乃春秋之記。則賞善罰惡。進賢退不肖。誅亂臣討賊子。撥亂世反之正。其書實無愧於典謨之訓矣。後世太史公書。上自唐虞。下至景武。中述春秋之際備矣。其文簡而其辭深。其言賈而其事該。不虛美不隱惡。楊雄氏稱其有良史才。而李清臣，秦觀皆以爲春秋之善變者。其實錄獨不可藏之名山耶。朝廷自國初。卽藏其金縢玉册之書于名山大谷。若摩尼，九月，赤裳之山是已。其後列聖相承而謨訓尤多。及我先王宣祖。復藏其貳於五臺太白之山。山則域內之望也。益之以秘書實錄。且將爲萬世法程焉。

聖人淵弘之慮。豈可與常人之慮同乎哉。其文則史。其言則列聖相傳之謨訓。其事則三百載禮樂刑政之所自出。其垂世之意何如哉。再恒曰。宋人有言曰。史者事也。記其事之是非。使君子知勸。小人知畏。豈非信然歟。唐虞三代。禮樂征伐。自天子出。而六教之所說。八刑之所加。春生而秋殺。陽開而陰闔。因天之功。順民之性。仁者祿之。不仁者刑之。姦慝者不得作。故頌聲洋溢。而典謨誥訓之所迫作矣。而其執筆之史。亦皆彬彬君子也。其觀聖人有術。故其所記者詳。而其所包者廣。當今之時。聖明在上。羣哲滿朝。所陳者皆嘉謨。所說者皆嘉猷。庶幾乎都兪吁咈之治矣。而猶且澤不下究。化不浹旬。使斯民有不得其所者獨何歟。昔者周室旣衰。聖王不作。伯德極靡。而夫子作春秋。爲百王不易之大法。故孟子曰。春秋作而亂臣賊子懼。後之作者。其亦學夫春秋耶。若然則何不操春秋筆削之旨。施之於當世。使內聖而外王。內夏而外夷。乘殷輅服周冕。行夏時舞韶舞。放鄭聲遠佞人。可以春秋而三代而唐虞矣。典謨誥訓之制作。庶今世而可見。豈惟漢之太史而已哉。

1810년, 홍경모洪敬謨, 「태백산쇄사기太白山曬史記[87]」, 『관암전서冠巖全書』

번역문

국조실록國朝實錄이 완성되면 외사고外史庫에 저장한다. 대개 저장하는 곳은 명산이라는 뜻이다. 국초에는 충청忠淸의 충주忠州, 경상慶尙의 성주星州, 전라全羅의 전주全州와 서울의 춘추관春秋館에 보관하였다. 선조 때 임진란에 혹 전쟁으로 잃게 되고 혹 병화로 불탔는데, 오직 전주만 병화를 면하였다. 난리가 평정된 후 강화江華의 정족산성鼎足山城으로 옮겨 놓았다. 계묘癸卯에 이르러 비로소 국국을 설치하여 다시 찍어서 춘추관春秋館과 관서關西의 영변묘향산寧邊妙香山, 영남嶺南의 봉화태백산奉化太白山, 관동關東의 강릉오대산江陵五臺山에 나누어 보관하였다. 뒤에 묘향산의 땅이 중국과 가까워 호남湖南의 무주적상산성茂朱赤裳山城에 옮겨 보관하였다. 매번 3년마다 사관을 보내 봉심하고 포쇄하도록 하였다.

순조 10년 경오년庚午에 3년의 차례가 되어 신은 좌사左史 명을 받들어 9월 18일 역마를 타고 달려서 봉화奉化의 태백산사각太白山史閣에 이르렀다. 사각은 태백산 산록에 있다. 곁에 선원각璿源閣이 있는데 명종明宗 원년 병오丙午에 창건했다. 참봉參奉 2인과 승군僧軍 3명이 지키고 있다. 신은 공복公服을 갖추고 선원각과 사각에 제사를 드리고, 사각을 열고 봉심했다. 사각의 위층 누각에는 열성조列聖朝 실록, 어제御製와 지장誌狀을 봉안했다. 아래 누각에는 도감의궤都監儀軌와 선배先輩 문집文集을 보관하였다. 차례로 선원각을 열고 누대에 올라가 선원보첩璿源譜牒을 봉심하였다. 이날 산안개가 있고 구름 끼고 습하여 햇볕에 말리지 못하였다. 사각 아래에 머무르며 잤

---

87 「태백산쇄사기(太白山曬史記)」는 태백산 사고(史庫)에 소장된 실록에 관한 기록으로, 실록 저장에 관한 실태를 알 수 있다.

다. 다음날 늦게 날이 맑아졌다. 승군僧軍에게 실록을 내어오게 하여 사각 뜰에서 포쇄하였다.

제1 상자는 태조조실록太祖朝實錄 3책, 정종조실록定宗朝實錄 1책, 태종조실록太宗朝實錄 16책 합해서 20책이다.

제2 상자는 세종조실록世宗朝實錄 20책이다.

제3 상자는 세종조실록世宗朝實錄 24책이다.

제4 상자는 세종조실록世宗朝實錄 23책 문종조실록文宗朝實錄 6책, 단종조실록端宗朝實錄 5책 부록附錄 1책 총 35책이다.

제5 상자는 세조조실록世祖朝實錄 18책 예종조실록睿宗朝實錄 3책 합 11책이다.

제6 상자는 성종조실록成宗朝實錄 20책이다.

제7 상자는 성종조실록成宗朝實錄 20책이다.

제8 상자는 성종조실록成宗朝實錄 7책, 연산군일기燕山君日記 17책 합 24책이다.

제9 상자는 중종조실록中宗朝實錄 18책이다.

제10 상자는 중종조실록中宗朝實錄 15책이다.

제11 상자는 중종조실록中宗朝實錄 15책이다.

제12 상자는 중종조실록中宗朝實錄 5책, 인종조실록仁宗朝實錄 2책, 명종조실록明宗朝實錄 7책 합 14책이다.

제13 상자는 명종조실록明宗朝實錄 14책이다.

제14 상자는 선조조실록宣祖朝實錄 13책이다.

제15 상자는 선조조실록宣祖朝實錄 13책이다.

제16 상자는 선조조실록宣祖朝實錄 13책이다.

제17 상자는 선조조실록宣祖朝實錄 13책이다.

제18 상자는 선조조실록宣祖朝實錄 13책이다.

제19 상자는 선조조실록宣祖朝實錄 13책이다.

제20 상자는 선조조실록宣祖朝實錄 13책이다.

제21 상자는 선조조실록宣祖朝實錄 13책이다.

제22 상자는 선조조실록宣祖朝實錄 12책이다.

제23 상자는 선조조실록宣祖朝修正實錄 8책이다.

제24 상자는 인조조실록仁祖朝實錄 13책이다.

제25 상자는 인조조실록仁祖朝實錄 12책이다.

제26 상자는 인조조실록仁祖朝實錄 12책이다.

제27 상자는 인조조실록仁祖朝實錄 13책이다.

제28 상자는 효종조실록孝宗朝實錄 11책이다.

제29 상자는 효종조실록孝宗朝實錄 11책이다.

제30 상자는 효종조실록宗朝實錄 12책이다.

제31 상자는 현종조실록顯宗朝實錄 11책이다.

제32 상자는 현종조실록顯宗朝改修實錄 10책이다.

제33 상자는 현종조실록顯宗朝改修實錄 10책이다.

제34 상자는 현종조실록顯宗朝改修實錄 8책, 행장行狀 1책이다.

제35 상자는 숙종조실록肅宗朝實錄補闕 10책이다.

제36 상자는 숙종조실록肅宗朝實錄補闕 10책이다.

제37 상자는 숙종조실록肅宗朝實錄補闕 10책이다.

제38 상자는 숙종조실록肅宗朝實錄補闕 10책이다.

제39 상자는 숙종조실록肅宗朝實錄補闕 10책이다.

제40 상자는 숙종조실록肅宗朝實錄補闕 10책이다.

제41 상자는 숙종조실록肅宗朝實錄補闕 13책이다.

제42 상자는 경종조실록景宗朝實錄 7책이다.

제43 상자는 경종조실록景宗朝改修實錄 3책이다.

제44 상자는 영종조실록英宗朝實錄 12책이다.

제45 상자는 영종조실록英宗朝實錄 11책이다.

제46 상자는 영종조실록英宗朝實錄 11책이다.

제47 상자는 영종조실록英宗朝實錄 9책이다.

합 47상자 648책이다. 일일이 먼지를 턴 후 붉은 보자기로 바꾸어 넣었다. 궁창芎䒿 등 좀을 제거하는 물건을 다시 사각에 넣었다. 다음 날 아침 안개가 자욱하여 오후에 꺼냈다.

제48 상자는 영종조실록英宗朝實錄 9책이다.

제49 상자는 영종조실록英宗朝實錄 10책이다.

제50 상자는 영종조실록英宗朝實錄 10책이다.

제51 상자는 영종조실록英宗朝實錄 11책이다.

제52 상자는 영종조실록英宗朝實錄 8책이다.

제53 상자는 정종조실록正宗朝實錄 7책이다.

제54 상자는 정종조실록正宗朝實錄 8책이다.

제55 상자는 정종조실록正宗朝實錄 7책이다.

제56 상자는 정종조실록正宗朝實錄 7책이다.

제57 상자는 정종조실록正宗朝實錄 8책이다.

제58 상자는 정종조실록正宗朝實錄 7책이다.

별도 제1 상자 광해군일기光海君日記 중초中草[88] 32책이다.

별도 제2 상자 광해군일기光海君日記 중초中草 32책이다.

88　중초(中草): 사초를 뽑을 때 초초를 보충하고 수정하여 다시 쓴 원고를 이르던 말.

합 13상자 157책이다. 어제어필御製御筆 지장보감誌狀實鑑 합 12상자다. 먼지를 털고 좀을 제거했다. 어제 그대로 했다. 아울러 다시 안치하였다. 곧 봉한 후 걸고, 신근봉臣謹封이라 적었다.

22일. 사각과 선원각 외문外門을 인봉印封하였다. 봉화현으로 돌아와 잤다.

10월 12일. 복명復命[89]하였다.

원문

國朝實錄成印。藏于外史庫。盖藏之名山之意也。國初分藏於忠淸之忠州。慶尙之星州。全羅之全州及京之春秋館。宣廟壬辰之亂。或失於兵。或燼於燹。惟全州者獲免。亂平移置于江華之鼎足山城。至癸卯始設局更印。分藏於春秋館及關西之寧邊妙香山。嶺南之奉化太白山。關東之江陵五臺山。而後以妙香之地近上國。移藏于湖南之茂朱赤裳山城。每三年遣史官奉審而曝曬。

上之十年庚午。爲三年之次。臣以左史承命。九月十八日乘傳馳到于奉化之太白山史閣。閣在太白之麓。傍有璿源閣。俱於明宗元年丙午剏建。置參奉二人僧軍三名守之。臣具公服祗拜于璿源閣及史閣。開閣奉審。閣之上樓。奉安列聖朝實錄御製及誌狀。下藏各都監儀軌與先輩文集。次開璿源閣。上樓奉審璿源譜牒。是日也山嵐晻濕。不得曬陽。止宿於閣下。厥明晚始開朗。使僧軍奉出實錄。曝曬於閣庭。第一櫃太祖朝實錄三冊。定宗朝實錄一冊。太宗朝實錄十六冊。合二十冊。第二櫃世宗朝實錄二十冊。第三櫃世宗朝實錄二十四冊。第四櫃世宗朝實錄二十三冊。文宗朝實錄六冊。端宗朝實錄五冊附錄一冊。合三十五冊。

---

89 복명(復命): 어떤 일의 결과를 그 일을 마치고 돌아온 사람이 보고함.

第五櫃世祖朝實錄十八册。睿宗朝實錄三册。合二十一册。第六櫃成宗朝實錄二十册。第七櫃成宗朝實錄二十册。第八櫃成宗朝實錄七册。燕山君日記十七册。合二十四册。第九櫃中宗朝實錄十八册。第十櫃中宗朝實錄十五册。第十一櫃中宗朝實錄十五册。第十二櫃中宗朝實錄五册。仁宗朝實錄二册。明宗朝實錄七册。合十四册。第十三櫃明宗朝實錄十四册。第十四櫃宣祖朝實錄十三册。第十五櫃宣祖朝實錄十三册。第十六櫃宣祖朝實錄十三册。第十七櫃宣祖朝實錄十三册。第十八櫃宣祖朝實錄十三册。第十九櫃宣祖朝實錄十三册。第二十櫃宣祖朝實錄十三册。第二十一櫃宣祖朝實錄十三册。第二十二櫃宣祖朝實錄十二册。第二十三櫃宣祖朝修正實錄八册。第二十四櫃仁祖朝實錄十三册。第二十五櫃仁祖朝實錄十二册。第二十六櫃仁祖朝實錄十二册。第二十七櫃仁祖朝實錄十三册。第二十八櫃孝宗朝實錄十一册。第二十九櫃孝宗朝實錄十一册。第三十櫃顯宗朝實錄十二册。第三十一櫃顯宗朝實錄十一册。第三十二櫃顯宗朝改修實錄十册。第三十三櫃顯宗朝改修實錄十册。第三十四櫃顯宗朝改修實錄八册行狀一册。第三十五櫃肅宗朝實錄補闕十册。第三十六櫃肅宗朝實錄補闕十册。第三十七櫃肅宗朝實錄補闕十册。第三十八櫃肅宗朝實錄補闕十册。第三十九櫃肅宗朝實錄補闕十册。第四十櫃肅宗朝實錄補闕十册。第四十一櫃肅宗朝實錄補闕十三册。第四十二櫃景宗朝實錄七册。第四十三櫃景宗朝改修實錄三册。第四十四櫃英宗朝實錄十二册。第四十五櫃英宗朝實錄十一册。第四十六櫃英宗朝實錄十一册。第四十七櫃英宗朝實錄九册。合四十七櫃六百四十八册。一一辟塵後。換入紅袱。芎䓖等去蠹之物。還安于閣。翌朝山霧滿塞。午後又奉出第四十八櫃英宗朝實錄九册。第四十九櫃英宗朝實錄十册。第五十櫃英宗朝實錄十册。第五十一櫃英宗朝實錄十一册。第五十二櫃英宗朝實錄八册。第五十三櫃正宗朝實

錄七冊。第五十四櫃正宗朝實錄八冊。第五十五櫃正宗朝實錄七冊。第五十六櫃正宗朝實錄七冊。第五十七櫃正宗朝實錄八冊。第五十八櫃正宗朝實錄七冊。別櫃第一光海君日記中草三十二冊。第二櫃光海君日記中艸三十二冊。合十三櫃一百五十七冊。御製御筆誌狀寶鑑合十二櫃。辟塵去蠹。如昨日儀。並爲還安。仍卽封鐍。書臣謹封。二十二日印封史閣璿源閣外門。還宿奉化縣。十月十二日復命。

홍경모 洪敬謨, 「함명일승 銜命日乘」, 『관암전서 冠巖全書』

번역문

경오 庚午. 새벽이 되어 출발해서 20리를 갔다. 순흥부사 順興府使 이득량 李得養이 경계로 마중 나왔다. 청학정 靑鸖亭에 올랐는데 정자는 못 안에 있다. 소나무와 돌이 맑고 그윽해서 은자가 노닐 만한 곳이다. 이곳은 충정공 忠定公 권발 權橃의 옛집이다. 봉화현 奉化縣에서 점심을 먹었다. 각화사 覺華寺 중 지연 智衍 등 십여 명이 와서 맞이했다. 절의 계곡 밖에 이르러 말에서 내려 가마를 탔다. 날이 저물어 횃불을 밝히고 갔다. 좌우로 층진 언덕과 소나무와 전나무가 빽빽하다. 다만 콸콸 물소리만 들리고 불빛은 단풍나무에 비쳐 빛날 뿐이다. 절에서 잤다. 절의 기록에 이르길, 절은 태백산에 있으며 예전에 남화사 覽華寺인데 람覽과 각覺의 글자가 서로 비슷하여 잘못 구분하여 각화 覺華라 하였다고 하나 고찰할 수 없다고 한다.

신미 辛未. 석실 石室 함명록 銜命錄[90]에 이름을 적었다. 가마로 사각 史閣에 올랐다. 사각은 절과 10리 떨어져 있는데, 험하여 오르기 어려웠다. 비탈길

---

[90] 함명록(銜命錄): 사명(使命)을 받들고 지방에 나간 관리들 이름을 적는 책자.

을 올라 겨우 발을 디뎠다. 정당正堂 두 칸은 태백산 산록에 붙어있는데 제도가 매우 좁았다. 선원각璿源閣은 옆에 있다. 공복公服을 갖추어 두 각을 봉심奉審하고 선생안先生案에 이름을 적었다.

임신壬申. 여러 왕의 실록 648책冊을 포쇄하였다.

계유癸酉. 실록 157책을 포쇄하였다. 다시 봉안을 하고 봉쇄했다. 태백산에 올라갔다. 산은 강원도 오대산부터 조산祖山에서 갈라져 나와 줄기를 달리하여, 두 도 사이에 웅장하게 솟아올라 하늘 끝에 이르렀다. 위로는 도성과 접하여 조령 죽령의 울타리가 되고, 아래로는 관해關海를 제어하여 동남 군읍의 근본이 되었다. 이것은 곧 국가의 보장이다. 한 도의 큰 도국圖局[91]이다. 풍수가가 말한 하늘에 가득한 수성水星을 바라보니 덕이 천년 있는 것 같고, 병화兵火가 들어오지 못하는 곳이다. 때가 저물녘이어서 앞으로 갈 수 없다. 조금 가운데 산록에 앉아있으니 오히려 멀리 바라볼 수 있다. 시야는 다함이 있으나 바라보는 형세는 무궁하다.

갑술甲戌. 사각史閣과 선원각璿源閣을 봉하고 계를 올려 봉행한 상황을 알리는 서장을 올렸다. "신은 9월 11일에 명을 받들어 경상도慶尙道 봉화현奉化縣 태백산사각太白山史閣에 이르렀습니다. 9월 19일 창고를 열고 살피며 점검한 후에 여러 성조의 실록 58상자, 어제어필御製御筆, 지장보감誌狀寶鑑 총 20상자를 꺼내서 포쇄를 실시했습니다. 연산군일기燕山君日記, 광해군일기光海君日記 2상자도 또한 포쇄를 마쳤습니다. 좀을 물리치는 등속을 함께 상자 가득 넣었습니다. 덮개 등의 물건을 그대로 두기도 하고 고치기도 했습니다. 사각 내외는 따로 큰 상처가 없고 창호의 틈을 일일이 메꾼 후 다시 봉안을 했습니다. 금번에 봉행하러 와서 대왕대비전大王大妃殿의 가상존호

---

91 도국(圖局): 산세의 포옹(抱擁)한 지국(地局).

도감의궤加上尊號都監儀軌 1책, 정순왕후부묘도감의궤貞純王后祔廟都監儀軌 1책을 보관하여 두었습니다. 신은 이에 돌아가고자 하는 이유를 밝힙니다. 황송하게 치계馳啓[92]를 올립니다." 봉하여 보낸 후 다시 각화사로 내려갔다. 늦게 봉화奉化의 봉서관鳳棲舘에 머물렀다.

원문

庚午。黎明而發。行二十里。順興府使李得養逆于境。歷入青巖亭。亭在池中。松石清幽。可隱者之盤旋。是權忠定公橃之故宅也。午飯于奉化縣。覺華寺僧智衍等十數人來逆。至寺洞外。舍馬以輿。日且暮。燃炬而行。左右層厓。松檜參天。但聞水聲瀇汩。火光中楓葉照映而已。宿于寺中。寺記曰寺在太白山古之覽華寺也。覽與覺字相似誤分。因謂之覺華。而亦不可攷云。

辛未。題名于石室銜命錄。輿上史閣。閣去寺十里。峻急難上。旣上仄徑僅容趾。正堂二間寄在太白山麓制甚狹。璿源閣在其旁。具公服奉審兩閣。題名于先生案。

壬申。曝曬列聖朝實錄六百四十八冊。

癸酉。曝曬實錄一百五十七冊。還爲奉安仍封鎖。上太白山。山自江原道五臺山。分祖異榦。雄峙于兩道之間。峻極于天。上而承接乎郊畿爲鳥竹兩嶺之藩蔽。下而控制乎關海爲東南郡邑之根本。此乃一國之保障。一道之大圖局。而堪輿家所謂漲天水星。望之有德千年。兵火不入之處。時值下春。不克前進。少坐中麓。猶可眺遠。而目力有盡。望勢無窮矣。

92　치계(馳啓): 임금에게 급히 서면으로 상주함.

甲戌印封史閣及璿源閣。馳啓擧行形止狀曰臣於九月十一日承命馳詣于慶尙道奉化縣太白山史閣。同月十九日開庫奉審後。奉出列聖朝實錄五十八櫃御製御筆誌狀寶鑑合十二樻。敬行曝曬。燕山君日記,光海君日記二樻。亦爲曝曬訖。辟蠧之屬。幷皆換入櫃盛。架覆等物。或仍或改。閣內外別無大段毀傷處。而窓戶罅隙一一堨塞後。還爲奉安。今番奉來大行大王大妃殿加上尊號都監儀軌一冊,貞純王后祔廟都監儀軌一冊藏置。臣則仍爲復路之由。惶恐馳啓云云。封發後還下覺華寺。晩次奉化之鳳棲舘。

찾아보기

ㄱ

각화사(覺華寺) ············ 15, 71, 156
갈래사·· 113
강명규(姜命奎, 1801~1867)
　　················· 86, 181, 185
강운(姜橒, 1772~1834)
　　················· 19, 92, 175
강재항(姜再恒, 1689~1756)
　　················· 26, 38, 144
강주호(姜周祜, 1754~1821)
　　········· 15, 25, 31, 38, 43, 72, 178
강필효(姜必魯, 1764~1848)
　　························· 19, 54
강헌규(姜獻奎, 1797-1860) ··· 18, 19
건의령(巾衣嶺) ····················· 125
검천(黔川) ···························· 102
계산동(鷄山洞) ······················ 102
고선촌(高鮮村) ················ 70, 164
고직령(高直嶺) ····················· 167
곰넘이재(熊踰嶺) ········· 71, 125, 170
곽종석(郭鍾錫, 1846~1919)
　　················· 17, 28, 54, 154
구령탑 ································· 41

구문소(求門沼) ······················ 84
구사맹(具思孟, 1531~1604) ········ 81
굴구천(窟口川) ······················ 97
권만(權萬, 1688~1749)
　　················· 88, 192, 194
금대봉(琴臺峯) ················ 14, 29
금대봉(金臺峰) ····················· 23
금천골································· 102
김노경································· 159
김방경(金方慶, 1212~1300) ········ 33
김수항(金壽恒, 1629~1689) ····· 152
김시습(金時習, 1435~1493) ········ 16
김신겸(金信謙, 1693~1738)
　　················· 17, 25, 54
김재락································· 73
김희주(金熙周, 1760~1830) ····· 165
깃대배기봉 ·························· 53

ㄴ

남유용(南有容, 1698~1773) ····· 152
남화사································· 156
내사고(內史庫) ····················· 133
넛재 ··································· 187

노경임(盧景任, 1569~1620) …… 162
노령(弩嶺) ………………………… 98
누리수(婁里藪) …………………… 97
느릅령[楡峙] ……………… 68, 125

ㄷ

단군성전(檀君聖殿) ……………… 32
단종비각(端宗碑閣) …………… 106
달공화상(達空和尙) …………… 122
당골 ………………………………… 31
대덕산 ……………………………… 29
대박산(大朴山) …………………… 22
대소현(大小峴) ………………… 179
대황지(大黃池) …………………… 76
덕전촌(德前村) ……………… 68, 119
도심역(道深驛) …………………… 49
도화동(桃花洞) …………………… 73
돈각사(頓覺寺) ………… 68, 118, 119
동점(銅店) ………………………… 68
두두령(斗斗嶺) ……………… 15, 49
뚜루내 …………………………… 84

ㄹ

리잠(黎岑) ………………………… 98

ㅁ

만령(晩嶺) ……………………… 188
만항재 …………………………… 127
망경대(望京臺) ……………… 15, 18
망경사 ……………………… 18, 106

묘범산(妙梵山) …………………… 20
묘향산 ……………………………… 13
문금탄(文金灘) ……………… 73, 98
문수봉(文殊峰) …………… 20, 175
미인폭포 ………………………… 118

ㅂ

박외동(朴外洞) …………………… 93
박외촌(博隈村) …………………… 88
방외굴(方外窟) …………………… 93
방외촌(方外村) ……………… 68, 93
백복령(百福嶺) ………………… 125
백석평(百石坪) ………………… 125
백천동 …………………………… 174
별바위[辰巖] …………………… 189
본적동(本寂洞) …………………… 71
본적암 …………………………… 120

ㅅ

사길령(士吉嶺) ………… 99, 123, 169
사명당(四溟堂) ………………… 165
상대봉 ……………………………… 14
상대산(上帶山) …………………… 15
상박봉(上朴峯) …………………… 26
서산대사 ………………………… 122
석남원(石南院) ………………… 109
석포(石浦) ……………………… 193
성근묵(成近默, 1784~1852) …… 19
성현(成俔, 1439~1504) ………… 35
소도리점(素逃里店) ………… 15, 31

소도촌(所道村) ·················· 15, 31	유정문(柳鼎文, 1782~1839)
소황지(小黃池) ··················· 76	················· 74, 163, 174, 179
손이령(孫伊嶺) ················ 70, 98	윤봉조(尹鳳朝, 1680~1761) ······ 153
송병선(宋秉璿, 1836~1905)	윤선거 ·························· 68
············· 15, 26, 31, 39, 43, 75	은대봉(銀臺峯) ················ 22, 23
수마노탑························ 111	이광정(李光庭, 1674~1756) ······ 164
신경준(申景濬, 1712~1781) ········ 22	이교영(李教英, 1823~1895) ······ 161
신절령(新節嶺) ·················· 123	이규보(李奎報) ···················· 82
신정하(申靖夏, 1680~1715)	이능화(李能和) ···················· 36
····························· 141, 154	이보(李簠, 1629~1710)
심적암························· 115	···················· 25, 70, 163
	이세구(李世龜, 1646~1700)
ㅇ	····························· 21, 138
안축(安軸, 1287~1348) ············· 16	이시선(李時善, 1625~1715)
어평재 ························ 123	································ 68, 84
업평장(業平莊) ·········· 68, 70, 123	이식(李植, 1584~1647) ·········· 110
연대암(蓮臺庵) ·················· 138	이유원(李裕元) ···················· 36
연하산(煙霞山) ··················· 68	이이순(李頤淳, 1754~1832)
연화봉···················· 14, 175	································ 78, 90
오로봉(五老峰) ·················· 175	이인상(李麟祥, 1710~1760)
오복동천(五福洞天) ·············· 93	········ 15, 25, 31, 38, 43, 71, 163
오횡묵(吳宖默) ············ 22, 110	이잠리(梨岑里) ·················· 178
외사고(外史庫) ·················· 133	이점동(梨店洞) ·················· 178
용담(龍潭) ······················ 103	이중연(李重延, 1711~1794) ···· 76, 88
용소··························· 105	이필제(李弼濟) ···················· 40
용정(龍井) ······················ 106	이한응(李漢膺, 1778~1864)
우보산(牛甫山) ···················· 14	················· 18, 53, 176, 194
웅유령(熊踰嶺) ·················· 172	이화동(梨花洞) ·················· 175
월암(月巖) ················ 175, 179	일성이사금(逸聖尼師今) ·········· 33
유령(楡嶺) ······················ 125	

295

ㅈ

작약봉 ················· 14
작약산(芍藥山) ············ 19
작약산(芍藥山·峰) ········· 25
장산················· 14
장산치(壯山峙) ············ 68
장생촌(長生村) ········ 73, 101
저산(猪山) ····· 73, 98, 101, 102
적조암················ 113
정구(鄭逑, 1543~1620)······· 36
정암사················ 109
정필달(鄭必達, 1611~1693)······· 21
조도령(鳥道嶺) ······ 71, 125, 169
조두순(趙斗淳, 1796~1870)
  ················ 153, 157
조위한(趙緯韓, 1567~1649) ··· 17, 54
징암(澄巖) ··········· 175, 176

ㅊ

창옥봉(蒼玉峰) ············ 22
천령(天嶺) ············ 50, 169
천왕단(天王壇) ······· 35, 41, 106
천의봉················ 14
천정봉(天停峰) ············ 23
천천(穿川) ············· 68, 84
철암(鐵岩) ··············· 68
청옥동(靑玉洞) ············ 195
청원사················ 103
최제우················ 40

ㅌ

태백 장성 이중교 ············ 100
태백산 천왕당(天王堂) ········ 15
태백산사고·············· 132
태백산사고 기문 ············ 138
태백산사(太白山祠) ······ 35, 106
태백산(太伯山, 太白山) ······ 13
퇴우(退牛) ··············· 35

ㅎ

하방치(何方峙) ········· 68, 125
하방현(下方峴) ········· 21, 105
함백산(咸白山) ············ 23
허목(許穆) ··············· 36
혈암사(穴巖寺) ············ 93
홍경모(洪敬謨, 1774~1851)
  ················ 146, 150
홍여하(洪汝河, 1620~1674)······ 33
홍제암(洪濟庵) ········· 70, 163
화방재 ············· 21, 125
화전동(和田同) ············ 29
화전리················ 105
황 부자 전설 ············· 78
황지 ················· 76
황지원(黃池院) ············ 82